# 物流产业集群系统均衡优化研究

杨自辉 著



中国纺织出版社

**图书在版编目（CIP）数据**

物流产业集群系统均衡优化研究 / 杨自辉著. —北京：中国纺织出版社，2018.7

ISBN 978-7-5180-4181-7

Ⅰ.①物… Ⅱ.①杨… Ⅲ.①物流-产业集群-系统优化-研究 Ⅳ.①F252

中国版本图书馆CIP数据核字（2017）第252927号

策划编辑：武洋洋　　　　责任印制：储志伟

中国纺织出版社出版发行
地　址：北京市朝阳区百子湾东里A407号楼　邮政编码：100124
销售电话：010—67004422　传真：010—87155801
http: //www. c–textilep. com
E–mail: faxing@c–textilep. com
中国纺织出版社天猫旗舰店
官方微博 http: //weibo. com/2119887771
虎彩印艺股份有限公司印制　各地新华书店经销
2018年7月第1版第1次印刷
开　本：787 × 1092　1 / 16　印张：11.625
字　数：260千字　定价：60.00元

# 前 言

2016 年 7 月 20 日国务院召开常务会议，通过了“十三五”国家科技创新专项规划，正式部署推进互联网 + 物流。会议明确指出，物流业是现代服务业的重要组成部分，也是突出短板。发展互联网 + 高效物流，是适度扩大总需求、推进供给侧结构性改革的重要举措，有利于促进就业、提高全要素生产率。我们一要构建物流信息互联共享体系，建立标准规范，加快建设综合运输和物流交易公共信息平台，提升仓储配送智能化水平，鼓励发展冷链物流。二要推动物流与“双创”相结合，发展多种形式的高效便捷物流新模式，促进物流与制造、商贸、金融等互动融合；推进互联网 + 车货匹配、运力优化，实现车辆、网点、用户等精准对接；探索实行“一票到底”的联运服务，推动仓储资源在线开放和实时交易。三要加大用地等政策支持，结合营改增创新财税扶持，简化物流企业设立和业务审批，鼓励金融机构重点支持小微物流企业发展。创新监管方式，规范市场秩序，强化安全管理，使现代物流更好的服务发展、造福民生。

本著作在借鉴和吸收国内外物流产业集群的基本理论和最新研究成果的基础上，依据我国物流产业集群的国家发展政策，从物流产业集群的基本含义、发展历程入手，调查分析当前物流产业集群的真实市场情况，对仓储负载能力、运输负载能力、配送负载能力进行了深入分析，运用近年来国内外物流产业领域中的最新技术和研究成果，对他们与社会资源消耗之间的均衡性进行了进一步深入分析，构建了负载能力与社会资源均衡评价模型，并对中国各个省区的具体情况进行了分析，提出了解决对策与措施。该著作理论性、实践性和适用性均较强，不仅能指导中国各个省区物流产业集群功能性规划布局，而且也能够较好地满足当前物流企业经营分析的需要。

全著作共分为六章进行论述，第一章对国内外物流产业集群的含义、特点以及形成的原因、运作模式及发展历程进行了全面的概述，并对国内外物流产业集群的理论学术研究的情况进行了梳理和总结，和对本著作的创新点进行了简要概述。第二章针对本著作中涉及的一些基本概念以及理论以美国、欧洲、日本、中国等几个比较有代表性的国家和地区进行了详细阐述和具体的界定。第三章通过调研中国各省区综合运输具体情况，分析其负载能力，构建公路运输负载—资源消耗均衡模型——“TL-RC 六宫格均衡模型”，把各个省的均衡状态用六宫格模型进行评价，通过模型分析，针对各省状态提出相应的建议。第四章通过调研中国各省区仓储具体情况，分析其负载能力，构建仓储负载—资源消耗均衡模型——“WL-RC 九宫格均衡模型”，把各个省的均衡状态用九宫格模型进行评价，通过模型分析，针对各省状态提出相应的建议。第五章对物流配送均衡优化问题方法进行了研究，包括物流配送路径优化问题、车辆调度优化问题、方案优化问题、体系优化问题等四个方面进行了研究。第六章对本著作的研究进行了总结，并对物流产业集群发展进行了展望。本著作在研究过程中既运用了一些常用的回归分析预测、甲醛平均分析预测等方法，也运用了节约算法、遗传算法、蚁群算法等启发式算法，读者在阅读的过程中需要结合这类的工具来检验著作中数据计算结果的收敛性。

本著作在编写中参考了国内外大量的文献资料，引用了一些专家学者的研究成果，在此对这些文献作者表示诚挚的谢意。由于物流产业集群、物流成本管理、供应链管理在我国正处在阶段性的变革发展中，一些理论和实际操作还正在积极探索和完善之中，加上作者认识的局限性和研究有待进一步深入，本著作在论述中难免存在一些不足之处，我们衷心希望读者予以指正。

最后，本著作属于教育部人文社科基金项目（13YJA790137）和湖南省哲学与社会科学基金（12YBB014）的研究成果之一，并借此向对本著作的编写给予热情指导的符卓教授和对编写工作给予热心支持与关心的中国纺织出版社的同志们表示衷心的感谢。

作　者　杨自辉

2017年5月20日

湖南省长沙师范学院

# 目录

第一章　绪　论……1

第一节　物流产业集群概述……1

第二节　国内外物流产业集群的发展……7

第三节　物流产业集群发展存在的问题……27

第四节　研究内容和创新点……32

第五节　本章小结……34

第二章　基本概念及理论基础……36

第一节　物流理论概述……36

第二节　运输管理理论……42

第三节　仓储管理理论……45

第四节　其他相关理论……52

第五节　本章小结……54

第三章　物流产业集群公路运输均衡及优化分析……56

第一节　公路运输概述……56

第二节　公路运输能力主要指标的界定与计算……61

第三节　公路运输负载能力指标的确定及计算……66

第四节　公路资源消耗相关指标的确定与计算……73

第五节　TL-RC 均衡模型的构建及实证分析……75

第六节　本章小结……78

第四章　物流产业集群仓储能力均衡及优化分析……80

第一节　市场调研数据统计……80

第二节　仓储负载能力分析……99

第三节　仓储市场需求分析……108

第四节　仓储负载能力与仓储市场需求均衡分析……113

第五节　仓储资源消耗均衡分析……120

第六节　仓储负载能力与资源消耗均衡分析……125

第七节　本章小结……133

第五章　物流配送均衡优化研究……135

第一节　物流配送路径优化研究……136

第二节　物流配送车辆调度优化研究……149

第三节　物流配送方案优化研究……151

第四节　物流配送体系优化研究……154

第五节　本章小结……159

第六章　总结与展望……161

第一节　研究总结……161

第二节　物流产业发展展望……164

参考文献……176

# 第一章 绪论

## 第一节 物流产业集群概述

### 一、产业集群

1990 年波特在《国家竞争优势》一书首先提出用产业集群（Industrial Cluster）一词对集群现象的分析。区域的竞争力对企业的竞争力有很大的影响，波特通过对 10 个工业化国家的考察发现，产业集群是工业化过程中的普遍现象，在所有发达的经济体中，都可以明显看到各种产业集群。

产业集群是指在特定区域中，具有竞争与合作关系，且在地理上集中，有交互关联性的企业、专业化供应商、服务供应商、金融机构、相关产业的厂商及其他相关机构等组成的群体。不同产业集群的纵深程度和复杂性相异，代表着介于市场和等级制之间的一种新的空间经济组织形式。

许多产业集群还包括由于延伸而涉及的销售渠道、顾客、辅助产品制造商、专业化基础设施供应商等，政府及其他提供专业化培训、信息、研究开发、标准制定等的机构，以及同业公会和其他相关的民间团体。

因此，产业集群超越了一般产业范围，形成特定地理范围内多个产业相互融合、众多类型机构相互联结的共生体，构成这一区域特色的竞争优势。产业集群发展状况已经成为考察一个经济体，或其中某个区域和地区发展水平的重要指标。

从产业结构和产品结构的角度看，产业集群实际上是某种产品的加工深度和产业链的延伸，在一定意义讲，是产业结构的调整和优化升级。

从产业组织的角度看，产业集群实际上是在一定区域内某个企业或大公司、大企业集团的纵向一体化的发展。

如果将产业结构和产业组织二者结合起来看，产业集群实际上是指产业成群、围成一圈集聚发展的意思，也就是说在一定的地区内或地区间形成的某种产业链或某些产业链。

产业集群的核心是在一定空间范围内产业的高度集中，这有利于降低企业的制度成本（包括生产成本、交换成本），提高规模经济效益和范围经济效益，提高产业和企业的市场竞争力。

从产业集群的微观层次分析，即从单个企业或产业组织的角度分析，企业通过纵向一体化，可以用费用较低的企业内交易替代费用较高的市场交易，达到降低交易成本的目的；通过纵向一体化，可以增强企业生产和销售的稳定性；通过纵向一体化，可以在生产成本、原材料供应、产品销售渠道和价格等方面形成一定的竞争优势，提高企业进入壁垒；通过纵向一体化，可以提高企业对市场信息的灵敏度；通过纵向一体化，可以使企业进入高新技术产业和高利润产业等。

产业集群可以从不同角度进行分类，如按形成机制可分类为市场主导型产业集群和政府主导型产业集群；按要素配置可分类为劳动密集型产业集群、资源密集型产业集群、技术密集型产业集群；按产业类型可分类为传统产业集群和高新技术产业集群；按资金来源可分类为外资主导型产业集群和内资主导型产业集群；按企业类型可分类为几个大企业主导型产业集群、中小企业主导型产业集群和单个龙头企业带动型产业集群；按创新程度高低可分为模仿型产业集群和创新型产业集群。

## 二、物流产业集群

### 1. 物流产业集群的概念

对于物流产业集群目前还没有比较权威的定义，很多学者提出了自己的观点：章建新（2007）认为物流产业集群是指在一个区域地理环境中，聚集着功能不同的物流企业，依靠地理和区域经济的优势，将运输、仓储、货物进出口、物流加工与配送及信息处理有机集成，形成物流产业链，提高物流运行效率。贾兴洪（2007）提出，物流产业集群是不同类型物流企业以及物流基础设施在空间上的集聚，从而形成在一定区域内物流资源的高度密集和专业化经营程度很高的物流经营场所。文海旭（2005）认为物流产业集群是指在一定的空间范围之内，以物流主干企业为核心的，同时具有竞争和合作关系，有相互关联性的物流企业、专业化的供应商、服务供应商、相关产业厂商以及相关机构（如大学、制定标准化的机构、产业公会等）集中并保持持续竞争优势的现象。

物流产业集群是指聚集在某一特定的区域内，以交通运输枢纽设施（如港口、机场、铁路货运站、公路枢纽等）、科研开发组织（物流技术、物流信息平台的研发等）、管理部门为依托，以第三方物流企业为核心，运输、仓储、装卸、包装、加工配送、物流信息及其相关制造、流通企业在空间上的集聚现象。拥有完备的物流基础设施，分工协作关系明确，竞争优势明显的物流园区是物流产业集群的表现形式。

物流产业集群是一种经济社会现象，它是物流专业化分工与协作水平不断提高的产物，是一种遵循经济原则的组织形式和经济现象。物流产业集群是一种介于市场和企业之间的产业组织形式，并且按照一定规则运行和自我发展。

对于物流产业集群概念的界定，虽然没有比较统一的说法，但大多的学者都认为，物流产业集群是一个由物流企业为主，集聚在同一个区域范围内为其他行业提供物流服务的相关企业、机构群体的集合。

### 2. 物流产业集群的特征

物流产业集群的一般性特征主要体现在：物流企业具有明显的空间聚集性；各个物流企业之间具有分工专业化的特征；物流产业集群内企业具有共同的社会文化背景及价值观念，具有区域的“根植性”；物流产业集群内创新活动呈现出明显的网络化特征。

（1）高度的空间集聚性

产业集群的一个重要特征是空间集聚性，而流通产业集群的集聚程度远高于其他产业集群。这一特征也是由其行业特性所决定的。从经营者的角度看，商人总是希望顾客盈门，因此，店铺的选址往往倾向于人群聚集且消费能力较高的社区、街道。从消费者的角度看，消费者在购物的时候，喜欢货比三家，且不仅要考虑商品的价格，还要考虑购买商品所带来的时间成本、交通费用等隐性成本。因此，集群内部商业企业的数量越多，品种越齐全，对消费者的吸引力就越大。

（2）明显的根植性

Granovetter（1992）将根植性（embeddedness）区分为关系根植性（relational embeddedness）和结构根植性（structural embeddedness），前者指经济行为主体根植于个人关系之中，后者指经济行为主体不仅受个人关系的影响，而且更根植于广阔的社会关系网络之中。流通产业集群内的企业往往拥有共同的商业文化背景和制度环境，业主之间接触频繁，各种经济行为深深根植于本地的经商语言和交易规则之中。集群内企业所拥有的隐性知识，如经营理念、技术和技巧等，通过私下会晤、交流等非正式渠道扩散，形成不可替代的社会资本。

（3）高度的竞争性

流通产业集群内部企业大都经营相同或相似商品，且消费者对商品的价格非常敏感，因此企业之间往往存在着高度的竞争性。价格策略成为各商业企业经常采用的竞争手段。就小商品交易市场集群而言，集群内部店铺众多，高度密集，信息扩散迅速。因此，只要有一家店铺率先降价，其他店铺就会跟进，导致价格战的发生，最终导致商品价格趋向于成本。

（4）资源的共享性

流通产业集群内的企业共同处于一个相对狭小而且稳定的地理范围内，他们拥有相同的经营环境、社会环境、文化环境以及消费环境。集群内企业拥有专业化的供应商、物流商、配送中心、储藏中心等，可降低集群内所有企业的信息搜寻成本、运输成本、储藏成本等各种交易成本。

（5）功能的互补性

流通产业集群虽然以从事流通的企业为主体，但其他相关产业也是集群的组成部分，如娱乐休闲、咨询、金融等服务部门，甚至包括上游的生产部门和下游的消费部门。企业在各部门内部是相互竞争的关系，但在不同的部门之间是功能互补的，它们共同构成了流通产业集群。

### 3. 物流产业集群的形成因素

产业集群是以企业集群为基础的地方产业集聚现象，它的形成需要一定的初始条件和比较优势，即必须具备支撑产业集群的资源禀赋，同时也需要一定的社会经济条件。影响物流产业集群形成的主要因素包括自然地理条件、物流人才、区域产业环境和市场需求。

（1）自然地理条件

地理条件是特定地域的一种资源禀赋，它是决定地方生产方式与发展路径进而决定产业集群形成的重要基础。物流产业集群有着特定的地理空间，物流园区多以交通枢纽为中心分布，且在业务上依托交通枢纽设施，离开交通枢纽设施它就失去了存在的意义。地理优势本身就是物流产业集群形成的最重要的资源，交通运输枢纽设施是各种运输的交汇点，是货物集散的重要场所，是物流活动的主要平台。

（2）物流人才

物流人才主要是指与集群产业相关的企业家和专业劳动力群体，它是物流产业集群形成的核心动力。

物流园区是企业家和物流专业劳动力创业和工作的重要平台，物流园区的地理位置使其更靠近资源和市场，可以取得更大程度的比较利益、规模经济和聚集效益。物流园区正逐渐成为区域性的人才中心，吸引了大量的潜在企业家和物流专业人才资源，成为物流产业集群形成的重要基础。

（3）区域产业环境

物流产业集群的形成需要良好的区域产业环境，主要包括基础设施及配套基础产业。

物流设施的共用性为集群内企业的发展提供了良好的外部条件。从物流产业的性质和特征看，其关联的行业包括水、铁、空等运输行业，也包括储备、邮政、电信、海关、商检等公共行业，这些行业的基础是公共性质，物流产业集群可以充分利用这些公共设施。

物流产业集群的形成要求作为基础产业的铁路、公路、水运、空运、货运代理等相关行业，在运能规模、技术含量、货运代理量、管理水平等方面都需要发展到一定水平。

（4）市场需求

物流产业集群以第三方物流企业为核心，其形成和发展离不开市场上对第三方物流的大量需求。现代物流业是一个服务性产业，物流园区的形成和建设与当地经济发展水平和物流市场的需求紧密相关，有足够的物流市场的需求为基础，物流产业集群才有形成和发展的可能性。

伴随着全球经济一体化，各企业为增强市场竞争力，业务上日渐核心化。专业化分工使得物流业务从大量的企业中分离出来，结果导致了第三方物流需求的增长，客观上也促进了物流产业集群的形成。

### 4. 物流产业集群的形成过程

中国物流产业集群的形成既有物流企业的自发因素，也是政府规划和扶持的结果。物流产业集群的出现一方面是企业空间形态和物流市场发展到一定阶段的产物；另一方面，由于现代物流产业的服务特性以及物流园区基础设施投资大、建设周期长、具有公共服务特性等特点，现代物流产业集群和物流园区的形成离不开政府的合理规划和政策支持。

产业集群是专业化分工产生的报酬递增的空间表现形式和结果，是专业化分工的产物。物流组织形态的演进是社会分工不断深化，专业化程度不断提高的结果。最初，物流还只是制造企业的功能部门，一般以制造企业的采购、销售部门形式出现，物流效率很低。随着经济发展，技术进步，物流开始成为企业的“第三利润源泉”，企业开始注意到物流的重要作用，开始发展自己的物流企业。最后，制造企业开始注重自身专业化生产的需要，集中进行企业品牌和主要项目的研究，对于物流开始寻求外包等形式，促使第三方物流出现。

由于大量第三方物流企业的出现，物流企业开始呈集聚发展趋势，不同功能的物流企业开始聚集在一定的区域范围内共同发展。物流企业寻求企业之间的合作分工，技术手段的应用，使物流企业可以更方便的获取信息，降低成本提高效益，这种发展形势即物流园区。物流园区是多种物流设施和物流企业在空间上集中布局的场所，是具有一定规模和综合服务功能的物流集结点。它按照专业化、规模化的原则组织物流活动，将众多物流企业集中在一起，共享一些基础设施和配套服务设施，降低不确定性风险，减少交易成本，提高合作效率，发挥整体优势和互补优势，实现物流业的专业化和规模化。随着物流园区中第三方物流企业发展，与该企业有合作关系的各类物流企业和相关机构便会随着该企业进驻物流园区，从而形成了物流产业集群。

### 5. 物流产业集群的发展模式分类

(1) 区位导向型物流集群

企业为了充分利用区位优势而形成的产业集群称为区位优势导向集群。物流的发展受制于区位条件、经济条件、交通条件等，所以一些物流企业以区位优势作为企业选址的主要因素，从而导致了大量的物流企业的集中在某一地方的发展。这些区位优势包括廉价劳动力集中地、信息和技术发达地、原材料或燃料集中地、产品的主要市场地、交通运输枢纽地等。因此，物流园区的规划要依据地区优势条件正确定位，体现出运输枢纽型、区域物流组织型、商贸型、综合型等不同类型园区的优势，形成各具特色的物流产业群(如图1-1)。在重要的交通枢纽地、几种运输方式的结合部，则可以建设综合性较强的物流园区；而依托开发区，

**图1-1 区位导向型物流集群的发展**

则可以建设专业型物流园区。综合型物流园区具有多功能、高层次、集散功能强、辐射范围广的特点，在某区域内有突出地位，能起到示范作用。而开发区物流可以为外资企业提供准时、快捷、高质量的现代物流服务，如在苏、锡、常高新技术密集的地区，目前已有苏州高新物流、苏州新加坡工业园园区物流、无锡高新物流及常州新区物流。

（2）依附型物流集群

物流产业是第三产业，它为其他产业提供物流服务。因此，为了更接近客户，有些物流企业会以其客户所在地作为自己的选址依据，这样依附于制造业或商业等发展的物流集群称为依附型的物流集群。这类物流集群一般与其他产业结合形成产业链共生关系，从而共同发展，如德国大众汽车、戴姆勒 - 克莱斯勒、化工企业 BASF 等在物流园区安置生产厂区，由物流园区中的物流企业为其提供零部件、原材料、装配以及成品的加工配送。并且，为推动主导产业的发展，政府可能会引进物流产业作为支持产业，形成与其他产业相结合的物流园区（如图 1-2）。因此，有些地区的物流园区规划中通常还包括如出口加工区、生产加工区、临港工业园区，贸易流通区、商品交易区、甚至有物流设备展示和批发市场等。这些与其他产业共生的模式都是可以参考的发展模式。

**图 1-2 依附型物流集群的发展**

（3）功能关联型产业集群

功能关联企业和功能上有间接关联企业的区域聚集是形成不同产业群的重要因素，企业之间的功能关联主要表现为两个方面。

其一，垂直型集聚如图 1-3 所示，即企业之间的垂直纵向联系而形成的集聚。若干个企业或工厂之间有原料生产、供应和加工销售的联系，或产品生产过程中的许多企业在同一区位上集中而形成的聚集。因此，一些功能侧重点不同的物流企业集聚形成物流产业集群，如运输业、仓储业、加工业等构成物流供应链的上游下游，可以使得区内通过分工与协作，形成功能完整的物流链。既可为顾客提供全面的物流服务，又能实现规模生产、降低单位产品的生产成本。实现专业化分工以及在交易过程中的密切合作，可以获得外部范围经济。

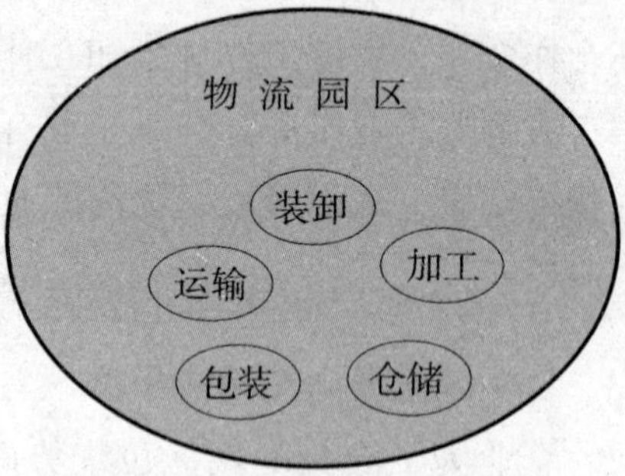


**图 1-3 垂直型物流集群**

其二，协作型集聚如图 1-4 所示，即由专业化协作和原料、辅助材料和燃料有密切协作关系的企业而形成的聚集。这类聚集的共同点是企业之间都具有密切地协作关系。物流企业集群中常常会以某些大型的综合物流企业为中心，其他相关物流企业集聚到一起，共同完成物流链中相同物流业务，这种集聚就是协作型集群。从事相同物流业务的物流企业的空间集聚，可以实现相同部门的中小企业数量增加，整体规模增大，从而使无法获得内部规模经济的单个企业实现合作基础上的规模经济。

# 第二节　国内外物流产业集群的发展

发达国家物流的发展取决于社会经济和生产力的发展水平，也取决于科学技术发展的水平。

## 一、美国物流产业集群的发展

### 1. 美国物流产业集群发展历程

美国是物流最发达、最先进的国家。从美国物流研究与实践的发展历史来看，大致可分为4个阶段

（1）物流观念的萌芽和产生阶段（20世纪初至40年代）

1901年，J.F. Growell在美国政府的“关于农场产品配送的报告”中第一次探讨了影响农产品配送的成本和影响因素。1916年，A.W. Shaw在他的“商业问题的对策”中深入分析了物流在流通战略中的作用。L.D.H. Weld（1916）在“农场产品的市场营销”中论述了市场营销的效用，包括时间效用、场所效用、所有权效用的概念和营销渠道的概念，从而肯定了物流在创造产品的市场价值中的时间价值及场所性价值中的重要作用。1922年，FH. Clark在“市场营销原理”中将市场营销定义为影响商品所有权转移的活动和包括物流的活动。1927年，R. Borsodi在“配送时代”中首次在文章中对目前仍沿用的Logistic下了定义。说明人们在这一时期对物流的意义有了初步的认识，并随着以农业为主体的经济向工业化经济发展过程中不断深化，明确了物流在商品流通及市场营销中的地位和作用，但在当时社会生产力发展条件影响下，物流仍然被看作为市场营销的附属功能。随着二战的爆发，美国军事后勤活动为怎样将物资配送集成于一体提供了宝贵的经验，推动了战后对物流活动的研究以及实业界对物流的重视，使物流得到了长足的发展。1946年，美国正式成立了全美交通与物流协会（American society of Traffic and Logistics），这是美国第一个关于运输和物流业进行考查和认证的组织，也是世界上第一个关于物流行业的考查和认证组织，这一时期是美国物流的萌芽和初级阶段。

### 2. 物流管理的实践与推广阶段（20世纪50年代至70年代末）

进入50年代后，对物流的重视程度有了很大提高，物流领域中尤其是物流配送得到了迅猛发展，其背景是现代市场营销理念的形成，彻底改变了企业经营管理行为，使企业意识到顾客满意是实现企业利润的唯一手段，顾客服务成为经营管理的核心要素，而物流起到了为顾客提供服务的重要作用。1954年在美国波士顿商业委员会所召开的第26届流通会议上，P.D. Converse作了“市场营销的另一半”的演讲，其意义在于通过一个商业和教育的领导机构，来指出教育界和实业界都需要研究和重视市场营销中物流的重要作用，

从而为物流管理学的形成及对物流的研究起到积极的推动作用。1956 年，H.T. Lewis，J.W. Culliton，J.D. Steel 等人出版了“物流中航空货运的作用”一书，首次介绍了分析物流总费用的概念，指出物流总费用由多个环节、多个模块的费用组成，它们是相互影响的，如空运虽然成本高，但由于它直接向顾客所在地送货，因而节省了货物存储费及仓库费用，所以应从物流总成本的基础上评价各种运输方式的优缺点。由于物流管理的最终目的之一，是从节省成本出发来提高企业利润，因而，分析总费用的概念对物流管理有着重要的指导意义。

20 世纪 60 年代年代，美国物流得到较大规模的发展，1961 年，E. Smykny，D. Bowersox 和 F. Mossman 合著了“物流管理”（Physical Distribution Management）一书，这本书从整个系统或企业范围的角度，对物流进行了分析和论述，并讨论了总成本分析的概念。六十年代早期，密歇根州立大学及俄亥俄州立大学为本科生及研究生设置了物流课程，开始了正式针对物流从业者及教育人员的教学计划。1963 年，物流管理委员会（National Council of physical Distribution，1985 年更名为 Council of Logistics Management）成立，它集中了物流实业界及教育界的专家，通过对话和讨论，促进了对物流过程的研究和理解物流管理理论的发展，以及物流界与其他组织的联系与合作。这一时期最重要研究成果之一是物流总成本分析概念的形成。

20 世纪 60 至 80 年代，关于物流管理的研究和讨论相当活跃，出版了大量物流管理的教材、论文、杂志，召开了大量相关的各种会议。最早把会计学与物流学联系起来的是 M. SChiff，他在 1972 年出版的专著“物流管理中的会计管理和控制”中说明了会计与财务信息对物流活动极其重要的影响。1976 年，B.J. Lalonde 和 P.H. Zinszer 发表了他们的最新研究成果“客户服务的意义及评估”，并首次详细论述了顾客服务的各个方面，企业要发展，需要全面理解客户服务的含义，以及如何对企业服务水平进行评价，才能真正满足客户对物流服务的需求。1978 年，A.T. Kearney 公司在美国物流管理委员会的资助下，对物流生产率展开研究，发表了题为“物流生产率的评估”（Measuring Productivity in Physical Distribution），其研究成果对物流领域产生了非常深远的影响。上述各方面的研究在物流管理研究方面起到很好的先导作用。

### 3. 物流管理逐步走向现代化（20 世纪 70 年代末至 80 年代中期）

美国物流产业的发展，与其政府在物流产业的相关法律法规建设上不断进行完善是分不开的，其法律法规主要包括经济方面和安全方面等两方面内容。到 20 世纪 70 年代末，由于其经济法规对非定期的运输业的发展起到了不良的影响，因此，美国政府对一系列有关运输方面的经济法律法规进行了较为彻底的修订，以鼓励承运人在市场上的自由竞争。如 1977-1978 年的“航空规制缓和条款”（Passage of the Airline Deregulation），1980 年提出的有关铁路和汽车运输的条款（Stagers Rail Act of 1980，Motor Carrier Act of 1980），1984 年的航运条款（Shipping Act of 1984），分别剔除了或修改了在航空、铁路、公路及远洋运输中，以往经济法律法规中的不利于市场竞争的条款，在市场准入、运价、运输路线等方面，给运输企业以更大的自主权，而对于货主来讲，由于存在更多的选择机会，使其从承运方面得到的物流效益不断提高，其服务水平也得到了本质性的提升，这些都大大促进了美国运输行业的发展。

20 世纪 70 年代到 80 年代中期，计算机技术的快速发展，特别是微电脑技术及应用软件方面的迅猛发展，为企业提供了行之有效的辅助管理手段，计算机的普及应用，MRP，使 MRPII，DRP，DRPII，Kanban（看板制）和 Just in Time 等先进的物流管理技术萌发，并得到不断地完善，在生产调度、库存控制、订单处理等一系列活动中得到广泛应用，从中推动了物流活动一体化的进程。1984 年，G. Sharman 在“哈佛商业评论”中发表了“物流的再认识（The Rediscovery of Logistics）”一文，文中指出对企业高层管理人员来讲，认识到物流在公司中的重要性是很必要的，应该重视物流在企业规划和战略决策中的重要作用。1985 年，W.D. Harries 和 J.R. Stock 在密歇根州立大学的一个关于市场营销发展研讨会上发表了“市场营销与物流的跨界重组 - 从历史与未来的视角展望”（The Reintegration of Marketing and Physical Distribution：A Historical and Future Perspective），以往的工作，充分证明了市场营销与物流活动的重组正在进行，强调了物流在营销中的重要作用，以及物流在保证顾客服务水平方面的战略意义，提出了营销与物流一体化必要性，该文的发表推动了物流供应链过程的一体化的研究与实践。这段时期，随着计算机技术、系统分析方法、定量分析技术的发展，以及物流总费用分析概念的逐步形成及在企业中的应用，使物流的作用在社会及企业中进一步得到确认。同时，从许多公司的管理实践中发现，在企业的制造、市场及物流的三个重要方面，能为公司提高利润的最有效手段是降低物流成本。因此，物流一体化管理是公司保持持续发展的最有效途径。如图 1-5。

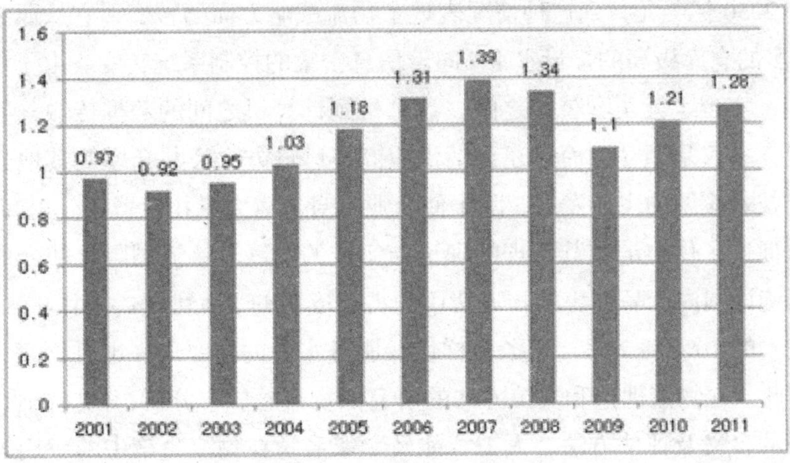


**图 1-5 2001-2011 年美国社会物流总费用（单位：万亿）**

4．物流国际化、信息化及迅速发展的阶段（80 年代中期至今）

20 世纪 80 年代以来，随着科技进步和经济发展步伐加快，以及世界经济一体化的趋势，国际贸易量大大增加，90 年代早期，美国在进出口贸易方面在世界上占领先地位。另外，为降低成本，不少企业纷纷把加工厂移到劳动力便宜的国家和地区。为了促进产品的销售，各公司也热衷于建设自身的全球网络，如可口可乐，百事可乐以及世界上最大的 3.5 英寸软盘生产商 Kao Infer systems 都通过遍及全球的物流网络扩大世界范围服务，沃尔玛（Wal-Mart）和其他的主要零售商建立了他们自己的自由贸易区。国际物流量的增加，使物流业在美国占有越来越重要的地位。90 年代以来，第三方物流（TPL）在美国得到迅速发展，整个美国 TPL 的收入从 1994 年约 160 万元增长到 1995 年的 250 亿美元。近年来，随着美国服务经济（Service Economy）的发展即美国经济增长的百分比主要归功于提供服务而不是商品制造，使物流对国民经济和企业的发展起到更重大的作用，也使大多数物流领域围绕着产品有序流动的组织和管理来发展。服务存在于国际、国内市场中，存在于运输、仓储等物流服务之中，然而目前服务经济发展的服务不只是货物的流动，可能服务的提供者是要流动的，或者是被服务者是流动的。过去物流过程的服务离不开存储，但目前有的服务需求如信息咨询服务是不能被储存的。另外服务工厂（Service factory）概念的产生，企业柔性制造，小批量，多品种的生产方式及顾客对物流业快速反应的要求也对物流业的服务水平提出了更高的要求，这些都促使了物流业向信息化，自动化及决策上的智能化（如专家系统的应用）方向发展。为了满足物流国际化，服务形式多样化和快速反应的要求，物流信息系统和电子数据交换（EDI）技术，以及 Internet，条形码，卫星定位系统（GPS）及无线电射频技术在物流领域中得到越来越广的应用。1998 年，R. B. Footlik 在“运营、包装和配送（Performance Packaging and Distribution）”一文中指出：过去我们配送循环是由物资的流动来左右的，今天，它的推动力是信息的传递。D. L. Anderson 和 R. G. House 在 1991 年发表的 90 年代的物流（Logistics in the 1990s’）一文中提到：2000 年将有约 2150 亿美元花费到信息系统中，而存储费用却是 2050 亿美元，到这种情况表现了物流战略方面的转变，它从原来的资产密集型战略（如许多的仓库极高的存量水平）向着信息密集的控制系统转变。由于信息交换特别是 EDI 的应用，实现了公司和公司之间，计算机到计算机之间的数据传输，使企业能与所有的合作伙伴，不仅是顾客，而且还包括供应商，运输方，公共仓库及其他方面的信息传递。由于 EDI 技术应用的飞速发展，除了使企业本身节省大量物流费用，提高竞争能力外，在物流领域也促进了供应链及其管理的理论与实践的发展。物流国际化使企业的物流成本大大提高，据统计国内产品销售的物流费用约占总成本的 5% 到 6%，而国际性产品的物流费用则占总成本的 10% 到 25%。服务多样性及服务水平的高要求，也对物流管理提出了更高的要求。因此，在物流理论和决策方法的研究如物流总成本分析，供应链管理及一体化，物流服务水平的含义及评估方法，人工智能及专家系统在物流决策中的应用等方面都取得了许多的成果。在“美国运输部 1997-2000 财务年度战略规划”中，美国克林顿政府的运输部长 R. E. Slater 提出，美国应建立一个国际性的以多式联运为主要形式，以智能为特征并将环境包含在内的运输系统，该系统将是世界上最安全、最易得、最经济和有效的系统。同时指出，数据和信息的收集和传播，知识的创新和共享对国际运输业的发展是非常重要的，该报告对推动美国运输和物流的发展起到重要的指导作用。

### 5. 美国物流行业发展的特点

（1）政府普遍重视物流的发展

各国特别是我国周边的国家和地区，均把发展物流作为提高本国经济竞争力的重要措施来规划。美国国会会议通过《综合物流发展纲要》，除了继续建设高效的物流基础设施以提高美国物流产业的国际竞争力外，还提出要解决环保问题和建立循环型社会等与物流有关的新课题。在建设物流园区过程中，政府对参与物流园区建设的企业提供政策优惠，并积极为物流园区进行相关配套设施的建设，统一规划物流园区内的交通、道路、绿化、教育、娱乐设施等项目，形成齐全的服务功能和良好的生态环境。并在物流发展五年规划中要求企业的物流开支占企业收入比重将从目前的12.5%下降到9%，使美国成为美洲大陆转运枢纽，目的是搭建一个长期的、参与性强的计划和财务框架，对世界陆地交通网络进行整体开发。

（2）搭建信息平台

随着信息技术的不断发展，互联网和电子商务应用的广泛普及，大大降低了国际贸易和国际物流的运营成本，使国际物流得以长足发展。目前，国际物流的效率在很大程度上取决于新兴信息技术的应用程度，其发展趋势是建立智能化运输系统，将运输仓储电子化管理过程与网络财务支持系统、电子商务融为一体。目前对于现代物流业发展来说，物流信息平台的建设与物流基础设施的建设具有同等重要的地位。

（3）完善配送中心，提高整体物流效率

在美国物流业发展过程中，配送中心具有相当重要的地位。其作用包括减少仓库建设和人工成本，增加存货透明度，加强物流的流程控制。在目前的物流配送中心中，既有加工配送型，也有单纯储存配送型；既有专业产品如汽车配件、食品配送等，也有综合物流中心；既有物流与展览展销的结合，也有跨区域的综合集成空运、海运、铁路、公路的全球物流配送中心。配送中心一般都广泛采用各种高科技手段，如信息管理系统、电子数据监控系统、现代化立体仓库、条形码扫描等，同时还包括整套的供应链方案设计、港口电子网络化管理、仓库进出货自动化管理、卫星定位系统等。

（4）推进物流系统的标准化

现代物流业对运输仓储资源进行高度的整合，所以标准化程度要求很高。如果各国没有统一的标准，国际物流水平很难提高。目前，美国基本实现了物流工具和设施的统一标准，如托盘采用1000MM×1200MM标准、集装箱的几种统一规格及条码技术等，大大降低了系统运转难度。在物流信息交换技术方面，美国不仅实现企业内部的标准化，而且也实现了企业之间及美国统一市场的标准化，这就使各国之间的系统交流更简单、更具效率。

（5）重视物流人才培养

发达国家的经验证明，发展现代物流业，关键是具备一支优秀的物流管理队伍；如美国已形成了较为合理的物流人才教育培训体系，建立了多层次的物流专业教育，许多著名的高等院校中设置了物流管理专业。在美国物流管理委员会的组织倡导下，全面开展物流在职教育，并建立了美国物流业的职业资格认证制度，如仓储工程师、配送工程师等，所有物流从业人员必须接受职业教育，经过考试获得资格后，才能从事有关的物流工作。

## 二、欧洲物流产业集群的发展

### 1. 欧洲物流发展历程

欧洲物流发展的鲜明特点是服务和覆盖范围的不断扩大，形成不同的物流发展阶段：20 世纪 50-60 年代的单个工厂物流阶段，70 年代多个工厂或集团的综合物流阶段，80 年代的供应链物流阶段，90 年代的全球物流阶段以及 21 世纪初的电子物流和协作式物流的发展阶段，图 1 表示了上述各阶段物流的服务范围和相应效果的关系。

（1）工厂物流（Factory Logistics）阶段（20 世纪 50-60 年代）

这一时期，欧洲各国为了降低产品成本，开始重视工厂范围内的物流过程中的信息传递，对传统的物料搬运进行变革，对厂内的物流进行必要的规划，以寻求物流合理化的途径。当时供应链经济（Supply Chain Economics）的主要特点是从订单中获取需求信息，着眼于抓住信息中所提供的机会，供应链管理和运输是从上到下的垂直式一体化，组织机构是典型的“烟囱管”结构。制造业（工厂）还处于加工车间模式，工厂内的物资由工厂内设立的仓库提供。对工厂产品客户的期望是同月供货服务，信息交换通过邮件；产品跟踪采用贴标签的方式；信息处理的软硬件平台是纸带穿孔式的计算机及相应的软件，这一阶段储存与运输分离各自独自经营，是物流的初级阶段 .

（2）综合物流（integrate Logistics）阶段（20 世纪 70 年代）

20 世纪 70 年代是欧洲经济快速发展商品生产和销售进一步扩大的时期，出现了由多个工厂联合的企业集团或大公司工厂内部的物流已不能满足企业集团对物流的要求，因此出现了综合物流，即基于工厂集成的物流。这时的供应链经济和供应链管理采用具有竞争机制的分布式横式，组织机构从“烟囱管式”向“矩阵式”变革。这时的制造业已广泛采用成组技术（GT)，对物流服务的需求增多，要求也更高。客户的期望已变成同一周供货或服务，服务节奏明显加快，因此仓库已不再是静止封闭的储存式模式，而是动态的物流配送中心。需求信息不光是看订单，主要是从配送中心的装运情况获取需求信息。供应链经济主要着眼于防止生产和物流的延误而造成经济上的损失。这个时期信息交换采用电话方式，通过产品本身的标记（Product Tags）实现产品的跟踪。进行信息处理的硬件平吕是小型计算机；由于当时还没有功能比较强大的商品化软件问世，所以一般都是企业（工厂）自己开发软件。同时，基于工厂集成的物流和工厂内部物流相比，服务面要大得多，因此物流的来源出现了由承运人提供的新模式，从而为物流成本的降低探索了一条新的途径。

（3）供应链物流（Supply Chain Logistics）阶段（20 世纪 80 年代）

随着经济和流通的发展，不同的企业（厂商，批发业者，零售业者）都在进行各自的物流革新，建立相应的物流系统，其目的是追求物流系统集成化的过程中，实现物流服务的差别化，发挥各自的优势与特色。由于流通渠道中各经济主体都拥有不同的物流系统，必然会在经济主体的联结点处产生矛盾。为了解决这个问题，20 世纪 80 年代在欧洲开始应用物流供应链的概念，发展联盟型或合作大的物流新体系；供应链物流强调的是在商品的流通过程中企业间加强合作，改变原来各企业分散的物流管理方式，通过供应链物流这种合作型（也称共生型）的物流体系来提高物流效率，创造的成果由参与企业共同分享。为此，欧洲各国出现半官方的组织协作物流委员会（Corporate Logistic Council）以推动供应链物流的发展。这一时期制造业已采用准时生产（JIT）模式，客户的物流服务需求已发展到可同一天供货（或服务），因此供应链的管理进一步得到加强，实现供应的合理化。如组织好港站库的交叉与衔接，零售商管理控制总库存量，产品物流总量的分配等。这时期物流需求信息可直接从仓库出货点获取，通过传真方式进行信息交换，产品跟踪采用条形码扫描，信息处理的软硬件平台是客户 / 服务器模式和购买商品化的软件包，值得一提的是这一时期欧洲第三方物流开始兴起。

（4）全球物流（Globalization Logistics）阶段（20 世纪 90 年代）

20 世纪 90 年代以来，全球经济一体化的发展趋势十分强劲，欧洲企业纷纷在国外，特别是在劳动力比较低廉的亚洲地区建立生产基地，生产零部件，甚至根据市场的预测和区位的优势分析在国外建立总装厂。由于从国外生产基地直接向需求国发送的商品增加迅速，这一趋势大大增加了国与国之间的商品流通量，又由于国际贸易的快速增长，全球物流应运而生，全球物流就是全球消费者（一般指国家）和全球供货源之间的物流和信息流。这一时期欧洲的供应链着眼于整体提供产品和物流服务的能力，同时欧洲制造业已发展到精良制造（Lea Manufacturing）。客户的物流服务要求同一工班供货。因此这一时期物流中心的建设迅速发展，并形成了一批规模很大的物流中心，例如荷兰的鹿特丹港物流中心，石油加工配送量为 6500 万吨 / 年，汽车分销量 300 万辆 / 年，橙汁与水果分销量 90 万吨 / 年，已成为欧洲最重要的综合物流中心之一。在供应链管理上采用供应链集成的模式：供应方，运输方通过交易寻求合作伙伴，由于主导者和主导权是供应链管理的前提条件，主导权模糊不清，就无法维系整个供应链的运转，建立起强有力的管理组织。因此，20 世纪 90 年代欧洲提出设置首席物流主管（Chief Logistics Officer）作为供应链管理的主导者，这一时期物流的需求信息直接从顾客消费点获取，信息交换采用 EDI，产品跟踪应用射频标识技术和信息处理广泛应用 Internet 和物流服务方提供的软件，这一时期是欧洲实现物流现代化的重要阶段。

（5）电子物流（E-Logistics）阶段（20 世纪 90 年代末，21 世纪初）

目前，基于互联网和电子商务的电子物流正在欧洲兴起，以满足客户越来越苛刻的物流需求，例如，要求在同一小时供货，物流的来源由电子商务服务，供应方提供，并实现供应 - 运输交易的最优化供应链管理进一步扩展，可实现物流的协同规划，预测和供应。

组织机构采用横向供应链管理模式，需求信息直接从顾客消费点获取，采用在运输链上实现组装的方式，使库存量实现极小化，信息交换采用数字编码分类技术和无线因特网，产品跟踪利用激光制导标识技术（Smart Ink）。

## 2. 欧洲物流产业集群的特征

（1）新兴物流集群加快向具有区位优势的内陆欠发达地区发展

进入新世纪以来，伴随全球化发展和欧洲制造业结构升级，欧洲物流产业布局也出现了一系列新变化。物流企业在继续向阿姆斯特丹、汉堡等传统物流城市集中集聚的同时，也出现了向一些具有较为突出的中心区位优势的内陆地区或经济相对落后地区加快集中的趋势，由此带动了一批新兴物流集群的崛起和快速发展，其中最具代表性的是西班牙萨拉戈萨市和德国莱比锡市的物流集群。

1）萨拉戈萨已成为欧洲最大的物流集群

萨拉戈萨市（Zaragoza）位于西班牙东北部，是阿拉贡（Aragon）省会城市及西班牙第五大城市。以萨拉戈萨为中心300公里半径内，坐落着马德里、巴塞罗那、瓦伦西亚、毕尔巴鄂等西班牙最大的四座城市，区域内人口达2000多万，超过西班牙人口总数的50%。而且，萨拉戈萨与西班牙的两岸（大西洋和地中海）等距，和西班牙五大海港中的巴塞罗那、塔拉戈纳、瓦伦西亚和毕尔巴鄂等都有公路和铁路联通，与巴黎、罗马、慕尼黑、苏黎世等欧洲商业贸易中心相距均不超过1000公里。但由于地处内陆地区，且多为水资源较为缺乏的半干旱地区，萨拉戈萨的经济发展水平在西班牙和欧洲长期落后，产业结构单一，主要以农业、食品加工、汽车组装及零配件制造为主。

为了改变这一局面，萨拉戈萨市政府在阿拉贡省及西班牙政府支持下，自2002年开始实施以开发物流园区、培育物流业集群为核心的发展战略。经过十多年的努力，已经形成以PLAZA物流园（PLAZA platform）为核心，以萨拉戈萨铁路多式联运中心（CTZ）、萨拉戈萨海运内陆港站（TMZ）及萨拉戈萨机场（CAZ）等专业化运输枢纽为支撑，包括德鲁尔物流平台（PLATEA）等十多个物流园区的大型物流集群，成为萨拉戈萨市乃至阿拉贡省经济发展的新支柱。

2）莱比锡成为欧洲新兴的航空物流集群

位于德国东部的莱比锡市，也是地处欧洲内陆欠发达地区的城市。但作为传统的贸易和文化中心，莱比锡地处连接欧洲东西、贯通南北的中心区位，是连接德国西部密集城市群与德国东部乃至东欧的重要节点。近年来在德国政府的大力支持下，德国东部经济迅速崛起，带动了莱比锡及其周边物流业的发展，不仅吸引了宝马等德国先进制造企业，也吸引了敦豪快递（DHL）、亚马逊等物流、商贸企业。围绕莱比锡机场、城市西部工业区，形成了DHL全球航空枢纽、亚马逊欧洲配送中心、宝马汽车物流园等一系列物流设施，极大地促进了莱比锡市物流业的加快发展。

（2）优良的综合交通条件是物流集群发展的重要基础

从萨拉戈萨的情况来看，该市不仅具有密集的公路网络，高速公路3小时可覆盖西班牙全境，而且还是西班牙铁路网络中最为繁忙的货运枢纽和高速客运站点，高速铁路可以在2小时内通达西班牙15个大城市。虽然地处内陆，但萨拉戈萨建有内陆港，与西班牙主要海港都建立了良好的合作关系并提供海铁联运服务，极大地提升了其面向全球的运输能力。更为重要的是，萨拉戈萨机场拥有欧洲最长的机场跑道，该机场在20世纪90年代转为民用机场后，货运能力得到明显释放和提升。2000年萨拉戈萨机场在西班牙机场中货运量排名第18位，只占全国空运量的区区0.6%，到2009年，萨拉戈萨的机场货运量排名西班牙第三，已占到西班牙全国空运量的6.5%。

莱比锡市的综合运输体系也较为发达，多种运输方式之间已经形成联系紧密、高效合作的多式联运体系，特别是以机场为核心的空陆联运较为发达。莱比锡哈勒机场位于距离该市西北方向18公里处，目前拥有三条跑道，可以同时起降多架飞机，而且是欧洲为数不多能够处理空客A380宽体飞机的机场。2003年以后，随着新航站楼的启用，建于1992年的C航站楼正式关闭客运业务，被转换为邮政及货物运输终端，成为德国邮政子公司DHL的货运基地及枢纽机场。机场周边不仅高速公路网十分发达，而且自2003年以来，机场火车站已纳入德国铁路的干线铁路网中，与莱比锡火车站共同构成德国东部重要的铁路枢纽，成为自德国西部及欧洲南部进入柏林、德累斯顿以及波兰、捷克斯洛伐克等地重要通道。目前，包括DHL、汉莎货运在内，莱比锡机场已有24家航空公司进驻，开通航线通达17个国家的57座机场，并提供了多条连接德国和欧洲主要城市的直航航线，成为欧洲重要和具竞争力的物流中心之一。

（3）丰富、低廉的劳动力和土地资源为物流集群发展提供支撑

物流集群高度依赖土地资源，土地供给能力是物流集群形成和进一步扩张的重要约束条件。DHL全球转运中心选择莱比锡哈勒机场，其主要原因就是法兰克福、布鲁塞尔等传统航空物流集群，机场周边土地资源稀缺，已经无法为DHL等全球物流企业发展提供支持。而莱比锡机场占地1400公顷，可以为DHL提供240公顷的地块，能够满足DHL未来20年内建设全球转运中心、专用停机坪、配套物流设施等方面的需求。莱比锡市所在萨克森州政府及机场方面，承诺DHL可随时通过收购机场北部、南部或西部地块实现扩建，未来发展空间十分充裕。

在萨拉戈萨，PLAZA物流园（PLAZA plat form）是该市物流集群的核心和最大的物流园区，也是目前欧洲最大的物流枢纽之一。园区建于2002年，占地面积1300公顷，园区规划80%的土地用于物流和辅助物流项目，其中仓储中心占地1300万平方米。而且，园区的土地价格优势明显，平均价格仅为每平方米120欧元，大大低于马德里、巴塞罗那每平方米300欧元的水平。

此外，莱比锡和萨拉戈萨两市的劳动力价格相对较低，也是许多物流企业进入物流集群发展的重要原因。

（4）政府主导、市场化运营成为新兴物流集群的主要发展模式

在萨拉戈萨，物流集群中各物流园区的开发和管理，基本都采用了政府主导、市场化运营的模式。以 PLAZA 物流园为例，在 PLAZA 物流园由阿拉贡省和萨拉戈萨市政府共同发起，吸收两家本地银行参与开发和投资，并共同出资成立 PLAZA SA 公司，全面负责物流园的开发、管理、运行和推广，总投资额为 8500 万欧元。其中省政府投资占 59.23%，阿拉贡市政府投资占 10.19%，两家商业银行投资占 30.58%。该公司拥有技术、财务、法律、管理和商业五个部门，总经理由阿拉贡省省长直接任命，总经理自主招聘部门经理，部门经理再聘请其他管理人员。在运营方面，园区土地采取出售方式，目前已出售规划面积的 70%，土地收益被用于改善基础设施和园区运营。等土地出售完成后，园区将采用入驻企业自治的管理模式，按照相关法律和制度，成立自治管理机构负责园区的运营和管理。

莱比锡哈勒机场建设主要由政府投资，运营企业则是由萨克森州及相关市县政府合资建立的中部德国机场股份公司（Mittal deutsche Airport Holding AG），并持有机场 94% 的股份，其中萨克森州股权占比为 76.64%（如图 1-6）。而 DHL 全球物流枢纽则采取 BOT 方式，即由 DHL 出资 3 亿欧元建设，并具有 20 年的运营使用权；运营期满后，设施产权转交给中部德国机场公司，DHL 可继续享有两期，每期 10 年的设施优先租赁使用权。

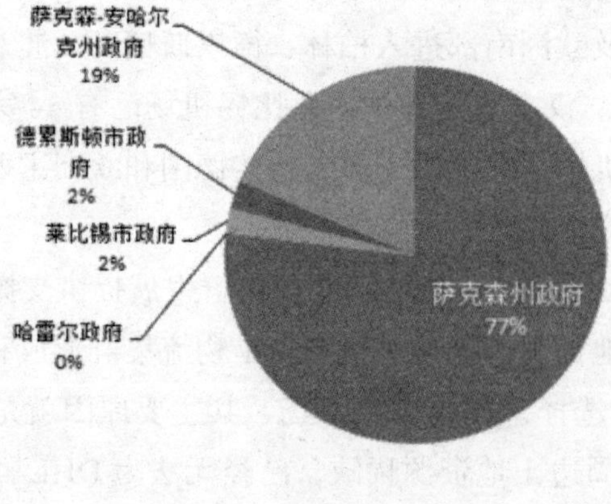


图 1-6 中部德国机场的股权结构

## 三、日本物流产业集群的发展

### 1. 日本物流产业集群的发展历程

日本的物流观念虽然在 20 世纪 50 年代才从美国引入，但发展迅速，并形成了自身独特的管理经验和方法，已成为现代物流的先进国家，日本物流发展的主要阶段有：

（1）物流概念的引人和形成阶段（1953-1963 年）

1956 年日本开始从美国引入物流概念，在对国内物流状况进行调查研究的基础上，将物流称之为“物的流通”。1964 年日本又提出，通产省为了降低产业的总体成本，将要推动除生产，流通的费用之外第三种成本的消减，即搬运，保管，包装等物流的成本。产业构造审议会流通部中将要设立物的流通委员会。日本还把“物的流通”视为一种包括运输，配送，装卸，仓储，包装，流通加工和信息传递等多种活动的综合行为。这一时期政府加强了对物流设施建设：如 1953-1958 年交通运输投资占公共投资总额的 19.2%，1959-1963 年交通运输投资已占公共投资总额的 29.5%，从基础设施上为物流发展打下了良好的基础，同时比较重视有关车站、码头的装卸运作的研究与实践。

（2）以流通为主导的发展阶段（1963-1973 年）

60 年代中期至 70 年代初是日本经济高速增长的时期之一，商品流通量大大增加。随着这一时期生产技术向机械化，自动化发展以及销售体制的不断扩充，物流已成为企业发展的制约因素。因此，日本在这一时期开始进行较大规模的物流设施的建设。在日本政府《中期 5 年经济计划》中，强调了要实现物流的近代化。作为具体措施，日本政府开始在全国范围内开展高速道路网，港口设施，流通聚集地等各种基础建设。与此同时，各厂商也开始高度重视物流，并积极投资物流体系的建设，各企业都建立了相应的专业部门，积极推进物流基础建设，这种基础建设的目的在于构筑与大量生产，销售相适应的物流设施，主要是随营业规模的扩大增设物流中心，或确保大量输送手段以充实物流硬件的举措。可以说这一时期日本厂商的共同战略是增大物流量，扩大物流处理能力，以适应商品流通的需求。另一方面，如果说此前日本的物流是可以用“人工装卸”形容的低级化物流的话，那么进入近代化的大量生产，大量销售时代，为了解决仓库不足，出入库时间长，货车运输欠缺，大量生产的产品无法顺利流向市场等问题，开始广泛采用叉车等机械化装卸设备和采用自动化仓库，灵活运用托盘和集装箱，实现货物单元成组装卸。同时建立物流中心积极推行物流联网系统，开发 VSP，配车系统等物流软件。1970 年日本同时成立了两个最大的物流学术团体“日本物流管理协会”和“日本物的流通协会”，开展全国和国际性的物流学术活动。这一时期是日本物流建设大发展的时期，原因在于社会各个方面都对物流的落后及其对经济发展的制约性有着共同认识。这一阶段的发展直到 1973 年第一次石油危机爆发才告一段落。

（3）物流合理化阶段（1973-1983 年）

在这一阶段，日本经济发展迅速，并进入了以消费为主导的时代。虽然物流量大大增加，但由于成本的增加使企业利润并没有得到期望的提高，因此，降低经营成本成为经营战略的重要课题，降低物流的成本更成为其重要内容，物流合理化与最优化是这一阶段的主要特点，所以说，这一时期是物流合理化的时代。

首先，担当物流合理化作用的物流专业部门开始出现在企业的管理中，从而真正从系统整体的观点来开展降低物流成本的活动，同时物流子公司也开始兴起。这一时期的物流合理化主要是改变以往将物流作为商品蓄水地或集散地的观念，从而在经营管理层次上发挥物流的作用。这集中反映在“物流利润源学说”，即物流到目前为止并没有提升到管理范围，从而成为流通过程的“黑暗大陆”，阻碍因素很多。因此，只有去除这些阻碍因素才可能实现成本降低，为利益增加做贡献。也就是说，在企业第一利润源销售额无法实现的情况下，物流成为企业增加利润的唯一来源。很显然，“物流利润源学说”揭示了现代物流的本质，使物流能在战略和管理上统筹企业生产、经营的全过程，并推动物流现代化发展。在推进物流合理化的过程中，全国范围内的物流联网也在蓬勃发展，其宗旨在于推进订货、发货等业务的快捷化，以及削减物流人员，降低劳动力成本，特别是以大型量贩店为中心的网上订，发货系统的应用在这一时期最为活跃。1983 年日本物流企业已发展到 5 万多家，从业人员约 105 万人，货运量达 34 亿吨，货运周转量 4223 亿吨公里。一般较大的物流公司，都在全国各地设有自己的分公司或支社，面向全国乃至国外开展物流业务，如通运公司，两派公司，大和运输等，这样，在日本形成了多渠道，多层次，多形式，工商齐办的现代化物流系统网络。

在物流管理政策上，1977 年日本运输省流通对策部公布了“物流成本计算统一标准”，这一政策对于推进企业物流管理有着深远的影响。原因是当时许多企业正热心于从事物流成本控制的研究，各个企业都制定了自己独特的成本控制体系，因而出现了成本概念不一致的状况，这样各企业所计算出的成本就缺乏相互对比的基础。另外，在一般企业中，尽管物流成本的核定是以物流合理化为前提，但是由于缺乏统一明确的会计成本核算标准和方法，对物流成本的计算是不完全的，进而影响了物流合理化的发展。正是在这种状况下，日本运输省制定了“物流成本计算统一标准”。由于企业和政府的共同努力，使物流管理得到了飞跃性的发展，也使日本迅速成为物流管理的先进国。这一时期日本物流学会成立，同时物流的科研工作也得到了较大的发展，通过建立了专门的物流研究所，在日本也召开全国或地区或国际的物流会议，物流奖励大会等，宣传物流的重要意义，讨论和解决了理论及实践中的问题。

（4）物流现代化阶段（80 年代中期至今）

80 年代以来，日本的生产经营发生了重大变革，消费需求差异化的发展，尤其是 90 年代日本泡沫经济的崩溃，使以前那种大量生产、大量销售的生产经营体系出现了问题。产品的个性化，多品种和小批量成为新时期的生产经营主流，这使得市场的不透明增加，在库排除的观念越来越强，其结果是整个流通体系的物流管理发生了变化，即从集群化物流向多频度，少量化，短时化发展。在销售竞争不断加剧的情况下，物流服务作为竞争的重要手段在日本得到了高度重视。这表现在 80 年代后期日本积极倡导高附加值物流，如 Just-in-time 物流等方面。但是，随着物流服务竞争多样化，高昂的物流成本已成为这一时期的特征，在日本有把这一时期称为“物流不景气时代”的说法，即由于经营战略的要求，使物流成本上升，出现赤字，因此，如何克服物流成本上升，提高物流效率是 90 年代日本物流面临的一个最大问题。1997 年 4 月 4 日，日本政府制定了一个具有重要影响力的《综合物流施策大纲》，该大纲是根据 1990 年 12 月 17 日日本政府决定的《经济构造的变革和创造规划》中有关“物流改革在经济构造”最为重要的课题之一。

到 2001 年为止，既要达到物流成本的效率比，又要实现不亚于国际水准的物流服务，为此各相关机关要联合起来，共同推进物流政策和措施。《综合物流施策大纲》是日本物流现代化发展的指针，对于日本物流管理的发展具有历史意义。大纲中提出了到 2001 年物流发展的 3 项基本目标：第一，亚太地区便利性且充满活力的物流服务；第二，实现对产业竞争不构成阻碍的物流成本；第三，减轻环境负荷。为实现上述目标，大纲中还制定了实施措施的 3 项原则，包括通过相互合作来制定综合措施；为确保适应消费者需求的有效运输体系，以及创造良好的交通环境，道路，航空，铁路等交通机构合作共同制定综合交通措施；通过竞争促进物流市场活性化。

大纲中提出的具体措施有：社会资本的合作与集中使用，消除物流瓶颈，建设国际港口、机场及相应的疏港疏场高规格的道路，主要干线铁路、公路的建设，提高运输能力；建设大都市圈物流中心，在法规和政策上进一步推动物流的效率化；物流系统要实现信息化、标准化；实施无纸贸易；对都市内物流要建立道路交通的畅通机制，提高汽车装载效率，提高物流服务质量，减轻环境负担，对地域之间的物流要进一步完善多种方式运输的竞争条件，实现多式联运，促进水路，铁路货运，建立区域性物流中心及道路；对于国际物流要进一步缩短物流的时间和成本，纠正内外价格差，提高产业地区的竞争力。值得一提的是大纲中特别提到要建设各机构、各部门合作的政策推进体制，推进各政府机关、地方团体、物流从业者和货主联合采取物流现代化措施，形成整体效应。

### 2. 日本物流产业集群的特点

日本物流产业集群是在适应新的经济环境和社会环境中不断改进而发展起来的，目前在世界上居领先水平。其主要特点表现为以下几个方面。

（1）具有健全的政策保障

首先，日本政府在物流产业集群发展的每个阶段都制定了相关政策法规。在法律法规方面，《商法》及《民法》中规定了物流的相关条款。20 世纪 60 年代起，通产省和运输省对物流业行使行政管理职能，制定了相关的政策法规；70-80 年代先后制定了《仓库业法》、《日本国有铁路法》、《道路运输法》等；90 年代颁布了《物流法》、《物流综合效率化法》。在物流产业集群发展政策方面，日本内阁于 1997 年通过了《物流政策总体纲要》，拟订了物流基础设施发展规划，提出了到 2001 年物流发展的三项措施（社会资本配置、规制缓和、物流系统的完善升级）；2001 年制定了《新综合物流施政大纲》，旨在 21 世纪构建具有国际竞争力水准的物流市场，完善减轻环境负荷的物流系统；2005 年又颁布了《综合物流实施大纲》，进一步提出加强国际竞争力，完善绿色物流系统，为循环型社会做贡献等观点。

其次，日本政府进行了一系列政策方面的改革，目的是进一步放宽对物流业的规制，使其完全按照市场规律运作、更加富有活力。这些政策放宽了对新增项目的限制，如新建项目只要符合国家规定的安全技术标准可以容易地获准、对安全规定进行调整等。

此外，20 世纪 70 年代以来，日本政府逐步对物流系统技术进行升级，包括：

1）物流系统信息化，即进出口和港口手续无纸化、一条龙服务的推进等；

2）物流系统标准化，即对集装箱、托盘采用的日本工业标准（JIS）进行国际整合、全程托盘化运输的推进；

3）其他技术开发和商业惯例的改善等。为了确保综合物流政策顺利实施，政府相关部门通力合作建立了一套政策推进体制，确保中央部门、地方政府、物流企业、货主等各方面积极合作，推动区域物流的发展。

日本政府为了大力扶持物流产业的发展所采取的上述宏观政策，为各个发展时期的物流产业营造了良好的制度环境。

（2）发达的交通运输业是物流业的强大支柱

交通运输是现代物流业的重要组成部分。日本物流业界认为，交通运输、物流是未来经济社会的大动脉，交通运输和物流将形成一个全球性、综合性的立体全方位网络。20世纪70年代起，由于日本产业结构进行了调整，实现了以原材料、重厚长大型为主的产业向附加价值型、轻薄短小型产业的转变，以多频度和短距离为特点的物流业带动了货物运输业的高速发展。促进货物运输在地域间流动，提高货运量和运输效率，成为日本物流发展的主要特色。

日本从国土和人口等国情出发，把物流基础设施的重点放在高速公路网和沿海港口设施、海运网络上，发挥公路运输快捷和灵活机动的优势，同时兼顾空运与海上集装箱运输，避免了在狭小国土上发展铁路运输的不便。公路运输一直占有重要地位，铁路运输量则逐年减少。

作为传统的海运国家，日本政府把航运作为本国经济发展的生命线，但近年来航海运输一直发展平平。海运主要集中在沿海的工业地带，输送量多、距离长的货物，如煤、石油、水泥、钢铁等。为了发展国际物流业，日本开始重振造船业和海洋运输。到目前为止，以石川岛播磨船厂为核心的日本四大造船企业联合体框架已经形成，它们在国际造船市场上推出的竞争战略目标，不再是以中标的造船订单总吨数为标准，而是高附加值船舶的承造订单，如液化气运输船（LNG）、特殊油类和化工产品运输船、海洋油气勘探船等项目。此外，作为亚洲重要的空运中心，日本的空运也一直在发展，新关西国际机场、成田机场货运吞吐量均排在世界机场前列。近年来，政府着重建设机场设施，如改建和扩建关西国际机场、羽田机场等。

（3）具有国际领先水平的物流基础设施

日本的大规模基础设施建设与现代物流业的兴起基本同步。20世纪60年代到70年代末期，日本交通运输业发展很快，高速公路纷纷投建，仓储条件大为改观，汽车迅速普及和集装箱船的出现极大地促进了物流业的发展。多年来，日本在全国范围内开展了包括高速公路网、新干线铁路运输网、沿海港湾设施、航空枢纽港、流通聚集地在内的各种基础设施建设，构造新型的物流运输体系和仓储系统。这些基础设施具有世界领先水平，为扩大物流市场和促进物流业的发展提供了有力保证。

2001年以来，为了与现代化物流业发展相适应，日本又将建设的重点转向国际海港等国际物流基地、海上高速网络、干线公路网络和连接港口、机场与高速公路的出入口交通设施，同时通过修建市内环状公路、改进道口等扩大交通容量。这样既解决了城市内物流的瓶颈问题，又强化了国际物流基地的机能。目前政府和业界还从环境保护和合理利用能源、运力的角度，建设适应复合联运的交通体系，以解决对环境的压力。

在物流发展整体规划方面，积极组建物流园区，鼓励配送中心发展。日本是建设物流园区最早的国家，考虑到其国土面积小、国内资源和市场有限、商品进出口量大等因素，在大中城市、港口、主要公路枢纽都建立了物流园区，目前已经建成20多个、平均每个占地74公顷的物流园区。今后日本注重的是加强交通设施与物流园区之间的配套建设，提高经营的规模效益。

（4）高效的企业管理和多样化的服务内容

长期以来，日本的物流业界在经营管理过程中逐渐积累了一些行之有效的原则，即“采集计划化、配送共同化、运输直达化、物流大量化、管理系统化”。这些原则综合表现在采集、运输、仓储、包装、配送等各个环节，构成了一个完整的物流体系。以下分别从物流服务、专业化和物流企业管理方面说明其特色。

1）适应多品种、少批量化的物流服务

80年代中期日本丰田汽车公司的“看板管理”的出现，掀起了“零库存”管理、JIT的高潮，使得新的物流管理方式不断涌现。这种管理方式将原来大量生产、大量消费的生产方式变为小批量、多品种的生产经营方式。顾客对频繁而小批量的送货需求使物流管理作业难度及复杂程度加深。为了解决这些问题，日本建立了先进的物流系统，促使分销渠道合理化。例如，对JIT送货的需求使交货次数变得越加频繁，而每次交货数量相对减少。在实行频繁而小批量的送货服务时，会增加公司的运输、仓储成本。于是出现了物流配送中心等第三方物流企业（3PL），它们改变了原有的分销渠道，重组了流通渠道，如减少批发商的数量和库存，增加零售连锁店。运用第三方物流的物流系统，使各种各样的商品库存适当，保管良好，并有效率地配送到所有的店铺。因此，无论是生产企业还是批发零售企业，都可以委托物流中心来提供仓储保管、运输配送、分拣加工、包装等多样化物流服务，实行一体化的管理，从而降低了物流总成本。这是近十几年来日本第三方物流、配送中心发展的一大特色。

2）不断提高的物流专业化程度

日本物流产业的形成是物流专业化发展的重要标志，很多制造业企业为强化自身的物流管理，降低物流总成本，开始将企业的物流职能从其生产职能中剥离开来，成立专业子公司或通过第三方物流企业来提供专门物流服务，并逐步形成物流产业。这些专业化物流企业群构筑了多样化的配送服务体系，既提供了多样化服务又降低了物流活动总成本。“资源整合”、“共同配送”也是专业化程度的体现。日本的物流企业非常注重物流资源的优化整合，以保持核心竞争力和专业优势。另外，由于土地和劳动力不足，物流共同化、配载化的热潮随之兴起。一些批发商集中形成“批发园区”，卡车运输企业则开展与之相适应的混载服务，形成共同的竞争型物流网络。行业不同、销售对象不同的企业可以共用同一物流基地，这样的共同配送方法可以降低企业产品运送的费用，提高车辆的利用效率，达到资源共享。这些都说明了在实行“供应链管理”过程中，日本的物流业强调对物流各个环节运行方案的优化与整合，同时注重“链”的作用和它们之间的衔接与组合，以此提高从原材料供应到客户接收的全过程物流效率。

3）不断改进的企业物流管理方法

日本学者认为，企业物流管理水平的高低，还可以用库存成本来判断。如何使货物及时完好地送交顾客而承担的库存最小，是企业一直追求的目标。要保持最小和最合适的库存水平，就要详细了解市场信息和消费者的需求。他们用是否“与市场信息同期化”（随时随地掌握市场信息）的要求，来判断此企业管理水平的高低。企业管理是否合理，需划分五个阶段来进行判断：

第一，不重视管理的阶段；

第二，有了解市场信息的意向的阶段；

第三，物流系统的形成阶段（物流活动与市场信息同期化）；

第四，物流系统的发展阶段（物流、生产、采购活动与市场信息同步）；

第五，供应链管理阶段（相关的所有企业的商品供给与市场信息同期化）。

而日本的物流企业大多处在第二和第三阶段。可见，虽然第三方物流有一定发展，但距供应链管理的阶段仍有一段距离。于是，许多企业仍在改善自身的管理条件，利用国内外保管、运输的信息网络与客户保持长期而稳定的联系，并引进最先进的设备，实现高效化管理。

（5）先进的电子信息技术加快物流现代化的进程

日本对物流信息的处理手段也极为重视，几乎所有的专业物流企业都是通过计算机信息管理系统来处理和控制物流信息，为客户提供全方位的信息服务。而且在订货、库存管理、配送等方面，广泛使用物流联网系统、电子数据交换系统（EDI）、无线射频识别技术系统（RFID）、卫星定位导航系统（GPS）、输送过程信息系统、配货配车系统等。近年来，日本政府又调整了物流发展战略，积极倡导高附加值物流，并将物流信息技术作为重点发展方向，力争在物流国际化、系统化、标准化、协作化方面取得进展。

## 四、中国物流产业集群的发展

### 1. 中国物流发展历程

中国现代物流发展历程可以划分为四个阶段。第一阶段：萌芽阶段——大体在20世纪80年代以前。第二阶段：学习和引进阶段——20世纪80年代到20世纪90年代初。第三阶段：起步阶段——20世纪90年代。第四阶段：发展阶段——2000年至今。

（1）中国现代物流的萌芽阶段（20世纪80年代以前）

新中国在确立改革开放政策之前的一段时期内，仍然处于传统的计划经济体制条件下，现代物流有了一定程度的萌芽。十一届三中全会之后，交通运输业作为经济建设重点领域，其“现代化”被提到议事日程上，这就形成了对现代物流初期的需求。在工业生产领域，即使是当时水平下的社会分工和专业化生产，也必须对协作关系的各方物流联结做出安排。传统的仓库和储备形态，已不足以支持经济发展和企业生产的要求。将储运联结在一起，实现一体化，自然成为一种选择。因此，在经济界和企业界已经自发出现了对于现代物流的需求。

（2）学习和引进现代物流阶段（20世纪80年代至90年代初）

1978年十一届三中全会确立了改革开放国策之后，各个经济领域都开始了解并学习发达国家的物流发展经验，除了一般的文化传播渠道之外，这个时期不同的政府部门组织相关领域的工作考察团，开始对国外进行广泛地考察。考察带有“对口”的性质，中国在当时承担组织、领导和管理“物流资通”的国家物资总局，便把在日本已经风行的“物流”领域作为考察的对口对象。从20世纪70年代末到80年代末的10年间，这个系统先后组织了出国考察和接待国外物流考察四十余次，尤其是和日本建立了物流领域的沟通关系。这些考察活动对国内产生了很大影响，不仅是考察报告和考察资料成为国内研究物流的重要信息资源，而且更重要的是，通过考察培养了一批人才，前后参与考察的几百位领导、企业家、专家学者，相当一部分都成了研究和推行现代物流的第一批骨干力量。

可见，改革开放政策，为现代物流进入中国奠定了基础；中国的经济体制改革，容纳了现代物流这种管理模式；中国经济发展，感受到现代物流的需求。个别为发达国家产品进入中国市场进行服务的物流企业率先接受了现代物流运作的理念，其成功的运作，逐渐产生了一定的影响。国内进行现代物流探索和初期实践的领域，取得了经验和教训；理论界和政府推动营造了现代物流的舆论；物流以及物流有关专业设置，确立了物流学科，造就了一批物流人才。

（3）中国现代物流起步阶段（20世纪90年代）

中国现代物流的起步阶段开始于邓小平同志南行后，中国改革开放进一步得到深化，这无疑给现代物流的发展带来了很大的活力。起步阶段的一项非常重要收获，是对现代物流的探索出两个重要的特点：多领域的探索和从理论向实际运行与操作的转化。

20世纪70年代初，发生世界性石油危机，中国可以站在观望的角度来审视这次危机。其实，我们已经可以清楚地看到推行物流合理化、实施现代物流是应对这种危机的有效办法。90年代末，东南亚发生金融危机，由于改革开放后中国和东南亚存在密切的经济交往关系，我们对这次危机有了切身的感受。尤其是以现代物流为支柱产业的国家和地区表现出了比较强的抗御危机能力，使过去将近20年的现代物流的理论准备迅速被经济界和管理层所接受。那个时期世界银行公布的一组对比性数据，是经济界震惊于中国物流的潜力。这些外在的因素迅速触发了中国经济领域潜在的现代物流需求，现代物流在中国迅速启动。

中国现代物流起步期的主要工作是开始实质性的物流运作，重要标志是：学术界全面系统的研究和推介现代物流；一些率先进行现代物流运作的企业取得了辉煌的成绩并对经济界产生了实际的影响；有影响的与物流相关的传统大企业，如中远集团、中外运，明确要向现代物流转型；改革开放之后引进的一批与现代物流运作有关的外国企业，已经对国内企业有了有效地推动；中国经济特区深圳市制定了中国第一个地区性的物流规划，而且破天荒地明确现代物流是深圳市三个“重要支柱产业之一”，在国内产生了重要的影响。

（4）中国现代物流快速发展阶段（21 世纪初）

中国现代物流进入发展期的主要标志是大规模的、普遍的现代物流的建设，在全国迅速普及。有以下几方面的重大进展：

① 物流政策环境的建设

2001 年国家经贸等六部委出台推进现代物流发展的《若干意见》，2004 年，国家发展与改革委员会等九部委又出台《关于促进中国现代物流业的发展的意见》，这是非常重要的政策性文件，是中国物流政策环境建设突破性的进展，国内经济界和物流界给予了极高的评价，这标志着中国政府已经明确了在中国发展现代物流的方针政策，是中国现代物流发展所必需的。

② 物流规划工作

物流规划工作是这个时期极具特点的现代物流建设。包括北京、上海、天津、深圳等全国 50 多个省、直辖市、中心城市开始或者已经制定了物流规划，数不清的产业和企业也通过制定物流规划切实地开始现代物流系统的建设。如此集中在同一时间、如此广泛、如此大规模的制定一个产业的发展规划，这在中国经济发展的历程中是很少有的事情，也是国际上的一项创举。在这些规划中，仅物流基础园区就规划了 200 多个。

③ 物流平台建设

作为现代物流基础的物流平台建设，正在大规模的展开并且取得了相当的进展。物流平台不仅是物流运作的物质基础，也是整个国民经济的基础。因此，多年以来都受到国家的重视，并且已经发挥了基础的作用，达到了一定的规模。21 世纪开始之后，物流平台建设不仅加速在“做大”，而且注重完善平台的结构。

进展最为理想的是物流信息平台。受惠于国家信息化建设，中国的信息基础网络和实用信息技术已经能够支持现代物流的信息运作需求：远程、即时的通信和数据交换；货物静止和动态的识别；精确和便捷的定位；自动化和无人化的操作管理等。

铁路、公路线路的网络，在中国的东部和发达地区，已经完成了基本的布局，平台的建设迅速向全国尤其是西部地区推进，覆盖全国有效的物流平台远景已十分明朗。例如，就高速公路网络平台而言，今后 30 年将形成总量为 8.5 万公里的国家高速公路网，包括 7 条首都放射线、9 条南北纵横线和 18 条东西横向线，并且能够实现和台北的高速公路对接。2010 年，西部地区公路网总里程将超过 94 万公里，高速公路通车里程将超过 2 万公里。2020 年，二级以上的高等级公路骨干网将覆盖西部地区。2020 年，新建的西部铁路业将达到 1.6 万公里。

④ 全社会都感知和开始重视物流

最近几年，物流已明显成为中国国民经济的几大“热点”之一，几年前尚且不为人所知的物流行业，现在已经成为热门行业，物流业成为媒体的热点。我们可以看到资源向物流这个热点的明显倾斜：新建和翻牌了大量的各种类型的物流企业，几十亿、上百亿甚至上千亿的资本涌入物流领域，发达国家许多知名物流企业纷纷登陆中国。10 年前国内名牌大学还不愿涉及物流，仅有少数几个高等院校开设物流专业，现在已经达到两百多个，清华大学、南开大学、同济大学、复旦大学、西南交通大学等名牌大学进入物流人才培养领域，标志着物流人才和物流学术的新发展局面。

2. 中国物流产业集群的特点

近几年来，面对复杂多变的市场形势，物流行业积极调整应对，加快转型升级，主动适应经济发展“新常态”，总体运行保持了较强的韧性。具体来看，中国的物流行业呈现出以下特点。

（1）产业地位显著提升，政策环境改善

2014 年 9 月 12 日，《物流业发展中长期规划（2014—2020 年）》（以下简称《中长期规划》）正式发布。这是继 2009 年《物流业调整和振兴规划》出台以来的又一个指导物流业发展的纲领性文件。《中长期规划》把物流业定位于支撑国民经济发展的基础性、战略性产业，是物流产业地位进一步提升的重要标志。

同时，有关部门也发布了一系列支持物流业发展的政策文件，为物流业的健康发展提供了良好的政策环境：如国家发展改革委支持冷链物流、粮食物流、公共信息平台和物流诚信建设，国家级示范物流园区工程已完成前期设计；交通运输部重视物流通道建设，继续开展甩挂运输试点和城市配送便利通行工作，积极推进车型标准化；商务部继续开展城市共同配送示范试点，商贸物流标准化、电子商务与快递协同发展试点工作启动；工信部加强物流信息化引导，开展物流供应链推进工作；国家邮政局全面开放国内包裹快递市场，简化快递资质审批等。

（2）增长速度高位趋稳，需求结构稳步调整

2014 年社会物流总额超过了 210 万亿元，同比增长 8% 左右；物流业增加值超过 3.4 万亿元，同比增长 9% 左右。两项指标增速与 2013 年相比均小幅放缓，但仍高于同期 GDP（国内生产总值）增速，处于中高速增长区间。社会物流总费用将超过 9.7 万亿元，同比增长 8% 左右，增速延续小幅回落态势。

社会物流总费用与 GDP 的比率约为 17% 左右，说明物流业发展的质量和效率有所提升。同时，钢铁、煤炭、水泥、有色金属等生产资料物流需求增速进一步放缓，进出口贸易依然疲软。2014 年铁路货物周转量预计下降 6% 左右，规模以上港口货物吞吐量和外贸货物吞吐量增速同比分别回落 4.1 和 3.8 个百分点。最终消费对经济增长的贡献率持续走高，电商物流、冷链物流等消费品物流需求保持快速增长。

（3）资本和技术双轮驱动，市场趋于集中

2014 年，资本介入力度加大。电商物流、快递快运、物流地产、冷链物流等细分市场成为投资热点。例如，平安不动产、中信产业基金、复星集团等产业资本加大物流地产投入，万科等房地产企业也进入物流市场。《铁路运输企业准入许可办法》发布，鼓励社会资本投资铁路建设和经营。

同时，技术不断推动行业变革。物流企业纷纷“触网”。例如，中外运推出“海运订舱网”，进军物流电商领域。好运宝、好多车、车旺等一批车货匹配 APP（应用程序）系统受到资本热捧，集中上线的超过 50 家。“以机器替代人”的趋势日益明显。自动化立体仓库、自动分拣设备、智能物流设备等机械化、自动化、智能化装备进入快速发展期。

此外，市场集中度稳步提升。据何黎明介绍，截至 2014 年底，中国 A 级物流企业数量已经超过 3000 家，其中 5A 级企业近 200 家。快递、电商、零售、医药、物流地产等细分物流市场品牌集、企业集聚、市场集约的趋势进一步显现。

（4）平台整合、产业融合，经营模式变革创新

“平台思维改变了传统的经营模式。”2014 年，园区基地平台、公路货运平台、电商物流平台、物流金融平台等风起云涌，各种组织模式、管理模式和商业模式创新成为热点。

在公路货运领域，车货匹配平台整合货源和车源，引入货运“淘宝”和“滴滴打车”模式。一些科技企业推出“云平台”模式，整合社会车辆超过 30 万辆。在仓储园区领域，中储股份与普洛斯建立合资公司，探索混合所有制模式。外高桥物流中心推广监管新模式。专业性的快递、电商、冷链物流园尝试建立产业生态体系。

在铁路货运领域，随着铁路货运改革，全国铁路 4000 多个营业站敞开受理零散货物，日发送货物超过 7 万吨。同时，产业联动融合也走向深入。物流业与制造业 . 商贸业 . 金融业等“多业联动”，产业合作层次从运输、仓储、配送业务向集中采购、订单管理、流通加工、物流金融、售后维修、仓配一体化等高附加值增值业务，个性化创新服务拓展延伸。

（5）互联互通、一体化发展，区域物流进一步优化

随着“一带一路”战略受到全球瞩目，基础设施互联互通取得明显成效。2014 年，物流园区、物流中心等基础设施仍是地方政府支持的重点。国际货运班列加快整合，西、中、东 3 条中欧铁路通道加紧建设。国家物流大通道建设开始起步，优化区域物流通道网络布局。

中国各大国有物流企业积极推进汽车铁路物流和滚装物流发展。甩挂运输、海铁联运等多式联运有新的进展。同时，按照区域发展的战略要求，京津冀、长江经济带、广东地区 3 大区域通关一体化改革全面实施。京津冀三地签署多项物流合作协议，推进物流业协同发展；长江经济带启动综合立体交通走廊建设，完善区域综合交通运输体系；郑州、武汉多地启动区域物流中心建设，完善物流基础条件和政策环境。

此外，海外物流布局也成为各大物流企业的重点战略。如阿里巴巴、顺丰、圆通等电子商务、快递企业与境外快递邮政企业合作，开辟全球物流市场，试水跨境电商和物流业务。国有大型物流企业也保持了工程物流领域的优势地位，跟随国内工程建设企业“走出

去”，在港口、园区等物流战略资源方面取得积极进展。

但是，物流整体市场环境较为严峻，企业经营仍然困难，产业间合作还有很大空间。与此同时，国家支持物流业发展的政策有待落实，物流企业审批多、收费高、行路难和税负重等问题还没有实质性改善。这些都对物流业在新常态下转型升级，健康发展提出了严峻挑战。

## 第三节 物流产业集群发展存在的问题

总体来看，中国物流产业的总体规模目前还比较小，发展水平也比较低，这一方面是由中国经济发展的水平和阶段所决定的，另一方面，也是更为重要的是中国经济中还存在着许多影响和制约物流产业健康发展的因素。

### 一、市场需求约束

受传统计划经济体制的影响，中国相当多企业仍然保留着“大而全”、“小而全”的经营组织方式，从原材料采购到产品销售过程中的一系列物流活动主要依靠企业内部组织的自我服务完成。据调查，在工业企业中，36%和46%的原材料物流由企业自身和供应方企业承担，而由第三方物流企业承担的仅为18%。产品销售物流中由企业自理、企业自理与第三方物流企业共同承担比例分别是24.1%和59.8%，而由第三方物流企业承担的仅为16.1%；在商业企业中，由企业自理和供货方承担的物流活动分别为76.5%和17.6%。与此同时，多数企业内部各种物流设施的保有率都比较高（见表1-2），并成为企业经营资产中的一个重要组成部分。这种以自我服务为主的物流活动模式在很大程度上限制和延迟了工商企业对高效率的专业化、社会化物流服务需求的产生和发展，这也是当前制约中国物流产业快速发展的一个重要瓶颈。

**表1-2 生产企业和商业企业物流设施保有情况**

| | 汽车车队 | 仓库 | 机械化装卸设备 | 铁路专用线 | 其他设备 |
|---|---|---|---|---|---|
| 生产企业 | 53% | 59% | 34% | 3% | 0% |
| 商业企业 | 39% | 44% | 14% | 3% | 0% |

在工商企业优化内部物流管理、提高物流效率的过程中，也存在着企业内部物流活动逐步社会化的发展趋势及其对社会化物流的潜在需求。但由于市场发育和现代企业制度改革的不完善，一方面企业内部运输和仓储等设施、各种物流装备、各类物流从业人员等资源，还不能在全社会范围内实现合理的交流和流动；另一方面，企业缺乏提高物流效率、

降低成本的内在动力和手段，企业无法将其内部低效率的物流设施、人员和组织实施有效地剥离。这就使得企业不得不继续沿用以往的物流方式，社会化、专业化物流需求仍难以转化为现实。

## 二、服务方式有限，经营管理水平低

尽管中国已出现了一些专业化物流企业，但物流服务水平和效率还比较低，主要表现在：

### 1. 服务方式和手段比较原始和单一

目前多数从事物流服务的企业只能简单地提供运输（送货）和仓储服务，而在流通加工、物流信息服务、库存管理、物流成本控制等物流增值服务方面，尤其在物流方案设计以及全程物流服务等更高层次的物流服务方面还没有全面展开。

### 2. 物流企业组织规模较小，缺乏必要的竞争实力

目前从事物流服务的企业，包括传统的运输和储运等流通企业和新型的专业化物流企业，规模和实力都还比较小，网络化的经营组织尚未形成。例如，全国从事公路货物运输的个体工商户有 274 万户，平均每个个体工商户拥有的运营车辆仅 1.43 辆，拥有运营车辆超过 100 辆的企业只有中远、中外运等少数企业。

### 3. 物流企业经营管理水平较低，物流服务质量有待进一步提高

多数从事物流服务的企业缺乏必要的服务规范和内部管理规程，经营管理粗放，很难提供规范化的物流服务，服务质量较低。

## 三、低水平的物流基础设施和装备条件严重影响着物流效率

虽然中国的物流基础设施和装备条件已有较大的发展和改善，但与中国经济以及物流产业的发展要求相比，与发达国家相比仍然有较大的差距，在相当程度上影响着中国物流效率的提高，不利于物流产业的快速健康发展。主要表现是：

### 1. 中国交通运输基础设施总体规模仍然很小

按国土面积和人口数量计算的运输网络密度，中国仅为 1344.48km/Mkm$^2$ 和 10.43 公里 / 万人，美国为 6869.3 km/Mkm$^2$ 和 253.59 公里 / 万人，德国为 14680.4 km/Mkm$^2$ 和 65.94 公里 / 万人，印度为 5403.9 km/Mkm$^2$ 和 21.6 公里 / 万人，巴西为 1885.8 km/Mkm$^2$ 和 118.4 公里 / 万人，不仅远远落后于欧美等经济发达国家，就是与印度、巴西等发展中国家相比也存在较大差距。

### 2. 现代化物流集散和储运设施较少，发展水平较低

长期以来，中国在交通枢纽、公共储运设施、各种现代化物流中心等物流集散设施建

设方面明显滞后，各种工商企业内部仓储设施也难以构成企业投资发展的重点。目前，交通部的公路主枢纽规划虽已经形成，但是仅有上海、深圳等地的一级主枢纽开始投入建设，航空货运基地尚在规划之中。中国经济系统中能够有效连接不同运输方式的大型综合货运枢纽、服务于区域经济或城市内部的各种物流基地、物流中心还比较缺乏，这严重影响着物流集散乃至运输效率的提高。

3. 各种物流设施及装备的技术水平较低，物流作业效率不高

以货物运输设施和装备为例，铁路的货运重载、高速、自动化管理目前仍处在起步阶段；高速公路和高等级公路还比较少，汽车专用公路仅占公路总里程的1%，等外公路仍高达20%以上；公路货运中各种专用运输车辆的比例仅占全部货运车辆的3%；沿海港口装备水平参差不齐，近年来建设的北仑港、盐田港、秦皇岛港及大连、天津、青岛、上海等港口的集装箱码头的现代化程度比较高，相当于发达国家80年代的水平，其他大部分港口或港区的装备水平仅相当于发达国家60—70年代的水平，发达国家已极少采用的件闲散货运输方式在中国港口仍普遍存在；民航货运业还很不发达，全国航空货运飞机仅有14架，以客运飞机搭载货运仍然是主要的航空货运方式。

4. 设施结构不尽合理，不能充分发挥现有物流设施的效率

如在运输设施方面，一是运输设施的区域布局不尽均衡，东部地区交通比较发达，而中西部地区特别是西部地区交通设施比较落后；其次，各种运输方式之间尚未形成合理分工关系，市场范围交叉严重，在同类货源上进行盲目竞争，使得各种运输方式不能合理地发挥各自的优势。

5. 物流设施和装备的标准化程度较低

物流设施和装备的标准化是物流产业发展中一个关键问题，标准化程度的高低不仅关系到各种物流功能、要素之间的有效衔接和协调发展，也在很大程度上影响着全社会物流效率的提高。

中国物流设施和装备方面的标准化程度较低的主要表现：

一是各种运输方式之间装备标准不统一。例如，海运与铁路集装箱标准的差异，在一定程度上影响着中国海铁联运规模的扩展，中国海铁联运的集装箱运输在集装箱运输总量及铁路运输总量中的比例都比较低，对中国国际航运业务的拓展、港口作业效率的提高以及进出口贸易的发展都有一定程度的影响。

二是物流器具标准不配套。例如现有托盘标准与各种运输装备、装卸设备标准之间缺乏有效衔接，降低了托盘在整个物流过程中的通用性，也在一定程度上延缓了货物运输、储存、搬运等过程的机械化和自动化水平的提高。

三是物流包装标准与物流设施标准之间缺乏有效的衔接。虽然目前中国对商品包装已有初步的国家和行业标准，但在与各种运输装备、装卸设施、仓储设施相衔接的物流单元

化包装标准方面还比较欠缺，这对各种运输工具的装载率、装卸设备的荷载率、仓储设施空间利用率方面的影响较大。

### 6. 信息技术应用水平较低

以信息系统建设滞后为例，一是工商企业内部物流信息管理和技术手段都还比较落后，如条形码技术、全球卫星定位系统（GPS）、物资采购管理（MRP）和企业资源管理（ERP）等物流管理软件，在物流领域中的应用水平较低；二是缺乏必要的公共物流信息交流平台，以 EDI、互联网等为基础的物流信息系统在中国还没有得到广泛的应用。

## 四、物流产业发展面临着较大的制度约束

物流产业的发展不仅仅要有充分的市场需求基础、活跃的市场主体以及完善的物流设施，更为重要的是要有适应物流产业发展的制度环境，以保证市场机制能够充分发挥作用并使各种物流活动规范有序地进行，促进物流产业健康有序发展。

### 1. 条块分割的管理模式对物流产业发展的影响和制约

例如，在运输管理体制上，中国实行的是按照不同运输方式划分的分部门管理体制。同时，从中央到地方也有相应的管理部门和层次。这种条块分割式的管理体制，一方面，使得部门之间、地区之间的权力和责任存在交叉和重复，难以有效合作和协调；另一方面，各部门、各地区各管一块，将全社会的物流过程分割开来，实行一种分段式的管理模式。这种条块分割的体制，不仅无法适应和满足物流产业发展的要求，而且在相当程度上影响和制约物流产业的发展。

（1）影响各种物流服务方式的协调发展

例如，由于各种运输方式的多头管理和相互分割，各种运输方式长期以来呈现分立发展的局面，不同运输方式在运输组织方式、服务规范、技术及装备标准等方面存在较大差距，使得物流企业很难根据市场需要选择合理的运输服务方式，许多企业只能利用单一的运输方式来开展物流服务，而以多式联运为基础的许多现代化物流服务方式还难以开展。

（2）造成物流资源的浪费

在条块分割、多头管理的模式下，各种基础设施的规划和建设缺乏必要的协调，一是导致大量的重复建设和过度竞争，例如公路主干网络与铁路网络的平行发展，各地争相建设港口、机场等现象；二是涉及各种运输方式之间、国家运输系统与地方运输系统之间、不同地区运输系统之间相互衔接的枢纽设施和有关服务设施建设方面缺乏投入，对物流产业发展有重要影响的各种综合性货运枢纽、物流基地、物流中心建设发展十分缓慢。这种“重线路、轻结点”式的发展，既造成了资源的极大浪费，也影响着整个物流系统的协调发展。第三，存在部门、行业和地方保护现象。各管理部门、各地方政府制定政策法规多从本部门、行业和地方利益出发，致使许多从事物流服务的企业想方设法寻求部门或地方政府的保护，有保护的情况下开展物流服务活动，造成一种不正常的、不公平的竞争格局，

不利于形成社会化的物流系统和跨区域、跨行业的物流网络。

2. 政企不分现象依然存在，不利于物流产业规范有序发展

政府部门直接或间接参与企业经营活动的现象依然存在。除铁路系统政企合一的体制外，其他行业也存在不同程度的政企不分现象，例如港政管理和码头经营合一，这一方面影响政府公正地行使政府职能，同时也影响企业市场竞争能力的提高，而且不利于港口的建设和发展。

3. 缺乏明确、有效的政策措施

在多头管理、分段管理的体制下，受部门、地方利益牵制，现行政策法规数量虽多，但相互之间有矛盾且难以协调一致。在价格政策方面，以多式联运的价格和收费政策为例，集装箱运输采取的是新线新价、优质优价的价格政策，而闲杂散货运输还采用国家定价方式，故集装箱运输价格有时明显高于闲杂散货的运价。如 20 英尺集装箱铁路运价比铁路整车运输价格高 70%左右，非常不利于集装箱运输这种先进运输方式的发展，也直接影响了以多式联运为基础的各种物流服务的发展。在税收政策上也存在不利于物流企业发展的因素，如运输企业从事运输服务的营业税为 3%，而物流企业或仓储企业、批发企业在转向物流服务并从事经营性运输服务时，营业税为 5%。在投资政策上，政府对基础设施等硬件投入较大，但在物流教育、技术创新、开发与研究、市场宣传等方面投入和资助则明显不足。

## 五、物流研究相对落后和物流专业人才短缺

相比较而言，中国在物流研究和教育方面还非常落后，从事物流研究的大学和专业研究机构还很少，企业层面的研究和投入更微乎其微。物流教育水平不高主要表现在缺乏规范的物流人才培育途径：在高等院校中开设物流专业课程的大学仅有 10 所左右，仅占中国全部高等院校的百分之一；与物流相关的大学本科教育虽有开展，但尚未得到国家教育主管部门的认可，研究生教育刚刚开始起步；物流职业教育则更加贫乏；企业的短期培训仍然是目前物流培训的主要方式。

# 第四节 研究内容和创新点

## 一、国内外的研究动态

1．国外相关研究动态

产业集群理论是20世纪20年代出现的一种西方经济理论。它的概念的提出是哈佛商学院Porter（波特）在《国家竞争优势》（1990）一书中正式提出了产业集群（Industrial Cluster）的概念，后又在“产业集群与新竞争经济学”（1998）一文中进一步对其完善，他认为“产业集群是在某一特定领域中，在地理位置上集中，且互相联系的公司和机构集合，并以彼此共通性和互补性相联结”。

2．国内物流产业集群发展研究

（1）物流产业集群方面的研究

关于物流产业集群方面的研究，主要集中在两个方面。一方面是围绕现代物流产业集群的发展问题研究，包括其形成机理分析研究以及影响因素分析研究。王燕提出了创新机制是物流产业集群发展的重要动力机制，并分析了物流产业集群创新机制形成的影响因素；李斌和陈长彬针对区域物流产业集群的形成和演化进行了分析，并构建了相应的动力机制模型；杨自辉等从系统发展的角度，分析了物流产业集群的特点，并提出了构建双轨三级的物流产业集群系统的观点；彭永芳等针对地区性物流产业集群的影响因素进行了SWOT分析，提出了京津冀地区物流产业集群的发展模式等等。

另一方面，是围绕物流产业集群的竞争力进行分析研究。周文祥通过对物流产业集群的形成机理分析，论述了物流产业集群依托产业链的强大竞争优势所在；王刚，王克明论述了物流产业集群与区域经济竞争力之间的相互协同关系；章建新从物流产业集群的优势和全球产业链的关系分析，提出了物流产业集群应该由产业间分工向产业内分工转化，进而嵌入全球产业链的思想等等。

对物流产业集群的研究还有很多，如南岚对物流产业集群的共生性研究，杨自辉等对物流产业集群依赖经济模型理论研究等等。这些研究，都从不同的角度对物流产业集群进行了分析，但是，很少有专家，学者对纵向物流产业集群进行系统的研究。

（2）仓储能力方面的研究

基于仓储能力方面的研究，主要是有林昶的“仓储能力分配策略研究”，“仓储能力分配优化研究”，“仓储能力配置与分配的收益优化研究”等。这几篇论文主要基于收益管理思想，对随机市场需求条件下仓储能力的配置与分配问题进行了分析，以谋求收益最大化，并建立了随机规划模型，通过实例仿真，确定最优仓储能力配置和分配方案，并对结果进行了分析。其他的关于仓储能力的研究比较少见，针对仓储能力均衡研究更是鲜为人见。

（3）运输负载均衡研究

很多学者针对运输负载均衡方面的问题进行了深入研究。总结起来主要有以下几个方面：陈立阁针对航空运输负载均衡的政策措施进行了研究，指出相关的政策措施会直接影响到航空运输的负载均衡；罗端高、史峰，徐兵、朱道立，要甲、史峰等从多用户的角度对混合交通均衡建立了变分模型，并进行了比较深入的理论分析和实证研究；管小俊以煤炭产业为对象，研究了煤炭物流运输中保持均衡的几个关键要素及算法设计；鲍静溪运用博弈论分析了基于现实问题的区域物流均衡框架，并通过对区域内物流发展不平衡的原因分析，提出了产业政策建议；杨自辉、符卓对纵向物流产业聚群物流仓储能力的均衡问题进行了较深入的理论分析，建立了六宫格均衡模型。在物流产业集群方面的研究，国内外的学者从不同的角度，不同程度的进行了研究，这在本人的仓储能力均衡论文中已经进行了论述。

## 二、本著作研究的主要内容

1. 物流仓储负载与资源消耗均衡研究

通过文献调研和实地调研了解中国各省过去五年仓储负载需求以及现有的仓储需求对社会仓储资源的消耗情况，构建物流仓储负载 - 资源消耗均衡模型，对模型进行实证研究，并进行循环优化。

2. 公路运输负载与资源消耗均衡研究

通过文献调研和实地调研了解中国各省过去五年公路运输负载需求以及现有的运输需求对社会公路资源的消耗情况，构建货运物流与客运物流对社会消耗的通用效益模型，将货运和客运对社会资源的消耗分离出来，分别构建物流公路货运负载 - 资源消耗均衡模型和物流公路客运负载 - 资源消耗均衡模型，对模型进行实证研究，并进行循环优化。

3. 多维空间物流均衡系统优化研究

根据以上两个方面的研究，构建多维空间物流均衡假想模型，将各省的多维均衡值都作为研究目标，运用遗传算法、神经网络等启发式算法，找到物流负载 - 社会资源消耗最优均衡状，并进行实证与测评研究。

## 三、创新点

本研究创新之处在于学术思想、学术观点、研究方法等几个方面。

1. 学术思想的创新

2017 年 3 月 5 日，在两会的政府工作报告中，明确提出“发展现代物流业，建设一批大型物流园区、物流配送中心和电子商务示范城市，完善旗县、苏木乡镇、嘎查村物流体系，积极培育第三方物流企业”。如何加强物流体系建设，均衡物流功能，提高农村物流供给侧效率，达到降低物流供给侧成本的目的，正是本书所要解决的问题。

2. 学术观点的创新

（1）物流供给侧交通基础设施供给结构组成不合理，造成供给过剩或供给不足。通过研究，构建供给侧交通基础设施供给均衡模型，解决降低由于供给过剩或供给不足导致的成本过高问题；

（2）物流供给侧配送工具供给结构组成不合理，造成供给过剩或供给不足。通过研究，构建供给侧配送工具供给均衡模型，解决降低由于供给过剩或供给不足导致的成本过高问题；

（3）物流供给侧配送网点布局组成不合理，造成供给过剩或供给不足，或者造成部分地区供给过剩，部分地区供给不足等情况。通过研究，构建供给侧配送网点供给均衡模型，解决降低由于供给不均导致的成本过高问题；

（4）物流目前以及未来一段时间内总供给与总需求不均衡，供过于求，则会造成供给资源的浪费；供不应求，则会因为供给不足导致物流成本过高。通过研究，构建总供给与总需求之间在一段时间内的均衡模型，达到降低农村社会物流总成本的目的；

（5）根据某省区自身的不同情况，为了适应不同的省区具体状况，构建差异化的供给需求均衡模型，以满足普适性的要求，并达到降低总成本的目的。

3. 研究方法的创新

研究方法的创新主要在于九宫格分析法和多维蛛网均衡分析法。

九宫格均衡分析法是将某个指标的最重要的影响因子简化为两个，然后将其状态均衡状态设定为九种状态，对每一种状态进行详细的分析，最后得出那种均衡状态是最优状态。根据最优状态的因子值，对比各省区的实际值，测评得出其真实值的高低，也就是判断供给侧的供给过剩、适度、不足等状态。

多维蛛网均衡分析法主要是基于多维时间轴，运用蛛网均衡思想的分析方法，将一个均衡分析指标定义在某个时间段内，然后将每一个时间的末端节点的供给负载与需求负载标注在相应的时间维度上，将供给侧负载点和需求侧消耗点相互连接起来，形成了蛛网状的均衡原图，再据此对需求侧的成本均衡进行分析。

## 第五节　本章小结

本章是全书的引领部分，也是后面各个章节的起始部分，主要从以下几个方面进行了论述。

（1）对产业集群和物流产业集群进行了概述。主要是概述了他们的由来，含义、特点以及形成的原因等等，并重点阐述了物流产业集群的形成原因及模式分类等。

（2）对国内外物流产业集群的发展进行了论述。本书挑选了一些发达国家和地区进行了阐述，包括美国、德国、荷兰、日本等等，主要是为后面的论述起到一定的借鉴作用，当然也对中国的物流产业集群的发展进行了论述。该部分主要论述了这些国家的物流及物流产业集群的发展历程、特点等。

（3）该部分分析并论述了物流产业集群存在的问题。主要从物流产业集群的市场约束方面、专业化程度方面、物流基础设施、制度约束等四个方面存在的问题进行了深入分析和论述。

（4）该部分主要针对国内外对物流产业集群的理论学术研究的情况进行了梳理和总结，包括国外的学术理论研究以及国内的学术理论研究等，并对本书的创新点进行了简要概述。

# 第二章　基本概念及理论基础

本章节为基本概念及理论基础介绍与说明章节。为了后面章节在论述过程中，更加清楚地对各个理论和实践研究环节进行精准地论述，也避免读者在后续章节中对本著作中提到的概念、含义以及涉猎到的各种理论，出现理解模糊，甚至出现歧义，特意安排本章节，把后面章节中涉猎到的一些概念和理论基础在本章节中进行统一的诠释和界定。

## 第一节　物流理论概述

### 一、物流的产生

物流是伴随着社会的分工出现而产生，并随着社会经济的进步而不断深化和延伸，物流的发展经历了漫长的历史过程。20 世纪以前，人们对物流活动的认识还停留在比较初级的阶段，并未对其进行科学的概括。直到 20 世纪初，人们才逐渐认识到物流的重要性，并开始对物流活动进行总结和升华，系统地提出“物流”之一概念。美国最早提出“物流”概念，并开始使用英文单词“Physical Distribution”，后来随着人们对物流活动认识和理解的不断深入，这一英文单词逐渐演变为“Logistics”。由于物流所涵盖的活动纷繁多样，加之人们观察、分析、认识物流活动的角度不同，导致了每个国家、不同行业对物流的理解也存在一定的差异性。

人类社会有经济活动开始就有了物流，自 18 世纪末发明和使用汽车，使得运输业更加发达，推动和促进了物流的发展，物流问题引起了广泛关注，许多国家加强了对有关物流问题的研究。美国、欧洲、日本等纷纷成立国家或区域性物流协会或学会，一些跨国公司成立物流部，统一协调和管理公司物流活动。在学术研究、物流实践不断深入的过程中，人们认识到，为了便于进行物流学术交流、促进物流行业发展，必须规范物流定义，以统一对物流的认识。因此自 20 世纪 60 年代以来，各种物流定义层出不穷，现在很难统计到底有多少机构给出了物流的定义。但通过文献研究可以得出以下几个结论：

第一，世界上对物流的定义远远没有统一。不同的机构从自身需要出发给出的物流定义，在定义所包含的内容以及所涵盖的范围上有不小的差别。学术界和企业界对物流的理解还有差别。当然，就是已经非常完善的学科，比如经济学，对一些核心概念（比如市场）的定义至今仍然五花八门，这是很正常的。科学的发展历史也证明，没有一门科学或者一个概念能够达到全世界的认识都统一，就是因为有不同观点，才有爱因斯坦对牛顿力学的完善，何况人们才刚刚开始将物流作为一门科学来研究。归纳起来，比较有代表性的物流定义有以下几种：国家物流协会的定义、行业的物流定义、大企业的物流定义。

第二，发达国家成立比较早的物流组织给出的物流定义较有影响力。尤其是美国物流管理协会的定义较有权威性，以至于加拿大物流管理协会（Canadian Association of Logistics Management）基本上采纳了该定义。

区域性物流组织试图统一多个国家的物流定义。

## 二、物流概念的界定

研究物流的定义，有助于从历史的角度深刻认识物流的本质，通过比较不同的物流定义更可加深对物流概念的理解。美国、欧洲、日本、中国的物流定义比较有特色。

1．美国物流协会的定义

以美国物流管理协会为代表，它的定义明显偏向物流管理方面。美国物流管理协会1963年成立，英文名称为：National Council Of Physical Distribution Management（NCPDM），即（美国）全国物流管理协会，该协会使用的名词是“Physical Distribution”。该协会1963年对物流管理（Physical Distribution Management）的定义是：物流管理是为了计划、执行和控制原材料、在制品库存及制成品从起源地到消费地的有效率的流动而进行的两种或多种活动的集成。这些活动可能包括但不仅限于：顾客服务、需求预测、交通、库存控制、物料搬运、订货处理、零件及服务支持、工厂及仓库选址、采购、包装、退货处理、废弃物回收、运输、仓储管理。美国物流管理协会在1985年易名，但从管理的角度定义物流的做法并没有改变。1985年下半年该协会进行调整，名称改为：The Council of Logistics Management（CLM），即（美国）物流管理协会，该协会已经用Logistics代替了Physical Distribution。它对物流（Logistics）的定义是：物流是对货物、服务及相关信息从起源地到消费地的有效率、有效益的流动和储存进行计划、执行和控制，以满足顾客要求的过程。该过程包括进向、去向、内部和外部的移动以及以环境保护为目的的物料回收。

2005年，美国物流管理协会（Council of Logistics Management）又正式变更为供应链管理专业协会（Council of Supply Chain Management Professionals），表明了从物流到供应链的演进。美国物流管理协会发布了最新的供应链管理的概念，即按照CLM供应链管理定义（SCM定义），供应链管理包括涉及采购、外包、转化等过程的全部计划及管理活动和全部物流管理活动。更重要的是，它还包括与渠道伙伴之间的协调和协作，涉及供应商、中间商、第三方服务供应商和客户。从本质上说，供应链管理是企业内部和企业之间的供给和需求管理的集成。美国物流管理协会认为，供应链管理是联系企业内部和企业之间主要功能和基本商业过程、将其转化成为有机的、高效的商业模式的管理集成。它包括了上述过程中的所有物流活动，也包括了生产运作，它驱动企业内部和企业之间的营销、销售、产品设计、财务和信息技术等过程和活动的协调一致。这样，物流管理的功能就是整合，它除了要协调和优化企业所有的物流活动以外，还要同时实现物流活动与企业营销、销售、制造、财务和信息技术等其他功能活动的一体化协调。物流服务的极其重要的市场价值就在于它能够把分布于企业不同角落和不同企业之间的，相互关联却又缺乏制度化统属管理关系的，分属于不同利益主体的物流活动整合起来实现一体化的管理。

2. 日本对物流的定义

1956 年，日本引进美国地方使用的物质流通（physical distribution）概念。20 世纪 60 年代末，日本运输白皮书将“物质流通”更改为“物流”，物流概念作为物流流通领域的专门用语，开始使用。

根据日本物流管理协会的资料记载，日本在 20 世纪 50 年代以后，经济已基本恢复到第二次世界大战前的水平。企业进行大规模设备投资和更新改造，技术水平不断提高，生产力大幅度上升。为了满足生产的需要，日本“流通技术专业考察团”于 1956 年秋季考察了美国的物流。该代表团回国后便向政府提出了重视物流的建议，从而使日本物流得以形成发展。

日本日通综合研究所 1981 年编写的《物流手册》对物流的定义是：“物流是物质资料从供给者向需要者的物理性移动，是创造时间性、场所性价值的经济活动。从物流的范围来看，包括包装、装卸、保管、库存管理、流通加工、运输、配送等诸种活动。”但对于此定义，笔者觉得有两点不妥：第一，物流的对象不应该只包括物质资料这些有形的物品，还应该包括服务、信息等无形的产品。第二，该定义没有重视物流的系统性和管理在物流的重要作用，使得物流的价值没有得到充分的体现。

20 世纪 60 年代末，物流理论思想开始向日本、加拿大、欧洲等国传播，日本迅速成为物流发展的后起之秀，尤其对物流的内涵和物流经济价值的研究方面，比美国更深入。日本的物流概念是 1956 年直接从英文的 physical distribution 翻译而来的，日本人最初把它翻译成“物的流通”，是实物流通的简称，后来由日本著名学者平原直改为“物流”。日本日通综合研究所在 1982 年给出的物流定义为：“物流是把货物从供应者向需求者之间的物理位移，在这样转移的经济活动中创造了时间价值和场所价值。从物流的领域来看，包括：包装、装卸、存储、库存管理、流通加工、配送和其他活动”。

3. 欧洲对物流的定义

欧洲物流协会（ELA）在《物流术语》（Terminology in Logistics）中对物流的定义是：“物流是在一个指定的系统内对人员或货物的运输、安排和相关的支持活动的规划、实施和控制，以此达到特定的目的的一系列活动”。可以说，这是一个在欧洲大陆比较有代表性的定义，目前已经被欧洲标准化委员会（European Normalization Committee）正式采用。

德国物流学者 R. 尤尼曼对物流含义的界定为：物流学是对系统（企业、地区、国家、国际）的物流及有关的信息物流进行规划与管理的科学理论。

在欧洲的一些国家的专家和学者们，还提出物流的“7R”理论，认为物流就是“以恰当的数量（right quantity），和恰当的质量（right quality），恰当的产品（right product），在恰当时间（right time）和恰当的地点（right place），以恰当的成本（right cost）提供给恰当的消费者（right customer）”的过程。该定义中，用了七个恰当，故称作“7R”，该定义揭示了物流的本质，有助于读者对物流概念的理解。

### 4. 中国对物流的定义

中国大陆和中国台湾的定义都源自国外。从大陆来说，1979 年中国开始实行对外开放政策，1979 年 6 月中国物资经济学会派代表团参加在日本举行的第三届国际物流会议，代表团第一次把物流这一概念介绍到了国内。此后有关部门展开了物流研究，中国物资经济学会在前期将物流概念引入中国的过程中起到了重要作用，它连续多年组团参加国际物流会议，正是有了这种国际学术交流，才使得中国在最近 20 多年的物流研究和物流实践中取得了较多成果。1987 年 1 月 5 日新成立的中国物流研究会在蚌埠召开了首届大型学术年会，这次会议对国内物流研究起到了较大的促进作用，但毕竟中国的经济还比较落后，政府和企业对物流的重视程度和支持力度都还不够，导致中国的物流研究并没有多大的进展。直到 1997 年原国内贸易部产业发展司决定对物流的定义展开研究，因物流术语关系其他很多相关行业，经国家科委、国家技术监督局批准作为国家标准研究项目，先后由北京工商大学、中国物资流通协会物流技术经济委员会牵头，由北京工商大学、北京物资学院、北京交通大学、华中科技大学以及一些企业参加进行了《中华人民共和国国家标准·物流术语》的编制工作。中国的物流术语标准将物流定义为：物品从供应地向接收地的实体流动中，根据实际需要，将运输、储存、装卸、搬运、包装、流通加工、配送、信息处理等功能有机结合来实现用户要求的过程。

近几年来，徐寿波院士对物流科学理论问题进行了专门研究，其成果有的在北京交通大学学报上公开发表，有的在 2004 年北京交通大学召开的国际物流会议上做了交流，得到国内外同行专家和国内有关部门领导的肯定。《物流科学技术的研究和发展前沿》是他研究成果中最有代表性的一篇论文，被专家学者称为“大物流论”。“大物流论”目前共包含五个主要理论：

一是根据物流科学概念研究提出的“物的流动论”。中国“物的流动”的物流概念出现在改革开放以后的 1985 年，与日本的物流概念出现相距 20 年，与西方的物流概念出现相距七八十年。中国“物的流动论”的物流概念，无论从其最早属性、具体内涵、行为性质和使用领域都与日本、西方有所不同。具体见表 2-1。

表 2-1 中国物流概念与日本、美国物流概念的比较表

| 国别 | 中国 | 日本 | 美国 | 美国 |
|---|---|---|---|---|
| 物流概念（英文名词） | 物流的流动 MF（Material Flow） | 物流的流通（物流）PD（Physical Distribution） | 商品实体配送 PD（Physical Distribution） | 军事物资、人员和装备调动 Logistics |
| 最早出现时间 | 1985 年 | 1965 年 | 1915 年 | 1905 年 |
| 概念最早属性 | 属于自然现象、社会现象和经济现象 | 属于经济现象 | 属于经济现象 | 属于军事现象 |
| 概念具体内涵 | 宏观物品的流动和微观物质的流动的总称 | 物质资料从供给者向需要者的物理性移动 | 商品实体配送 | 军事物资、人员和装备调动 |
| 概念行为性质 | 包括管理行为在内的所有有目的和无目的的行为 | 有目的的经济行为 | 有目的的经济管理行为 | 最早是有目的的军事后勤管理行为，现在是整个供应链管理行为的一部分 |
| 概念使用领域 | 经济界、社会界、自然界各个领域 | 流通领域 | 流通领域 | 军事领域和整个供应链 |

由于中国物流的概念是个新概念，与西方不同，因此直接套用西方物流的英文名词无论 PD 还是 Logistics 都不合适。根据中国“物流”的科学概念给出一个不同于 PD 和 Logistics 的英文名词很有必要，这个新的英文名词就是“Material Flow”（简称 MF）。

中国基于“物的流动论”的物流 Material Flow 概念，为中国物流事业和物流科学技术的发展，奠定了很好的理论基础，指明了正确的发展方向，走出了长期以来存在的“物流管理就是物流”的大误区。所谓大物流实际上就是基于“物的流动论”的 MF。MF 的概念里面包含了 PD 和 Logistics 的概念。同时需要指出，中国基于“物的流动论”的 Material Flow 与美国最早使用过的生产企业物流的英文名词 Material Flow 虽然单词相同，但不是一个概念，内涵完全不同。如果说中国的 Material Flow 是大物流，那么美国最早使用过的生产企业物流的 Material Flow 只是包含在大物流里面的一个小物流。

二是综合物流论。要点为：自然界物流是最早存在着的物流现象；社会界物流是人类社会特有的物流现象；经济界物流是最晚出现的重要物流现象。物流是很重要的客观事物和现象。它不仅存在于经济界，也存在于社会界和自然界；它是经济现象，也是社会现象和自然现象。物流不仅有经济物流，也有社会物流和自然物流，而且它们之间有着相互联系。可以这么说，客观上存在的不是简单的一种物流现象，而是一个复杂的物流现象，所以我们把它们叫作综合物流现象。基于综合物流现象的理论观点，就是“综合物流论”。基于“综合物流论”的物流，也就是人们所称的大物流。相对于大物流来说，经济界物流、

社会界物流和自然界物流都只是大物流的一个重要组成部分，而不是全部。其中经济界物流是大物流的核心，社会界物流和自然界物流是大物流的基础。

三是大物流工程论。物流工程是由物流六要素或物流六力组成的综合体，将物流科学技术最有效地应用于国民经济，造福人类。这个物流工程概念包含四点内容：物流工程是由物流六要素或物流六力组成的综合体；物流工程是应用了科学技术，包括物流硬科学技术和物流软科学技术；物流工程是要最有效地应用于国民经济；物流工程的根本目的是造福人类。其中，物流六要素是：物流劳动人员，指从事物流的各种人员，包括物流管理人员；物流劳动对象，指各种“物”；物流劳动资料，指物流劳动需要的各种装备；物流劳动环境，指与物流有关的各种自然、社会和政治环境；物流劳动空间，指各种物流劳动场所和占地；物流劳动时间，指各种物流设施建设时间和运行时间。物流六力是指：人力，从事物流劳动的人员；物力，从事物流劳动需要的能源和原材料；财力，从事物流劳动需要的固定资产和流动资产等；运力，从事物流劳动需要的运输和交通；自然力，从事物流劳动需要的水、土地、空气等自然资源；时力，从事物流劳动需要的时间。任何物流工程都离不开以上六要素或六力，缺一不可。从事物流的设备制造、设施建设、服务、科技开发、规划和设计等等都离不开以上六要素或六力。这是物流工程的六元结构理论。六要素和六力在本质上是一样的，但是表达方式不同。物流六元在一定程度上可以互相替代，例如，资金技术要素可以替代劳力要素和自然力要素。随着物流科技的发展，物流六元结构中科技含量越来越高。这是由物流工程的六元理论所决定的。物流工程不仅有单项物流工程，而且有综合物流工程。单项物流工程技术与综合物流工程技术的关系，好比汽车发动机零部件制造技术与汽车总体设计制造技术的关系一样，单项物流工程技术代替不了综合物流工程技术，综合物流工程技术也代替不了单项物流工程技术。以上基于广义物流工程的理论观点，就是“大物流工程论”。它是大物流论的重要组成部分。

四是大物流科技论。研究认为，物流科学技术与能源科学技术、环境科学技术等综合科学技术完全一样，是综合性很强的科学技术领域，涉及自然科学、工程技术科学和人文社会科学各个学科。改革开放以来，能源科学技术、环境科学技术等很多新兴综合科学技术的产生，既是客观事物发展的需要，也是科学技术发展的需要，它们都得到了很大的发展，已经形成了自己独立的科学技术体系。但是，物流科学技术的研究和发展十分落后，至今还没有形成自己独立的物流科学技术体系。这个物流科学技术学科体系可以包括以下四部分：第一部分是物流科学技术基础学科；第二部分是物流工程技术学科；第三部分是物流科学理论学科；第四部分是物流科学技术其他学科。绝大多数物流学科还都是空白，需要我们去开拓和创建，这是时代赋予我们的任务。中国的“大物流科技论”是大物流论的重要组成部分。西方的物流管理学科只是大物流科技论中的一个子学科。

五是大物流产业论。从实物形态看，整个国民经济是由物的生产、物的流动和物的消费三大领域组成，也可以说整个国民经济是由生产、物流和消费三大支柱产业群组成。这里我们把物流不仅仅看作是一个支柱产业，而是一个支柱产业群，因为它涉及运输、配送、仓储、包装、流通加工、物流信息、物流设备制造、物流设施建设、物流科技开发、物流教育、物流服务、物流管理等等产业。研究认为，物流不仅是一个产业，而且是一个支柱产业，不仅是一个支柱产业，更是像生产和消费一样的一个支柱产业群，这就是“物流产业群论”，也叫作“大物流产业论”。“大物流产业论”是大物流论的重要组成部分。真正要发展好整个物流事业，只有物流产业的思想还不够，必须树立“大物流产业论”思想。

以上是大物流论的五个基本理论，它们对新世纪中国物流科学技术大发展以及中国物流事业大发展，都将起到应有的作用。

## 第二节　运输管理理论

### 一、运输需求理论

1. 需求

在微观经济学中，需求是指当其他条件相同的条件下，消费者愿意并且能够购买的商品数量。在某个价格下，消费者愿意购买的某一个物品的数量成为需求量，不同的价格下，需求量是不同的。正是由于这样的关系构成了微观经济学中需求理论的核心。

2. 运输需求

运输需求是从微观经济学中的消费者需求理论发展而来的。不过对于运输需求理论的概念，各个学者对于其界定还存在一定的差异。下面从几个有代表性的概念出发讨论下运输需求的概念：

一是在许庆斌主编的《运输经济学导论》中，马运老师把运输需求定义为社会经济生活在人与货物空间位移方面所提供的有支付能力的需要。从这个定义中我们可以看出运输需求的两个必要条件是有实现位移的愿望和具备支付能力。

二是在现代运输远程教育教材编委会主编的《运输经济学》中，朱伟生老师把运输需求定义为运输劳务的购买者在一定时期内，在一定的价格水平上愿意而且能够购买的运输劳务量。这就是说，运输需求是运输需要和购买能力的有机统一，所以对运输需求进行下一步的研究，就必须把运输需要和购买者支付能力搞清楚。

三是长安大学吴群琪教授在《综合运输》中对运输需求的概念重新进行了界定，指出一切有利于国民经济及社会发展的对人与物的位移的需要。吴群琪教授在《综合运输》上不仅给出了他的运输需求的概念的认识，而且也给了他对目前上述两个定义的一些看法，指出了这个定义在运输活动的目的性方面、需求的层次性方面以及在实践的活动上都有更大的改善。

前两种概念的表述虽然有文字上的区别，但是本质上是一样的，都是根据微观经济学中的理论嫁接到了运输行业里面，对于完全的市场经济这种理解是正确的，但是在中国社会主义市场经济的条件下，这种理解显然有失偏颇。吴群琪教授的定义规避了这一不足，提出了更合适中国目前国情的理论，对我们正确的研究运输需求的层次、现状以及其派生性都有利，但是这种定义却不利于我们对于运输需求进行定量化的研究。就目前而言，符合中国国情而又精准的运输需求定义还没有，这就需要我们更加努力地去发现，去研究。

### 3. 运输需求的分析

（1）运输需求曲线

为了定量地研究运输需求量受各个因素影响的弹性大小，需要引入运输需求函数的概念。运输需求函数式用函数形式表示运输量以及影响因素之间的数量关系。这里运输需求量是这特定的时间、空间和一定条件下，运输消费者愿意购买运输服务的数量。其函数表达式可以表示为：

Q=f（L，P，A，N…），其中 Q- 运输需求量；L- 经济发展水平；P- 运输价格；N- 人口；A- 资源以及生产力分布。

这只是运输需求函数的抽象形式，一般我们认为其他条件不变，只有运输价格在变动，得到了简化的运输需求函数：

$$Q=f(P)$$

并且其曲线为向右下方倾斜的一条曲线，在此基础上我们进行研究运输需求的弹性分析以及运输需求变动分析。

（2）运输需求弹性以及变动分析

运输需求弹性是指在影响运输需求的因素发生一定幅度的变化后，运输需求对其反应的灵敏程度。这种灵敏程度一般以运输需求弹性系数大小来衡量。

运输需求的变动分析可以分为两种：一是运输量的变动，主要是指当价格发生变动时，运输量产生的变动，这个主要是内生变量的变动，不涉及其他因素的外生变量的变动。二是由于外部环境以及外部资源的一些变动，导致在同一个价格水平下运输需求量发生了变动，这种变动被称为需求的变动。相对于第一种变动，这一种变动更加符合现实的情况。现实中，往往是这两种变动同时发生。

### 4. 运输需求理论的一些局限

上面所描绘的大部分都是有西方的微观经济学引进的理论，这种理论对于运输经济这种专门的课程而言，存在着一定的限制。

（1）微观经济学需求理论应用于运输需求分析时，最困难的还是方法问题

每一个适应的需求模型，都需要详细的说明，并且需要足够的验证。而微观经济学理论在很大程度上不适用于这种随机性很强的理论。

（2）运输需求以及运量预测

运输量的预测，可能在短期上应用于上个理论模型是正确的，但是我们的很多外生变量无法正确估计，故而我们一般采用原始的统计学方法。例如一些常用的方法包括移动平均法，指数平滑法，入月比例系数法等等。

（3）现有的运输需求理论对长期运输需求作用不大

毋庸置疑，随着我国经济的发展，我国的运输需求量必然呈现增多的趋势，但是具体到增加多少呢，这种理论并不能解决这样一个问题，所以还应该加大对运输需求理论的研究。

## 二、综合运输理论

### 1. 综合运输体系概述

综合运输体系是相对单一和封闭的运输体系而言的。

从各种运输方式之间的关系来看，它是指各种运输方式发挥不同优势，各展所长，并相互协调，相互联合，从而共同发展；

从空间发展的角度来看，它是指地区之间、城市之间、城乡之间及至国际交通运输的相互衔接与协调。

因此，综合运输体系就是各种运输方式在开放的运输市场空间内，发挥不同的技术经济优势，通过分工协作，有机结合形成的连接贯通、布局合理的完整运输体系。

传统的交通运输业只是五种运输方式的简单总和，仅体现了运输业的“全”；而综合运输体系则体现各种运输方式的“协”——运输全过程的协作，运输发展的协调和运输管理的协同，它立足于各种运输方式的有机联系，使五种运输方式联合起来，协作配合，有机结合，连接贯通；从交通运输建设来看，为了提高交通运输总体效率和效益，各种运输方式要统筹规划，协调发展，合理布局；从交通运输的组织管理来看，在统一的运输市场中运输组织结构联合，运作协同。

综合运输体系是一个非常复杂的系统，是各种运输方式集合形成的有机整体，包括具有一定技术装备的综合运输网及其结合部系统、综合运输生产系统、综合运输组织管理和协调系统。在这个有机整体中，任何一部分或某个环节的变化都会对其他部分和环节以及整个系统产生影响。综合运输体系其直接、间接与潜在的效益几乎涵盖国民经济、社会、文化、人们生活以及国防等各个领域。

### 2. 我国综合运输体系概念的提出

二十世纪50年代中期在国务院颁布的《国家科学发展十二年规划》的交通运输方面中提出开展综合运输研究。

1985年8月，《国务院办公厅关于印发十二个领域技术政策要点（草案）的通知》技术政策文件之二——《交通运输技术政策要点》提出，尽快建立经济合理、协调发展的现代化综合运输体系，这是我国首次采用了“综合运输体系”的概念。

1987 年，中共十三大的报告中，把加快发展综合运输体系作为今后相当长时间内调整和改造交通运输产业的基本方向；

1991 年，首次在五年计划中提出，搞好综合运输体系的建设；

2001 年，原国家计委组织编写了《“十五”综合交通运输体系发展重点专项规划》，这是我国政府首次完成的关于交通运输业综合发展五年计划的纲领性文件。

### 3. 发达国家综合运输体系理论的形成和发展

综合运输的思想可以追溯到 19 世纪后期，如 1887 年美国颁布的州商业法 10101 条款修正案的附加条款中明确规定：“充分认识并保护每一种运输方式内在的优势”。

发达国家综合运输较为成熟的理论和政策，形成于 20 世纪的中后期，随着铁路的发展和公路、航空、管道等新兴运输方式的相继崛起，出现了铁路、水运、公路、航空和管道五种运输方式并存的局面。交通运输业在国民经济中的地位和作用十分重要，而且对社会资源的消耗也十分巨大，这种社会资源如何在各种运输方式之间进行科学分配和合理使用，引起了国家和社会的广泛关注，并力图通过国家的规划、政策和法规等形式加以引导。

1967 年，美国成立运输部时，在法律中要求运输部负责编制国家运输政策的说明文件；

1955 年，日本在制定经济发展计划时，就用了“综合运输体系”这一概念；

1982 年，苏联 B.B. 波沃罗编著的《各种运输方式的协作和综合发展》出版。

现代综合运输发展于 20 世纪后期，在发达国家政府的积极推动下，相继建立起由五种运输方式组成的综合运输体系。

# 第三节　仓储管理理论

## 一、仓储管理的含义

仓储物流，就是利用自建或租赁库房、场地，储存、保管、装卸搬运、配送货物。传统的仓储定义是从物资储备的角度给出的。

现代“仓储”不是传统意义上的“仓库”、“仓库管理”，而是在经济全球化与供应链一体化背景下的仓储，是现代物流系统中的仓储，它表示一项活动或一个过程，在英文中对应的词是“warehousing”，是以满足供应链上下游的需求为目的，在特定的有形或无形的场所、运用现代技术对物品的进出、库存、分拣、包装、配送及其信息进行有效的计划、执行和控制的物流活动。从这个概念可以看出，仓储有以下五个基本内涵：

1. 仓储是物流活动

仓储首先是一项物流活动，或者说物流活动是仓储的本质属性。仓储不是生产、不是交易，而是为生产与交易服务的物流活动中的一项。这表明仓储只是物流活动之一，物流还有其他活动，仓储应该融于整个物流系统之中，应该与其他物流活动相联系、相配合。这一点与过去的“仓库管理”是有重大区别的。

2. 仓储活动

仓储活动，或者说仓储的基本功能包括了物品的进出、库存、分拣、包装、配送及其信息处理等六个方面。其中，物品的出入库与在库管理可以说是仓储的最基本的活动，也是传统仓储的基本功能，只不过管理手段与管理水平得到了提升；物品的分拣与包装，过去也是有的，只不过更普遍、更深入、更精细，甚至已经与物品的出入库及在库管理相结合、共同构成现代仓储的基本功能；之所以将“配送”作为仓储活动、作为仓储的基本功能之一，是因为配送不是一般意义上的运输，而是仓储的自然延伸，是仓库发展为配送中心的内存要求，如果没有配送，仓储也就仍然是孤立的仓库；至于信息处理，已经是现代经济活动的普遍现象，当然也应是仓储活动的内容之一，离开了信息处理，也就不称其为现代仓储了。

3. 仓储目的

仓储的目的是为了满足供应链上下游的需求，这与过去仅仅满足“客户”的需求在深度与广度方面都有重大区别。谁委托、谁提出需求，谁就是客户；客户可能是上游的生产者、可能是下游的零售业者，也可能是企业内部，但仓储不能仅仅满足直接“客户”的需求，也应满足“间接”客户即客户的客户需求；仓储应该融入供应链上下游之中，根据供应链的整体需求确立仓储的角色定位与服务功能。

4. 仓储条件

仓储的条件是特定的有形或无形的场所与现代技术。特定是因为各个企业的供应链是特定的，仓储的场所当然也是特定的；有形的场所当然就是指仓库、货场或储罐等。现代经济背景下，仓储也可以在虚拟的空间进行，也需要许多现代技术的支撑，离开了现代仓储设施设备及信息化技术，也就没有现代仓储。

5. 仓储方法

仓储的方法与水平体现在有效的计划、执行和控制等方面。计划、执行和控制是现代管理的基本内涵，科学、合理、精细的仓储当然离不开有效的计划、执行和控制。

## 二、仓储管理的内容

仓储管理是指服务于一切库存商品的经济技术方法与活动。很显然，“仓储管理”的定义指明了其所管理的对象是“一切库存商品”，管理的手段既有经济的，又有纯技术的。

仓储管理工作包括以下几个方面的内容：

1. 仓库的选址与建设

它包括仓库的选址原则，仓库建筑面积的确定，库内运输道路与作业的布置等问题。仓库的选址和建设问题是仓库管理战略层所研究的问题，它涉及公司长期战略与市场环境相关的问题的研究，对仓库长期经营过程中的服务水平和综合成本产生非常大的影响，所以必须提到战略层面来对待和处理。

2. 仓库机械作业的选择与配置

它包括如何根据仓库作业特点和储存商品的种类及其理化特性，选择机械装备以及应配备的数量，如何对这些机械进行管理等。现代仓库离不开仓库所配备的机械设施，如叉车、货架、托盘和各种辅助设备等。恰当地选择适用于不同作业类型的仓库设施和设备将大大降低仓库作业中的人工作业劳动量，并提高货品流通的顺畅性和保障货品在流通过程中的质量。

3. 仓库作业组织和流程

它包括设置什么样的组织结构，各岗位的责任分工如何，仓储过程中如何处理信息组织作业流程等。仓库的作业组织和流程随着作业范围的扩大和功能的增加而变得复杂，现代大型的物流中心要比以前的储存型仓库组织机构大得多，流程也复杂得多。设计合理的组织结构和分工的明确是仓储管理的目标得以实现的基本保证。合理的信息流程和作业流程使仓储管理高效、顺畅，并达到客户满意的要求。

4. 仓库管理技术的应用

现代仓储管理离不开现代管理技术与管理手段。例如，选择合适的编码系统，安装仓储管理系统，实行 JIT 管理等先进的管理方法。现代物流越来越依靠现代信息和现代管理技术，这也是现代物流区别于传统物流的主要特点之一。商品的编码技术和仓储管理系统极大地改善了商品流通过程中的识别和信息传递与处理过程，使得商品的仓储信息更准确、快捷，成本也更低。

5. 仓库的作业管理

仓库作业管理是仓储管理日常所面对的最基本的管理内容。例如，如何组织商品入库前的验收，如何安排库位存放入库商品，如何对在库商品进行合理保存和发放出库等。仓库的作业管理是仓库日常所面对的大量和复杂的管理工作，只有认真做好仓库作业中每一个环节的工作，才能保证仓储整体作业的良好运行。

6. 仓储综合成本控制

成本控制是任何一个企业管理者的重要工作目标，仓储管理也不例外。仓储的综合成本控制不但要考虑库房内仓储运作过程中各环节的相互协调关系，还要考虑物流过程各功能间的背反效应，以平衡局部的利益和总体利益最大化的关系。选择使用的成本控制方法和手段，对仓储过程每一个环节的作业表现和成本加以控制是实现仓储管理目标的要求。

## 三、仓储管理的特点

现代仓储管理的特点是由仓储管理的内容决定的。随着社会的发展，科学的进步，仓储管理具有经济性、技术性和综合性的特点。

### 1. 经济性

仓储活动是社会化大生产的重要组成部分，并且仓储活动也是生产性的。仓储活动和其他物质生产活动一样，具有生产力三要素，即劳动力、劳动工具和劳动对象。仓储活动和其他物质生产活动一样，创造商品价值，并且随着仓储活动内容的增加，实现商品价值的范围也在逐渐扩大，例如：延迟生产、再包装等作业过程在仓储过程中完成。

### 2. 技术性

随着科学技术的进步，现代仓储管理中应用了大量的电子信息技术，仓储作业机械化程度也不断提高，这对仓储管理提出了更高的要求。在现代化的仓储管理中，仓储作业的机械化、仓储管理的信息化已是发展趋势，各种新技术得以运用等，这些充分体现了仓储管理技术性的特点。

### 3. 综合性

物流作为跨行业的、跨产业的服务功能与各行各业的运作特点紧密相连。仓储管理是社会经济中一个不可缺少的部分，是各生产企业能保持正常生产的重要环节，是调节社会需求的重要手段。在整个仓储管理过程中，要综合利用各学科理论，进行商品管理，进行库存控制，保证商品的正常生产和流通，降低成本。现代仓储管理包括新技术、新设备、新的管理理念与方法，设计行业广泛。仓储管理具有综合性的特点。

## 四、仓储管理理论的相关研究

### 1. 库存管理理论

基本库存管理模式中 ABC 分类法有较强的可操作性，广泛运用于仓库管理体系中。该法能将需要重点管控的货物和其他物品分离开来，让管理工作做到了主次分明；同时，该法还是持续与定期存储管控体系的重要基础。它的大量使用，使存货管理体系的收效甚佳：不仅进一步扩大了仓库的储存空间，促进了资金的流转，还优化了仓库的整体格局，让各种管理资源得到了高效使用。

意大利的维尔弗雷多·帕累托率先创建了 ABC 分类法。他在 1879 年对个体收入进行了分析，从而得到了这样的研究结论：在人们的总收入中，少部分人所占的比例较大，大部分人的占比则较小，随后，他以图表的形式展示出此种关系，即为帕累托图。此法的主要理念是把事物的发展有着重要作用的因素分离开来对待，做到不同的原因，不同的对待，也就是分别对量少、价值高的重要元素，以及量多、价值低的次要元素予以明确。而后，该法在管理领域中得到了广泛使用。戴克在 1951 年把它引入到库存管理体系中，从而确定了 ABC 法的名称；1951 年到 1956 年，它又被约瑟夫、朱兰应用在质量管控体系中，以解决各种相关问题，排列图因而得名；1963 年，它被彼得 · 德鲁克广泛应用于社会各种问题的评定体系中，对企业的增收起着巨大的积极作用；1951 年，在美国通用企业的储存管理体系中，迪凯引入了帕累托曲线，且收效甚佳。此法的操作流程为：

（1）搜集信息。依据研究的对象与内容来搜集相关的信息资料。本文将全面研究存货的资金比例，旨在找到耗资巨大的货物，并对其进行重点监控，各种货物的储存量与价格等信息均需要全面搜集。

（2）整合与分析信息。依据相关的统计与整合原则，深入分析获取的各种信息。本文将用存储均值与价格的乘积，得出每种货物的资金比例的均值。

（3）绘制出 ABC 分析图。包括货物名称、类目累计及其百分比、货物价格、平均仓储、四与五栏的乘积、货物资金所占额度累计及其百分比、分类结果等指标，其中，单个类目数即为单种货物，它的累计周期即为序号；类目数累计百分比的定义是其在总数中的占比。

（4）按照该表来划分货物的类别。划分结果：A 类货物的类目数累计与资金所占额度累计的百分比分别在 5% 到 15%、68% 到 80% 之间；B 类货物的类目数累计与资金所占额度累计的百分比均在 20% 到 30% 之间；C 类货物的类目数累计与资金所占额度累计的百分比分别在 60% 到 80%、5% 到 15% 之间。

（5）制定出重点管控方案。将得到的分类结果和管理、经济发展状况相结合，对三种货物采用相应的管理机制。

### 2．独立需求的仓储控制方法

独立需求的仓储控制理论将仓储控制划分成两种，即持续与周期性核查的管控机制，二者的别称分别为不间断与瞬时购货。前者以存储量为核查重点，每当货物离库之时，都要仔细核查该物品的余存量，看其是否处于最低限定水平，以此来决定是否进货；而后者的订货量则是按照存储的实际状况与后期的发展规划而定的。独立需求模型可分为四类：瞬时进货，不允许缺货模型；连续进货，不允许缺货模型；瞬时进货，允许缺货模型；连续进货，允许缺货模型。

### 3．仓库机械作业的选择与配置

现代企业的生产科技不断发展，这为储存系统的建设提供了重要的支撑力量。结合企业的客观发展状况，它可在实际操作体系中引入大量先进的机器设备。在机器设备的选用过程中，要对操作与保存的特征、货物的种类与储存机制、货运的安全与流转等因素进行综合衡量，并立足于设备本身，对它的运行机制、管控准则、数量比例等进行全面分析。

对于仓库管理体系而言，机械设备在其收益、效率与安全等方面扮演着非常重要的角色，故而要选用最为合适的设备来进行仓库管理，在最大程度上减少管理费用。

### 4. 现场管理理论

在现场管理体系中，5S 即整理（SEIRI）、整顿（SEITON）、清扫（SEISO）、清洁（SEIKEETSU）、素养（SHITSUKE），它们分别代表着整理、整顿、清扫、清洁与素养之意，它们的深层含义为：

（1）整理：识别物品的必要性，舍弃不具一定价值的货物；

（2）整顿：秩序井然的工作环境，能方便地搬运所需货物；

（3）清扫：干净的工作环境，通道内没有灰尘等障碍物；

（4）清洁：采用切实可行的方式，让广大的员工具备的理念都是先进的；

（5）素养：增强职员的综合素质，培养其良好的行为模式，并将之引入到企业的文化体系中。

由于存货种类、仓库的运作模式、科技设施等均处于动态变化中，因而仓库及其存放货物的管理机制也会随之而变。总体而言，简单、复杂与现代化的存储管理是仓储管控系统发展的三个时期。在第一个阶段中，仓库才刚刚诞生不久，当时的存货环境不佳，在生产力水平不高的条件下，存货的种类与数量不多，相应的配套设施与仓库机制均显落后，这就让储货管理系统呈现简单化，以货物出去量统计、保存货物免受毁坏为己任，此即为简单的仓储管理机制。在第二个阶段中，社会生产力有所发展，传统的手工制造模式被机器制造取而代之，存货呈现出种类繁杂、量大、属性不同等特点，这就需要有与货物的特性相适应的存储环境。另外，在细化社会分工的大背景下，流通层面里吸收了大量的制造性活动，这就在一定程度上改变了仓库的性能。除了存放与看管货物之外，仓库还具有对货物进行筛选、分类、整合、包装等功用，让物品的内在价值大为提升。在上述因素的作用下，仓库的结构与配套设施等势必会发生不同程度的改变。借助于机器设备，仓库便能开展机械作业，一改先前手工的生产模式，因而此时的存货管理实践呈现出较为复杂的特点，此即为复杂的仓储管理。在第三个阶段中，在科技发展的大背景下，计算机应运而生，并得到了广泛的应用，仓储领域也因此而发生着巨大的改变。仓储的每一个环节均能采用计算机来加以管控，比如引入光电感应与自动分货机制，采取机器人作业等，这就要求相关的员工要具备专业技能，使储存管理模式与方法朝着科学化、现代化的方向发展。现阶段，世界领先的仓储系统突破了传统的储存模式，逐渐发展成一流的产品配送基地，此时的仓储管理机制呈现出现代化的发展特点。针对仓储管理机制，很多研究者均从不同角度进行了深入分析，并获得了巨大的发展。由收录的资料观之，仓库的结构与选址，以及跨库配送是该研究的焦点。

### 5. 仓库选址的相关研究

对于物流企业而言，仓库的选址是其提升服务品质的关键因素。在做出相应的决策之前，管理者应该对管理时效、客户需要、地理环境等各种条件进行全面衡量，该项活动的具体实践十分复杂。为此，世界上的很多研究者采取了不同的分析视角与模式，制定出了一些切实可行的选址策略。Bromberg（2000），对多设施选址进行了深入研究，通过对比分析各种启发式算法，他得出了这样的研究结果：对于多设施选址体系而言，常规性的启发式算法已经不适用了，取而代之的是变量领域搜索算法，它对该问题的解决起着积极作用。Klose（2000），基于对定容仓库选址的研究，在拉格朗日启发式算法的基础上阐述了这样的观点：在总容量的限定范围内，该问题可以演变成无容量限制的选址问题，并以分支定限法得出最佳的选址方案，以适应客户和货物的发展需要。

Goetschalckx（2002），在世界物流体系的发展角度通过对供货体系、物品重组机制的分析，利用目标肢解与启发式迭代算法对无容量限制选址模式进行了深入研究。Jayaraman and Ross（2003），以物流体系规划与管控机制为分析对象，在模拟退贷算法的运用方面进行了创新。他认为该算法有助于制定出制造、配运、加工与跨库管理选址方面的最佳策略，他的此项研究使该算法的使用范围扩大了。Harknessetal（2003），以成本为出发点，构建了单一阶段的选址模型，该模型将有、无容量限定元素有机结合起来，而后利用分支法与线性分析找到最佳选择。国内的相关研究起步较晚，陈炜（2002），提出在制定出仓库选址方案前，可用 AHP 对客户、管理、区位状况等进行全面衡量，并依靠专业经验来做出定性分析。方传伟（2004），基于对规模经济的分析，采用遗传算法来肢解仓库管理体系中的成本总额，从而构建出经过实证校验的分散仓库选址模型。储雪俭（2005），对 WSMP 选址的研究流程、模式与内容进行了深入论述。刘巧芸（2008），对企业降低成本的发展战略、历史的选址机制与资料进行了综合分析，创建了物流企业的选址算法，该算法是在层次分析法、遗传算法与 WSMP 的基础上得出的。

### 6. 仓库布局的相关研究

在特定的环境中，使成本、配送距离、空间使用效率等达到最佳状态，即为仓库格局优化的目标。该问题隶属于 NP2hard 非线性限制优化的范畴，通常具有繁复的特征。在 Kusiak 、Heragu（1984）看来，设施中的空间分布模式通常与其格局并无二致，所以设施格局成了仓库分布模式的重点研究问题。

Ballou（1967），深入研究了世界上现存的理论资料，对仓库结构进行了全面分析，他提出：借助两阶段迭代算法，可使货物搬运成本大为减少，以此来妥善处理纸卷盘仓库结构问题。YANG、SUN（2004），对配送成本的相关问题进行了深入研究，他们认为随机条件中不同原料的使用会对成本产生一定的影响，并基于同类产品的存储机制创立了预期价值模型，借助于混合职能算法来规划出合理的仓库结构机制。通过蚁群机制和模糊期望值模型，张强、余英姿等（2006），对成本最小化的仓库结构模式进行了全面研究，他们认为相邻于别的元素会对仓库格局产生一定的制约作用。基于对随机环境中仓库结构机制的分析与模仿，黎浩东、何世伟等（2008），分别构建了相应的机会限制规划与禁忌搜索算法模型，并通过算例校验了该算法的效度。

## 第四节　其他相关理论

### 一、系统均衡理论

1．一般均衡理论

一般均衡理论（General Equilibrium Theory）是1874年法国经济学家瓦尔拉斯在他的《纯粹经济学要义》中创立的。瓦尔拉斯认为，整个经济体系处于均衡状态时，所有消费品和生产要素的价格将有一个确定的均衡值，它们的产出和供给，将有一个确定的均衡量。他还认为在“完全竞争”的均衡条件下，出售一切生产要素的总收入和出售一切消费品的总收入必将相等。该理论的实质是说明资本主义经济可以处于稳定的均衡状态。在资本主义经济中，消费者可以获得最大效用，企业家可以获得最大利润，生产要素的所有者可以得到最大报酬。

该理论的实质是说明资本主义经济可以处于稳定的均衡状态。在资本主义经济中，消费者可以获得最大效用，企业家可以获得最大利润，生产要素的所有者可以得到最大报酬。

瓦尔拉斯是边际效用学派奠基人之一。他的价格理论以边际效用价值论为基础。他认为价格或价值达成均衡的过程是一致的，因此价格决定和价值决定是一回事。他用“稀缺性”说明价格决定的最终原因，认为各种商品和劳务的供求数量和价格是相互联系的，一种商品价格和数量的变化可引起其他商品的数量和价格的变化。所以不能仅研究一种商品、一个市场上的供求变化，必须同时研究全部商品、全部市场供求的变化。只有当一切市场都处于均衡状态，个别市场才能处于均衡状态。

瓦尔拉斯的一般均衡价格决定思想，是通过数学公式阐述的。他假定社会上有n种资源生产m种商品，社会上每个人都持有一定数量的资源或生产要素，即他的分析以既定的收入分配方式为前提，在这样的 经济社会中，消费者力图取得最大效用，企业家力图获得最大利润，资源所有者力图获取最多的报酬。

通过对方程求解，瓦尔拉斯证明了在市场上存在着一系列的市场价格和交易数量（也称均衡价格与均衡数量），能使每个消费者、企业家和资源所有者达到各自的目的，从而社会可以和谐而稳定地存在下去。

2．九宫格均衡评价理论

（1）九宫格由来

九宫格，一款数字游戏，起源于河图洛书，河图与洛书是中国古代流传下来的两幅神秘图案，历来被认为是河洛文化的滥觞，中华文明的源头，被誉为“宇宙魔方”。相传，上古伏羲氏时，洛阳东北孟津县境内的黄河中浮出龙马，背负“河图”，献给伏羲。伏羲依此而演成八卦，后为《周易》来源。又相传，大禹时，洛阳西洛宁县洛河中浮出神龟，背驮“洛书”，献给大禹。大禹依此治水成功，遂划天下为九州。又依此定九章大法，治理社会，流传下来收入《尚书》中，名《洪范》。《易 · 系辞上》说：“河出图，洛出书，圣人则之”，就是指这两件事。

（2）九宫格的应用

“九宫格”主要应用在市场营销和客户价值管理体系中。例如，银行对客户价值进行评价中，银行对公司客户“九宫格”体系的设计思路是“定位 + 指路”。

“定位”，就是客户价值坐标展示。单一公司客户通过三个独立“九宫格”进行全面的价值定位：一是通过收入和 RAROC 风险调整资本收益定位的“价值九宫格”，二是基于客户近三年财报数据定位的“成长型九宫格”，三是对信贷集团客户，定位其所属集团“价值九宫格”。

“指路”，就是给出价值提升的路径。即通过一系列业务指标的统计结果，描绘出“九宫格”各象限内的客户“长相”，进行同一机构客群内低价值客户与高价值客户、不同机构间同一类别客户在关键业务指标上的差距分析，进而给出客户价值提升的路径和线索。

“九宫格”横纵分层指标选择方面，客户价值以总收入和 RAROC 指标来衡量，体现收入规模与资本效率并重的原则；成长性采用客户在我行的总收入和自身收入（营业收入及净利润）增长率两个指标，评价客户在我行业务增长速度与客户自身发展趋势之间的一致性。关键业务“长相”指标则包括：交叉销售率、月均交易笔数、中间业务收入占比、存款派生率、钱包份额（银行存款占客户货币资金总量的比重）、成本收入比等多项指标。

（3）本书中的九宫格均衡评价应用

九宫格均衡分析法是将某个指标的最重要的影响因子简化为两个，然后将其均衡状态设定为九种状态，对每一种状态进行详细的分析，最后得出那种均衡状态是最优状态。根据最优状态的因子值，对比各省区的实际值，测评得出其真实值的高低，也就是判断供给侧的供给过剩、适度、不足等状态。

## 二、车公里理论

### 1. 车公里含义及产生背景

车公里是复合量词，计算车辆运行工作量的单位，一辆车运行一公里为一车公里。

车公里的计量单位主要是针对吨公里而言的。在物流相关理论发展初期，中国在计量车辆运行工作量时，习惯使用“吨公里”，甚至很多的物流企业，都是使用吨公里在进行物流成本计算和定价。多项研究表明，复杂的物流环境，吨公里作为物流度量衡的单位远远不能满足物流行业计算的需要，因此，引出了车公里的计量单位。车公里计量单位确定以后，吨公里就成为车公里的产量单位。

2．车公里的产量计算

车公里产量是指车辆平均每行驶 1 千米所完成的运输量，它不能综合反映车辆不同吨位大小之间的生产效率，只反映车辆车公里产量的生产效率。

车公里产量的计算

车公里产量可按下述两个公式计算：

①按周转量和总行程计算。计算公式为：

车公里产量 = 计算期完成的周转量 / 同期总行程公式中，计算期总行程可以根据每辆营运车累计，也可以按下述算式计算：

总行程 = 总车日 × 车辆工作率 × 平均车日行程

②按有关车辆运用效率指标计算。

计算公式如下：

车公里产量 = 行程利用率 × 平均吨（座）位 × 吨（座）位利用率 ×[1/(1- 拖运率)]

提高车公里产量增加的运行费用不多，增加总行程则会较多地增加运行费。显然，完成同样的周转量采用提高车公里产量的办法可以增加盈利。但片面追求较高的公司产量，可能会引起超载现象的发生，由此可见，车公里产量是一个很重要的、敏感性较强的指标。

## 第五节　本章小结

本章节主要是针对后面章节涉猎到的一些基本概念以及理论进行阐述和界定，主要包括以下几个方面：

（1）物流基础理论的概述。从物流的产生，到发展，到未来的发展方向与趋势，都一一进行了阐述。并对美国、欧洲、日本、中国等几个比较有代表性的国家和地区对物流概念的界定进行了论述。

（2）运输管理理论的概述。该部分主要了论述了运输需求理论以及综合运输理论。运输需求理论主要论述了运输需求的形成原因，以及运输需求与支出之间的函数关系。另外，还对综合运输理论的产生、形成、发展以及应用进行了论述。

（3）仓储管理理论的概述。仓储管理理论是一个比较成熟的理论体系，本节主要针对仓储管理的含义、内容、特点进行了论述，并在此基础上，对于仓储管理理论近 20 年来的相关研究进行阐述。

（4）其他相关理论的概述。本部分内容主要是对本著作后面的章节部分涉猎到的一些理论进行了论述。一是对系统均衡理论进行了论述，包括一般均衡理论以及九宫格均衡理论，包括他们的应用等；二是对车公里理论，包括车公里的含义、产生的由来、作用，以及车公里产量的计算方法都进行了论述。

本章节的论述，为读者加强对后面章节的理解，打下了坚实的理论基础。

# 第三章　物流产业集群公路运输均衡及优化分析

本章节首先用“车公里”作为衡量公路运输负载指标，把中国大陆所有省份的货运、客运、小汽车等运输工具对公路运输负载需求统一计量，并把各省的公路运输综合负载能力计算出来与综合负载需求进行比较分析，得出他们运输负载能力的强弱层级；其次，对现有状态下各省公路资源的利用水平进行了分析，得出各省公路资源边际消耗水平高低关系；最后，构建公路运输负载—资源消耗均衡模型 - “TL-RC 六宫格均衡模型”，把各个省的均衡状态用六宫格模型进行评价，通过模型分析，针对各省状态提出相应的建议。

## 第一节　公路运输概述

### 一、公路运输的优缺点

在现代运输方式中，公路运输是以道路为运行基础，以站场为作业基地，以车辆为主要工具，以实现旅客和货物位移为目的的生产生活活动。公路运输是中国国民经济的基础产业和服务性行业之一，是中国交通运输体系的重要组成部分，是连接其他运输方式的重要纽带。随着中国公路建设的迅速发展，公路交通运输网的不断完善，公路运输成为服务范围最广、承担运量最大、运输组织最灵活、运输产品最丰富的运输方式，货物和旅客的运输量也快速增长。

在中国，公路运输的主营业务是旅客运输、货物运输及与公路运输相关的站场经营、机动车维修等。旅客运输主要是用汽车运送旅客、服务社会大众、具有商业性质的活动，包括城市公交、旅游客运、私家车和包车客运。货物运输主要是指以载货汽车为主要交通运输工具，通过道路使货物发生转移的生产活动。

1．公路运输的主要优点

（1）灵活性强、货物的损耗低、运送速度快、可点对点运输，不需要转运或反复装卸搬运；

（2）建设投入资金低，修建公路的材料和技术相对于其他运输方式易解决，社会渗透程度高；

（3）适应性强，便利快捷，容易获得，更贴近人们的生活。

2. 公路运输的主要缺点

（1）运输能力相对其他运输方式小，运送的货物和旅客比较少；

（2）运输货物或旅客耗费能源多，导致运输成本增加，不适合远距离运输；

（3）劳动生产率低，单位运输成本相对比较高，不适合大批量运输，由于汽车体积小，无法运送大件物资，不适宜运输大宗和长距离货物；

（4）公路建设占地多，随着人口的增长会极大地增加二者矛盾；

（5）容易发生事故，易污染环境。

因此，公路运输主要承担短距离、小批量，适合在内陆地区运输短途旅客、货物，可以与铁路、水路联运，为铁路、港口集疏运旅客和物资，可以深入山区及偏僻的农村进行旅客和货物运输，在远离铁路的区域从事干线运输，从而降低运输成本。

## 二、公路运输负载研究综述

随着中国公路运输负载压力越来越大，公路运输负载与公路资源消耗之间的失衡问题也越来越严重。近年来，国内外的学者也针对这些问题进行了深入研究，总结起来主要有以下几个方面：

1. 公路运输负载能力

公路运输负载能力（也称公路运力）方面的研究主要包括公路客运负载和公路货运负载两个方面。货运负载方面，Jianzhong Chen，Zhongke Shi ，Yanmei Hu（2008）认为，高解析度的宽松计划，需要很少的信息的特征结构呈现多类莱特希尔惠瑟姆 - 理查兹（LWR）模型非齐次的高速公路。该方案只需要预测绝对特征值的上边界最大值。它是基于将改进的第五阶加权接近无振荡（WENO）重建与松弛本质。该计划的优势在于简单的放松计划，因为它不需要精确或近似黎曼解算器和沿特征方向没有投影，并用真实的数值证明了该方法的有效性。杭文，黄臻，李旭宏，何杰，毛海军（2010）针对传统公路货运平均成本分析中，不考虑运力结构转移和货运需求量结构性变化的预测方法所存在的不足，提出了通过按轮轴类型划分的公路货运交通量和车辆轴载谱调查，获取基本车辆装载量的概率密度分布函数，由主流车型的短期平均运输成本拟合得到公路货运车辆的长期平均运输成本函数。根据运力均衡的思想，使用长期平均运输成本模型和货运需求价格弹性模型对计划年份批量的公路货运需求量进行修正，在此基础上建立外部环境变化条件下，计划年公路货运平均成本的求解模型。结合安徽省某高速公路的实际调查数据进行检验，结果表明，提出的测算方法可行、有效。王爱虎、王娜玲针对构成物流系统的不同运输模式和结点承载能力计算方法和方式不统一问题，提出物流的一体化管理要求对涵盖公路运输、水运、铁路运输和航空运输等多种运输模式以及物流系统关键结点及其构成的网络——港口（航空港、海港和内河港口等）及港口群的系统集成。因此，必须解决构成物流系统的不同运输模式和结点承载能力计算方法和方式不统一这一基础问题。否则，物流系统静态承载能力度量、物流网络的拓扑属性、物流系统动态承载能力的测量、优化和仿真等深层次问题的研究就无法有效展开。为此，针对各种运输模式以及港口承载能力相关概念的内涵、研究思路、研究工具和方法、相关计算公式等进行了详细的文献研究，以交通流为主线构建起不同运输模式承载能力之间的内在联系，并将各运输模式承载能力公式转化为统一单位，使各运输模式之间承载能力的比较和协同成为可能，为物流系统的整体优化和决策提供了计算依据。

公路客运负载方面，Alan T. Murray，Xiaolan Wu（2003）认为，空间可达性是公共服务和私人服务提供的重要考虑因素。在公共交通规划方面，可访问性包括访问和地理覆盖，但是这两个维度互相有点矛盾。访问是很重要的，因为它是一个与到达和离开服务相关联的过程。这种访问通常被认为是在空间方面的物理接近过境站或站点。路线上的额外停靠通常意味着更多的过检，因为停车更可能是在一个可接受的步行 / 驾驶标准为更多的人。另一方面，更多的站点和更多的过检量拖慢过境通过速度，从而降低服务的可达性，超出给定的运输时间预算。更多的站沿路线转换到更大的服务中断和更长的运输时间。运输时间越快，服务质量越理想。此外，如果运输次数过多，那么用户的服务需求将减少。所有这一切意味着，中心的可访问性是沿着一条路线尽量减少甚至去掉间距，因为它是一个折中的访问（更多站点）和地理覆盖（服务效率，通过更少的站点）。文章中详细介绍了在集群条件下建模解决无障碍的方法。在哥伦布以及俄亥俄州，以巴士为基础的过境服务为例，说明了这些方法在交通规划中的实用性，规划设计的实用性。肖连超，胡立德（2009）针对重庆市主城区货物运输市场现状进行了研究，指出了存在运输车辆普遍负载不足、返空车多、供过于求等不合理的现象，提出了促进运输企业专业化发展和建设主城区货运信息系统的策略，以降低市区交通压力、建立规范有序的市区运输市场、提高整体运输效率、促进产业升级。王瑞军，武旭，胡思继（2013）在分析货物运输能源消耗与能耗强度、运输结构和货物周转量三个因素关系的基础上，运用完全分解模型进行量化分析，测算了1990-2007 年三个因素对货物运输能源消耗变动的影响效果。结果表明，货物运输量的增长是货物运输能源消耗增长的主要驱动力，同时是运输结构中能耗强度较高的运输方式，市场份额的增加加剧了这种增长的趋势，而技术进步带来的能耗强度的降低不足以抑制能源消耗的增加。货物运输能源消耗增长趋势不可避免，需要综合规划，促进交通运输业的可持续发展。杨艳（2012）认为，与其他商品需求相比，运输需求有其自身特殊的规律性。其中，运输需求在时空上的不均衡性对运输活动的实现提出了要求，并对运输需求的不均衡性及典型运输方式的适应性进行了剖析，旨在说明合规律性的运输活动是满足运输需求的最佳途径。

## 2. 公路运输均衡方面的研究

关于公路负载与公路资源消耗均衡方面的研究比较少。陈荫三、肖润谋、秦华容（2009）

等，以高速公路收费系统数据库为主，收费站抽样调查为补充，分析了中国高速公路网运输状态。分析结果表明，与2006年相比，2007年度高速公路网货运密度同比提升了12.30%；小型客车（小于等于7座）客运密度同比提升了18.90%；汽车列车完成货物周转量的66.20%，货运车辆空车走行率为18.97%，超限30%以上的货车比重为6.81%；小型客车完成旅客周转量的38.12%，轿车平均每车乘坐2.50人；中国高速公路网运输的特点是货车比重大，货车行驶量占总行驶量的37.52%，这种情况加重了道路负载，也容易出现事故，尤其在山区高速公路上，高速公路网大中型客车运输市场已经受到来自铁路的挤压，在今后十年中，这种现象还将持续。罗端高、史峰（2010）认为在城市混合交通路网中，出行者通常根据自己的出行偏好，选择自己的交通方式和出行路径。考虑城市道路中不同交通方式之间的相互影响，把出行者按照时间价值划分为多个用户类型，每类出行者可选择自驾车、出租车或公交车方式出行。为解决多交通模式相互影响的混合交通均衡分配问题，从交通需求的角度出发，基于BPR公式构造了城市混合交通网络的路段旅行时间函数，建立了多用户多方式混合交通均衡变分不等式模型，并设计了基于对角化技术与MSA方法的混合求解算法。算例结果表明，高时间价值类出行者倾向于选择自驾车或出租车出行，低时间价值类出行者倾向于选择公交车出行。何杰、李旭宏、杭文、毛海军（2006）针对传统公路货运运力结构趋势预测以及区域车辆结构均衡预测中不考虑总运量和单件重型货物运量分辟的预测方法存在的不足，提出了通过对分轮轴类型的公路货运车辆载质量谱的调查，获取基年车辆吨位的累积概率函数，并使用Logit模型对计划年公路货物总运量以及计划年载质量法规和超限严格管制力度改变情景下的单件重型货物运量进行转移预测，建立计划年单件货物质量概率分布函数，在此基础上基于运力均衡的理论建立计划年不同吨位车辆运力的求解模型。马银波（2008）为从理论上探索经济转型时期公路货运价格形成机制，基于2006年1月至2007年12月中国公路货运行业的运价和运输量时间序列数据，运用时间序列分析方法实证分析了中国公路货运行业运价与需求之间的动态关系，包括长期趋势、季节变动以及货运需求与运价之间的相互作用关系。统计分析表明，平均运价是一个常数，不随货运需求和供给而变化，季节因素是造成运价短期波动的主要因素，产业生产成本特性、需求的数量和质量是影响运价与需求量之间作用关系的重要因素。

管小俊（2010）认为，随着煤炭主业的资源整合与煤炭产业国际性战略扩张，以及以煤炭为基础的煤化工、煤能转换产业链的建立，中国能源消费趋于紧张，而以煤炭为主体的能源消费结构在近十几年内将保持不变。随着煤炭物流运输网络的复杂化，煤炭物流运输不畅及系统风险越来越成为制约煤炭及运输产业结构调整与升级的“瓶颈”之一。因此，对煤炭物流运输网络的风险进行分析评价，并进行均衡保持研究具有重要的意义。针对这一问题，将复杂系统理论、复杂网络理论、风险分析与评价方法、最优化理论和模糊数学等理论和方法应用到煤炭物流运输网络的风险控制问题的研究中，通过建立煤炭物流运输网络的风险评价指标体系、风险评价模型，对煤炭物流运输网络进行了风险评价，研究建立了基于复杂系统理论的煤炭物流运输网络均衡保持模型及算法设计，结合山西煤炭物流运输网络进行了实证分析，最后提出了煤炭物流运输网络的均衡保持策略，主要研究工作如下：

（1）在分析总结煤炭物流和物流网络的概念、范畴和特征的基础上，首次提出了煤炭物流运输网络的概念，对煤炭物流运输网络系统的体系框架、结构、类型和布局特征等进行了分析研究，并进一步对煤炭物流运输网络的复杂性进行了详细分析，明确了煤炭物流运输网络的复杂性特征和复杂性因素。

（2）从煤炭物流运输网络的结构、运输方式、系统协调性、管理政策以及供需关系的不平衡、外部环境和突发事件等方面，系统分析了影响煤炭物流运输网络风险的内外部因素。在此基础上，从网络抗毁性、网络可用性、可达性、运输网络适应度和网络承载能力等方面，建立了能够反映煤炭物流运输网络风险水平的评价指标体系。

（3）首次把基于最大熵的模糊风险评价模型、基于对分析的风险评价模型和基于投影寻踪的风险评价模型应用到煤炭物流运输网络的风险评价中，并采用基于多判据决策的组合评价方法将这三种评价方法的结果进行综合，解决多种方法评价结果的不相容性。然后采用层次分析法确定风险评价指标的权重系数，并通过信息熵赋权法对确定的权系数进行修正，实现主观评价和客观反映的综合度量。最后以山西煤炭物流运输网络为例进行案例研究，验证了论文提出的风险评价模型和方法的有效性和可行性。

（4）对于由煤炭物流活动过程中相互联系的组织与设施在空间结构上的集合所构成的煤炭物流运输复杂网络系统，从网络拓扑、基础设施、作业主体和业务保障等四个方面分析了煤炭物流运输网络系统的均衡层次。接着，建立基于复杂网络的煤炭物流运输网络的静态均衡保持模型并对其特征进行了理论分析，在此基础上，进一步建立煤炭物流运输网络的动态复杂网络模型，分析该网络的动态行为及动力学性质，提出了煤炭物流运输网络的骨干网络、枢纽节点和联系枢纽节点的干线通道的选择与判断方法，并以山西煤炭物流运输网络进行实例分析，验证模型和方法的有效性和可行性。

（5）基于本文的主要理论研究结果，着重从煤炭物流运输网络系统的规划与再造、运作模式、信息共享和协作关系管理等四个方面对煤炭物流运输网络系统的均衡保持策略进行分析研究，提出了引导煤炭物流运输网络系统保持均衡和稳定的策略性的指导建议。

本文的研究工作有助于分析和降低煤炭物流运输网络系统的风险，提高煤炭物流运输网络运营的可靠性和稳定性，为煤炭物流运输网络的安全策略制定和安全运行提供科学依据，为构建中国现代物流体系，提高煤炭物流产业的市场竞争力、经济和社会效益具有十分重要的战略意义。徐兵、朱道立（2008）针对非对称费用函数下准则权重与出行者类别相关的多准则路径选择问题，用变分不等式方法建立了具有弹性需求量的多用户多准则随机交通均衡配流模型。该模型是单用户随机均衡和多用户确定性均衡模型的推广，证明了变分模型中映射的连续性及严格单调性可分别保证均衡流量的存在性和唯一性。某路段广义路段出行费用受出行量和其他相关路段流量的影响，是所有路段流量的函数，并受出行量影响，用对角算法求解该交通均衡的变分问题，算例表明了模型的合理性和算法的可行性。甲史峰、周钊、邓连波（2011）认为，在道路交通与轨道交通组成的多模式城市交通网络中，考虑路径出行时间的不确定性，对用户的交通模式与路径的选择行为进行分析，建立基于出行时间预算的多模式多类用户均衡交通分配模型，设计基于路径配送的求解算法。研究结果表明：该算法适用于路径费用不具备可加性的交通均衡模型的求解；交通需求、路网降级及用户所需的可靠度水平对交通模式及路径选择均具有显著影响；随着交通需求水平的提高或路网降级加剧，用户选择轨道交通出行的份额增加，且可靠度需求较高的用户选择轨道交通的份额增幅更高。杨自辉、符卓从公路货运的角度研究了公路运输负载与社会资源消耗之间的均衡，并运用六宫格理论对中国 31 个内陆省份的均衡状态进行了分析；鲍静溪运用博弈论的观点分析了基于几个实际问题的区域物流均衡框架，并对影响特定区域内物流发展不平衡的原因进行分析，提出了区域物流产业政策的相关建议。

3. 研究述评

综上所述，国内外的公路运输负载能力（也叫公路运力）研究主要分为两个部分，一部分是公路客运负载能力，另一部分是公路货运负载能力。公路运输均衡方面的研究主要集中在车流量均衡、费用均衡以及发展均衡等方面的研究；而针对公路运输对公路资源消耗方面，无论是国内学者还是国外学者，这方面的研究是非常少见的。本文主要是基于公路综合运输负载能力与公路运输对公路资源消耗之间进行研究，构建二者之间的均衡求解模型（TL-RC 六宫格均衡模型），根据这种模型确定中国各地区的均衡状态，并通过实证分析，最终确定最优均衡状态。

## 第二节 公路运输能力主要指标的界定与计算

### 一、运输生产指标

1. 货运量

指报告期内运输车辆实际运送的货物重量。计算单位：吨。

2. 货物周转量

指报告期内运输车辆实际运送的每批货物重量与其相应运送距离的乘积之和。计算单位：吨公里。

计算公式：货物周转量（吨公里）=∑（每批货物重量 × 该批货物的运送距离）

3. 集装箱运量

指报告期内运输车辆运送集装箱的实际数量。

计算方法：

（1）按集装箱的实际箱数计算。计算单位：箱。

（2）按折算系数折合为 20 英尺集装箱的数量计算。计算单位：TEU。

## 二、汽车使用状况指标

### 1. 车日统计

（1）总车日

指报告期内每天在营运车辆的累计数。计算单位：车日。

计算方法：一辆营运车辆，不管其技术状况是否完好，每保有一天即计为一个车日。

计算公式：总车日＝∑（每辆在用车辆 × 相应在用车日）

如：某企业报告期有汽车 500 辆，全部投入营运，报告期日历日数为 30 天，报告期内未发生车辆增减、调出、调入变化。企业每辆车在这一报告期就是 30 个总车日，500 辆在报告期共计 30×500 ＝ 15000 总车日。

车辆数指标可以反映一个时点公路运输的规模或生产能力，它在报告期内经常是有增减变化的，而总车日指标则消除了车辆变动对车辆数量的影响，若将时点数（车辆数）变为一个时期数（车日数）指标，可用车辆在企业保存天数之和反映企业对车辆使用的水平或规模。

（2）完好车日

指报告期内总车日中，营运车辆技术状况完好，不需要进行修理或维护即可参加运输的车日。包括实际出车工作及由于各种非技术性原因而停驶的车日。计算单位：车日。

计算公式：完好车日＝总车日 - 非完好车日

（3）非完好车日

指报告期内总车日中，因技术状况不好不能出车的车辆所占的车日。包括正在进行或等待进行维护、修理的车辆及待报废车辆所占的车日。计算单位：车日。

（4）工作车日

指报告期内完好车日中，实际出车工作的车日。计算单位：车日。

计算方法：一辆营运汽车，只要当天出过车（以签发路单为依据），不管其出车时间长短，出车班次多少和完成运输量多少，也不管是否发生过保养、修理、停驶或中途抛锚等情况，均计为一个工作车日。

（5）停驶车日

指报告期内完好车日中未出车工作的车日。计算单位：车日。

一般是因为无客、无货，燃料供应中断，缺司机，缺轮胎，路线障碍，以及风、雨、雪等气象因素及其他原因而未能出车工作的车辆所占车日。

工作车日与停驶车日之和为完好车日。

## 2. 车吨位日统计

（1）总车吨（客）位日

指报告期内每天实际在用营运载货车辆标记吨位的累计数。计算单位：车吨位日。

计算公式：总车吨位日（车吨位日）=∑（每辆车的总车日 × 标记吨位）

例如：某企业 4 月 1 日有标记吨位为 4 吨的某品牌货车 200 辆，则 4 月 1 日该企业有 $200 \times 4 = 800$ 车吨位日。若 4 月该企业未发生车辆及吨位的增减变化，则该企业 4 月份有 $200 \times 30 \times 4 = 24000$ 车吨位日。

汽车的车吨（客）位日是在总车日的基础上消除了车辆变动的影响，又消除了车辆吨（客）位大小对生产能力的影响因素。它反映了可供使用的以每日吨（客）位为计量单位的生产能力，使得总车吨（客）位日描述的各企业的生产能力在不同企业或同一企业的不同时期以及据此计算的设备效率指标具有更广泛的可比性。

（2）平均车数

指报告期内平均每天所拥有的车辆数。计算单位：辆。

计算公式：平均车数（辆）=总车日 ÷ 日历天数

如：某企业 4 月 1 日有车 500 辆，4 月 11 日调入 10 辆车，并于 11 日办理了手续，4 月 20 日报废 2 辆车，当天即办理手续没有参加运输。以后至月末未发生车辆增减变化。则该企业 4 月份平均车辆数为：

总车日数 $= 500 \times 30 + 10 \times 20 - 2 \times 10 = 15180$（车日）

平均车数 $= 15180 \div 30 = 506$（辆）

（3）平均总吨位

指报告期内平均每天所拥有的载货车辆的总吨位。计算单位：吨位。

计算公式：平均总吨位（吨位）=总车吨位日 ÷ 日历天数

如：某企业 4 月 1 日有车 200 辆，其中 150 辆为 4 吨解放牌汽车，50 辆为 5 吨东风牌汽车，4 月 11 日购入 50 辆标记吨位为 5 吨的东风车辆，同时报废 10 辆标记吨位为 4 吨的解放牌汽车。直至月末再未发生车辆增减变化，则 4 月份的平均总吨位和平均吨位如下：

总车吨日 $= 4 \times 150 \times 30 + 5 \times 50 \times 30 + 5 \times 50 \times 20 - 4 \times 10 \times 20 = 29700$（车吨日）

平均总吨位 $= 29700 \div 30 = 990$（吨）

在求平均吨位时，需求出平均车数。本例平均车数为 226.7 辆，故平均吨位 $= 990 \div 226.7 = 4.37$（吨）

## 3. 行程统计

（1）总行程（总车公里）

指报告期内车辆在实际工作中所行驶的总里程数，不包括为进行保养、修理而进出保修厂及试车的里程。计算单位：车公里。

总行程是重车行程和空车行程之和。

（2）载运行程（重车行程）

指报告期内总行程中车辆载有客、货（不论是否满载）的行驶里程。计算单位：车公里。

（3）空驶行程（空车行程）

指报告期内车辆总行程中空车行驶的里程。包括回空和调车等无载运行的里程。计算单位：车公里。

（4）总行程载货量

指报告期内在用载货车辆的总行程载运能力。计算单位：吨位公里。

计算公式：总行程载货量（吨位公里）=∑（单车总行程 × 标记吨位）

（5）载运行程载货量（重车行程载货量）

指报告期内在用载货车辆的载运行程载运能力。计算单位：吨位公里。

计算公式：载运行程载货量（吨位公里）=∑（单车载运行程 × 标记吨位）

在运输生产过程中车辆空驶往往是为了维持运输生产过程的不可避免的环节。重车行程载重量就是表明车辆在运行中扣除空驶因素后的最大运输能力。

如：某运输企业报告期有某类型货车 40 辆，标记吨位为 4 吨，完成总行程 240000 公里，其中 200000 公里为重车里程，另有东风牌汽车 10 辆，标记吨位为 5 吨，完成总行程 70000 公里，其中 60000 公里为重车公里。则该企业的总行程载重量及重车行程载重量为：

总行程载重量=∑（总行程 × 标记吨（客）位）= 240000 × 4 + 70000 × 5 = 1310000 吨位公里

重车行程载重量=∑（重驶行程 × 标记吨（客）位）= 200000 × 4 + 60000 × 5 = 1100000 吨位公里

## 4．车辆的时间利用统计

（1）完好率

指报告期内完好车日在总车日中所占比重。计算单位：%。

车辆完好率表明在报告期内，技术状况良好可随时出车进行运输工作的车辆的情况，是反映车辆的技术状况、车辆管理、运用和修理、保养工作质量的指标。

计算公式：完好率（%）=完好车日 ÷ 总车日 × 100%=（总车日−非完好车日）÷ 总车日 × 100%=（工作车日+停驶车日）÷ 总车日 × 100%

（2）非完好率

指报告期内非完好车日在总车日中所占的比重。计算单位：%。

计算方法：非完好率（%）=非完好车日 ÷ 总车日 × 100%= 1 −完好率

（3）工作率

指报告期内工作车日在完好车日中所占的比重，用以反映车辆的利用程度。计算单位：%。

计算公式：工作率（%）=工作车日 ÷ 完好车日 × 100%=（完好车日−停驶车日）

÷ 完好车日 ×100%

车辆工作车日与车辆停驶车日之和为车辆完好车日。可见，工作率增加必须提高完好率和减少停驶车日。

（4）平均每车出车时间

指汽车平均每一个工作车日的出车时间。计算单位：小时。

计算公式：平均每车出车时间（小时）= 总出车时数 ÷ 工作车日数

由于车辆只要当天出过车参加营运性运输，不管出车时间长短，即计一个工作车日。所以必须设置平均每日出车时间这一指标，才能进一步说明车辆时间的利用程度。平均每日出车时间可看作车辆工作率指标的一个辅助指标，它受企业工作制度和车辆运行组织工作水平的影响。

（5）出车时间利用系数

指在出车时间中车辆运行时间所占的比重。

计算公式：出车时间利用系数 = 运行时间 ÷ 出车时间

公式中，运行时间和出车时间，可以是一定时期内的运行时间和出车时间总数，也可以是平均每个工作车日的运行时间和出车时间。

### 5. 汽车运行速度性能利用统计

（1）技术速度

是指车辆在运行时间内平均每小时行驶的里程。计算单位:（公里 / 小时）

计算公式：技术速度（公里 / 小时）= 总行程 ÷ 运行小时数

技术速度实际上是车辆的行驶速度。

（2）营运速度

是指车辆在出车时间内，平均每小时行驶里程。计算单位:（公里 / 小时）

计算公式：营运速度（公里 / 小时）= 总行程 ÷ 出车时间

（3）平均车日行程

指报告期内平均每一个工作车日车辆所行驶的里程，是车辆速度性能利用与出车时间利用的综合性指标。计算单位：车公里。

计算公式：平均车日行程（车公里）= 总行程 ÷ 工作车日 = 营运速度 × 平均每日出车时间 = 技术速度 × 出车时间利用系数 × 平均每日出车时间

### 6. 里程利用程度统计

（1）里程利用率

指报告期内载运行程在总行程中所占的比重。计算单位：%。

计算公式：里程利用率（%）= 载运行程 ÷ 总行程 ×100%

提高里程利用率是提高车辆运用效率，降低运输成本的重要途径之一。

（2）空驶率

指报告期内空驶行程在总行程中所占的比重。计算单位：%。

计算公式：空驶率（%）＝空驶行程 ÷ 总行程 ×100%

7. 车辆载重能力利用程度统计

（1）吨位利用率

指报告期内载货汽车自载换算周转量与其载运行程载货量的比值，用以反映载运行程载货量利用程度。计算单位：%。

计算公式：吨位利用率（%）＝自载换算周转量 ÷ 载运行程载货量 ×100%

（2）实载率

指报告期内车辆自载换算周转量占其总行程载货（客）量的比重，用以反映总行程载货（客）量利用程度。计算单位：%。

计算公式：实载率（%）＝自载换算周转量 ÷ 总行程载货（客）量 ×100%＝里程利用率 × 吨（客）位利用率。

## 第三节　公路运输负载能力指标的确定及计算

### 一、公路运输负载能力最低临界指标（$TL_l$）的确定与计算

公路运输网络负载能力的最低指标指的是能满足一个地区的基本货运需求与客运需求的综合承载能力[i]。如果一个地区的公路运输网络不能满足本地区交通运输的需求，那么，本地区的基本货运和客运需求就很难得到保障，该地区经济建设和经济发展就会因此而受到影响，居民的正常生活也会受到一定的约束和限制，这样就会给本地区的发展带来巨大的压力，这对于整个地区的发展是不利的，也不符合社会发展需要。由此可以推断，要使一个地区能够正常运转，该地区的公路运输负载能力就必须同时满足该地区公路运输最低负载需求，也就是说该地区的公路运输网络负载能力最低必须满足它的基本货运和客运的需求，实际上就是满足当前公路运输负载需求，我们就把这个指标值认定为最低临界指标（$TL_l$）。用计算公式来表示：

$TL_l = FT_l + PT_l + CD_l$　　　（1）

$TL_l$ —— 公路运输负载能力最低临界指标（Highway transport loading capacity，简写 TL）

$FT_l$ —— 该地区的基本货运需求（Freight transport）

[i] 本文中的公路运输负载能力是指以省为单位的公路综合运输负载能力，但本文不包含港澳台地区，只计算中国大陆31个地区。

$PT_l$——该地区的基本客运需求（Passenger transport）

$CD_l$——该地区的小汽车交通需求（Car load demand，简写 CD）

下标 $_l$ 是英文 low 的缩写，表示“低值”的意思

公式（1）中的三个指标都采用“车公里”作为计量单位。基本的货运负载需求（FTl）及客运负载需求（PTl）就是指的当前需求值换算成“车公里”的值。这两个指标值的计算方式分别为：

货运负载最低临界需求（FTl）= 总货运周转量 ÷ 所有货运车辆平均载重[ii]（2）

客运负载最低临界需求（PTl）= 旅客总周转量 ÷ 所有客运车辆平均载客数[iii]（3）

按照公式（2）、公式（3），根据国家统计局公布的 2010 年的相关官方数据，各省的公路运输负载需求几个最低临界值计算结果见表 3-1。

**表 3-1 中国各省公路综合负载需求最低临界值一览表[iv]**

| 省份 | 货运年周转量 | 货运最低需求 | 客运年周转量 | 客运最低需求 | 私车数量 | 私车最低需求[v] | 公路最低负载需求（$TL_l$） |
|---|---|---|---|---|---|---|---|
| 京 | 101.59 | 15.10 | 290.65 | 2.89 | 410.86 | 1232.59 | 1250.58 |
| 津 | 231.25 | 34.36 | 131.81 | 1.31 | 132.96 | 398.87 | 434.54 |
| 冀 | 4011.24 | 596.02 | 442.25 | 4.40 | 357.00 | 1071.01 | 1671.43 |
| 晋 | 969.89 | 144.11 | 215.70 | 2.14 | 184.48 | 553.45 | 699.70 |
| 蒙 | 2261.12 | 335.98 | 218.21 | 2.17 | 132.69 | 398.07 | 736.22 |
| 辽 | 1930.34 | 286.83 | 388.75 | 3.86 | 210.16 | 630.48 | 921.17 |
| 吉 | 683.14 | 101.51 | 269.58 | 2.68 | 113.32 | 339.95 | 444.14 |
| 黑 | 762.42 | 113.29 | 243.19 | 2.42 | 135.26 | 405.77 | 521.48 |
| 沪 | 265.93 | 39.51 | 115.44 | 1.15 | 135.97 | 407.91 | 448.57 |
| 苏 | 1149.06 | 170.74 | 1196.59 | 11.89 | 454.54 | 1363.63 | 1546.26 |
| 浙 | 1298.71 | 192.97 | 882.04 | 8.77 | 438.25 | 1314.76 | 1516.50 |
| 皖 | 5004.91 | 743.67 | 1010.19 | 10.04 | 132.23 | 396.68 | 1150.39 |
| 闽 | 578.32 | 85.93 | 346.68 | 3.45 | 143.85 | 431.56 | 520.94 |

[ii] 货运车辆的平均载重 = 全国周转货物总吨位数 ÷365 天 ÷ 货运营运车辆总数 =6.73 吨 / 车。

[iii] 客运车辆的平均每天载客 = 全国客运周转总人次数 ÷365 天 ÷ 客运营运车辆总数 =100.61 人次 / 天。

[iv] 表中货运年周转量单位为亿吨公里，货运需求、私车最低需求、客运最低需求、公路最低负载需求三组数据的单位为亿车公里，客运年周转量单位为亿人公里，私车数量单位为万辆。

[v] 私家车的每年行驶里程数按 3 万公里 / 年进行计算，下同。

续表

| 省份 | 货运年周转量 | 货运最低需求 | 客运年周转量 | 客运最低需求 | 私车数量 | 私车最低需求[v] | 公路最低负载需求（$TL_i$） |
|---|---|---|---|---|---|---|---|
| 赣 | 1850.20 | 274.92 | 330.48 | 3.28 | 90.67 | 272.00 | 550.20 |
| 鲁 | 6216.80 | 923.74 | 1211.51 | 12.04 | 548.25 | 1644.75 | 2580.53 |
| 豫 | 4860.63 | 722.23 | 1031.18 | 10.25 | 290.62 | 871.86 | 1604.34 |
| 鄂 | 1079.13 | 160.35 | 631.39 | 6.28 | 141.73 | 425.18 | 591.81 |
| 湘 | 1539.36 | 228.73 | 683.58 | 6.79 | 152.47 | 457.41 | 692.93 |
| 粤 | 1735.40 | 257.86 | 1736.34 | 17.26 | 595.62 | 1786.86 | 2061.98 |
| 桂 | 1173.45 | 174.36 | 695.32 | 6.91 | 107.59 | 322.78 | 504.05 |
| 琼 | 90.82 | 13.49 | 150.03 | 1.49 | 28.20 | 84.61 | 99.59 |
| 渝 | 610.31 | 90.69 | 351.03 | 3.49 | 74.30 | 222.91 | 317.09 |
| 川 | 985.07 | 146.37 | 802.23 | 7.97 | 272.52 | 817.57 | 971.91 |
| 贵 | 286.72 | 42.60 | 281.02 | 2.79 | 77.86 | 233.58 | 278.97 |
| 云 | 548.53 | 81.50 | 352.10 | 3.50 | 163.72 | 491.17 | 576.17 |
| 藏 | 26.56 | 3.95 | 22.77 | 0.23 | 8.82 | 26.47 | 30.65 |
| 陕 | 1195.91 | 177.70 | 383.99 | 3.82 | 145.45 | 436.35 | 617.87 |
| 甘 | 524.09 | 77.87 | 220.15 | 2.19 | 54.18 | 162.54 | 242.60 |
| 青 | 227.47 | 33.80 | 50.21 | 0.50 | 20.20 | 60.59 | 94.89 |
| 宁 | 538.27 | 79.98 | 65.31 | 0.65 | 25.79 | 77.37 | 158.00 |
| 疆 | 653.03 | 97.03 | 271.12 | 2.69 | 82.03 | 246.08 | 345.80 |
| 全国 | 43389.67 | 6447.20 | 15020.81 | 149.30 | 5861.62 | 17584.85 | 24181.35 |

## 二、现有公路综合运输负载能力（$TL_i$）的计量

这里计算公路综合运输负载能力，主要是针对的一个地区（或单一省级行政区域）而言的。该地区在现有公路基础设施不变的条件下，也就是公路资源一定的条件下所具备的公路综合运输负载能力（$TL_i$）。由此来看，某地区现有公路综合运输负载能力的计量就要涉及以下几个指标：该地区公路综合负载最低值（$TL_i$）、该地区公路总里程数（Highway mileage，简写 $HM_i$）、该地区每公里承载的车公里数（the capacity of every kilometer highway，简写 $KC_i$）、每公里承载的车公里全国平均值（Average of $KC_i$，简写 AC）。他们之间的线性关系如下：

$KC_i = TL_i \div HM_i$ （4）

$AC = (\sum KC_i) \div 31$ （5）

根据公式（4）、公式（5），中国各省单位里程承载的车公里数及全国平均值、各省现有公路综合运输负载能力见表 3-2。

**表 3-2 中国各省当前公路综合运输负载能力表**

| 省份 | 当前公路负载值（$TL_i$） | 公路里程数（$HM_i$）（公里） | 每公里运输负载（$KC_i$） | 当前公路负载能力（亿车公里） |
|---|---|---|---|---|
| 皖 | 1150.39 | 149382 | 77.01 | 901.22 |
| 闽 | 520.94 | 91015 | 57.24 | 549.09 |
| 赣 | 550.20 | 140597 | 39.13 | 848.22 |
| 鲁 | 2580.53 | 229859 | 112.27 | 1386.74 |
| 豫 | 1604.34 | 245089 | 65.46 | 1478.62 |
| 鄂 | 591.81 | 206211 | 28.70 | 1244.07 |
| 湘 | 692.93 | 227998 | 30.39 | 1375.51 |
| 粤 | 2061.98 | 190144 | 108.44 | 1147.14 |
| 桂 | 504.05 | 101782 | 49.52 | 614.05 |
| 琼 | 99.59 | 21236 | 46.90 | 128.12 |
| 渝 | 317.09 | 116949 | 27.11 | 705.55 |
| 皖 | 1150.39 | 149382 | 77.01 | 901.22 |
| 闽 | 520.94 | 91015 | 57.24 | 549.09 |
| 赣 | 550.20 | 140597 | 39.13 | 848.22 |
| 鲁 | 2580.53 | 229859 | 112.27 | 1386.74 |
| 豫 | 1604.34 | 245089 | 65.46 | 1478.62 |
| 鄂 | 591.81 | 206211 | 28.70 | 1244.07 |
| 湘 | 692.93 | 227998 | 30.39 | 1375.51 |
| 粤 | 2061.98 | 190144 | 108.44 | 1147.14 |
| 桂 | 504.05 | 101782 | 49.52 | 614.05 |

续表

| 省份 | 当前公路负载值（$TL_i$） | 公路里程数（$HM_i$）（公里） | 每公里运输负载（$KC_i$） | 当前公路负载能力（亿车公里） |
|---|---|---|---|---|
| 琼 | 99.59 | 21236 | 46.90 | 128.12 |
| 渝 | 317.09 | 116949 | 27.11 | 705.55 |
| 皖 | 1150.39 | 149382 | 77.01 | 901.22 |
| 闽 | 520.94 | 91015 | 57.24 | 549.09 |
| 赣 | 550.20 | 140597 | 39.13 | 848.22 |
| 鲁 | 2580.53 | 229859 | 112.27 | 1386.74 |
| 豫 | 1604.34 | 245089 | 65.46 | 1478.62 |
| 鄂 | 591.81 | 206211 | 28.70 | 1244.07 |
| 湘 | 692.93 | 227998 | 30.39 | 1375.51 |
| 粤 | 2061.98 | 190144 | 108.44 | 1147.14 |
| 桂 | 504.05 | 101782 | 49.52 | 614.05 |
| 琼 | 99.59 | 21236 | 46.90 | 128.12 |
| 渝 | 317.09 | 116949 | 27.11 | 705.55 |

注：表中的原始数据来源于《2011 年统计年鉴 - 交通邮政分册》

当前公路综合运输负载值是当前该地区的货运、客运、小车对公路带来的综合负载值，也是对公路的综合需求值，也是该地区应该满足的公路最低综合负载能力临界值。而该地区当前公路的综合运输负载能力则是指在当前公路里程下，根据全国公路单位里程承载车公里的平均水平，计算出来该地区的现有公路综合负载能力。

## 三、公路运输负载能力最高临界指标（$TL_h$）的确定

针对某一特定地区来分析，在未来比较长的一段时间之内，随着经济的发展，该地区对公路运输负载需求会逐年增长。公路运输负载能力最高临界指标就是指在现有公路资源条件，不再继续进行公路资源建设的前提下，依然能够满足一段时间之后该地区对公路运输负载的需求。因此，一段时间之后该地区对公路运输负载的需求值，就是公路运输在能力最高临界指标。这里的一段时间主要是指的五年，每年的增长比率也是按照以往每年的平均增长比率 r（年平均增长比率为 13.33%[i]）计算出来的，五年后的总增长为 86.95%。该

[i] 年平均增长比率是根据 2006-2010 年 5 年的物流增率比率，进行简单平均后得出的数值，r=13.33%。

地区的公路运输负载能力最高临界指标（$TL_h$）就可以用函数表达式表达为：

$$TL_h = TL_l \times (1+r)^5 \qquad (6)$$

根据公式（6），中国各地区公路运输负载能力最高临界指标值（单位：亿车公里）见表 3-3。

**表 3-3 各省公路综合运输负载能力最高临界指标值一览表**

| 省份 | 最低综合负载需求（$TL_l$） | 最高综合负载需求（$TL_h$） | 省份 | 最低综合负载需求（$TL_l$） | 最高综合负载需求（$TL_h$） |
|---|---|---|---|---|---|
| 京 | 1250.58 | 2337.96 | 鲁 | 2580.53 | 4824.30 |
| 津 | 434.54 | 812.37 | 豫 | 1604.34 | 2999.31 |
| 冀 | 1671.43 | 3124.74 | 鄂 | 591.81 | 1106.39 |
| 晋 | 699.7 | 1308.09 | 湘 | 692.93 | 1295.43 |
| 蒙 | 736.22 | 1376.36 | 粤 | 2061.98 | 3854.87 |
| 辽 | 921.17 | 1722.13 | 桂 | 504.05 | 942.32 |
| 吉 | 444.14 | 830.32 | 琼 | 99.59 | 186.18 |
| 黑 | 521.48 | 974.91 | 渝 | 317.09 | 592.80 |
| 沪 | 448.57 | 838.60 | 川 | 971.91 | 1816.99 |
| 苏 | 1546.26 | 2890.73 | 贵 | 278.97 | 521.53 |
| 浙 | 1516.50 | 2835.10 | 云 | 576.17 | 1077.15 |
| 皖 | 1150.39 | 2150.65 | 藏 | 30.65 | 57.30 |
| 闽 | 520.94 | 973.90 | 陕 | 617.87 | 1155.11 |
| 赣 | 550.2 | 1028.60 | 甘 | 242.6 | 453.54 |
| 青 | 94.89 | 177.40 | 疆 | 345.8 | 646.47 |
| 宁 | 158 | 295.38 | 全国 | 24181.35 | 45207.03 |

## 四、构建公路综合运输负载模型（TL）

通过以上分析可以看出，中国各地区的公路综合负载需求与公路综合负载能力的差异是比较大的，为了表达更直观，进一步分析，把各地区的现有公路综合运输负载能力分为“强、中、弱”三等。见表 3-4。

**表 3-4 各省现有公路综合运输负载能力强弱对比分析表**

| 省份 | 公路最低负载需求（TLl） | 公路最高负载需求（TLh） | 当前公路负载能力（TLi） | 公路运输负载能力评价等级 |
|---|---|---|---|---|
| 京 | 1250.58 | 2337.96 | 127.38 | 弱 |
| 津 | 434.54 | 812.37 | 89.48 | 弱 |
| 冀 | 1671.43 | 3124.74 | 931.16 | 弱 |

续表

| 省份 | 公路最低负载需求（TLl） | 公路最高负载需求（TLh） | 当前公路负载能力（TLi） | 公路运输负载能力评价等级 |
|---|---|---|---|---|
| 晋 | 699.70 | 1308.09 | 794.21 | 中 |
| 蒙 | 736.22 | 1376.36 | 953.18 | 中 |
| 辽 | 921.17 | 1722.13 | 612.62 | 弱 |
| 吉 | 444.14 | 830.32 | 545.61 | 中 |
| 黑 | 521.48 | 974.91 | 916.68 | 中 |
| 沪 | 448.57 | 838.60 | 72.24 | 弱 |
| 苏 | 1546.26 | 2890.73 | 906.80 | 弱 |
| 浙 | 1516.50 | 2835.10 | 664.70 | 弱 |
| 皖 | 1150.39 | 2150.65 | 901.22 | 弱 |
| 闽 | 520.94 | 973.90 | 549.09 | 中 |
| 赣 | 550.20 | 1028.60 | 848.22 | 中 |
| 鲁 | 2580.53 | 4824.30 | 1386.74 | 弱 |
| 豫 | 1604.34 | 2999.31 | 1478.62 | 弱 |
| 鄂 | 591.81 | 1106.39 | 1244.07 | 强 |
| 湘 | 692.93 | 1295.43 | 1375.51 | 强 |
| 粤 | 2061.98 | 3854.87 | 1147.14 | 弱 |
| 桂 | 504.05 | 942.32 | 614.05 | 中 |
| 琼 | 99.59 | 186.18 | 128.12 | 中 |
| 渝 | 317.09 | 592.80 | 705.55 | 强 |
| 川 | 971.91 | 1816.99 | 1605.27 | 中 |
| 贵 | 278.97 | 521.53 | 914.87 | 强 |
| 云 | 576.17 | 1077.15 | 1262.29 | 强 |
| 藏 | 30.65 | 57.30 | 366.87 | 强 |
| 陕 | 617.87 | 1155.11 | 889.63 | 中 |
| 甘 | 242.60 | 453.54 | 717.20 | 强 |
| 青 | 94.89 | 177.40 | 375.16 | 强 |
| 宁 | 158.00 | 295.38 | 135.85 | 弱 |
| 疆 | 345.80 | 646.47 | 922.10 | 强 |
| 全国 | 24181.35 | 45207.03 | 24181.35 | — |

某地区现有公路综合运输能力“强”，是指在现有公路资源不变的前提下，按照现在公路综合运输需求增长速度，该地区的公路综合运输负载能力依然能够满足五年以后该地区的公路综合运输负载需求。用数学表达式可以表示为：

$$TL_i \geq TL_h \quad (7)$$

某地区现有公路综合运输能力“中”，是指在现有公路资源不变的条件下，公路综合运输负载能力能够满足当前公路运输负载的需要；但按照现在公路运输需求增长速度，该地区的公路运输负载能力却不能够满足五年以后该地区的公路运输负载需求。用数学表达式表示为：

$$TL_l \leq TL_i \leq TLh \quad (8)$$

某地区现有公路运输能力“弱”，是指在现有公路资源不变的前提下，现有公路运输负载能力难以满足当前公路运输负载的需要，该地区现有的公路资源已经被超负荷使用。用数学表达式表示为：

$$TL_i \leq TL_l \quad (9)$$

# 第四节　公路资源消耗相关指标的确定与计算

公路资源消耗（Highway Resource Consumption，简写 RC）的含义主要是指某特定地区（一般是指某行政省所辖地区）周转单位货物或单位人次旅客（含小车）所需要消耗的公路里程数[i]。这个指标能准确解读该地区周转单位货物或单位人次旅客（含小车）需要消耗该地区的公路资源，也就是社会资源消耗水平。

公路运输的货物一般都以吨位或者体积作为计量单位，旅客运输一般都以人次作为计量单位，而小汽车都是以“趟”“里程”或“车”来计量，消耗公路资源的三种主要方式因为计量标准差异太大，其计量单位无法进行统一，因而无法进行统一衡量。为了统一单位，便于统一计量，把货运、客运以及小车三种方式对公路带来的运输负载，全部都换算成统一单位“车公里”，然后把各个地区每单位“车公里”所需要消耗的公路资源消耗看成该地区的公路资源消耗水平。

## 一、公路资源消耗平均水平的计算

公路资源消耗平均水平（$RC_0$）主要是指全国所有省份和地区的资源消耗平均水平。以年为周期，全国三种公路运输资源消耗方式所占用的总车公里数，平均分配到全国所有

[i] 这里的公路里程数是假定所有公路的承载能力相同的条件下的公路里程数。

的公路里程（HM）中，就可以得知平均每公里所承载的车公里数（TL）；反过来也一样，就是全国的所有公路里程来承担全国的一年的车公里数，需要多少公路里程才能承担一单位的“车公里”综合负载。则：

$$RC_0 = HM \div TL = 165.757 \text{ 公里 / 亿车公里} \quad (10)$$

公式（10）中的计算结果表明，全国公路资源消耗的平均水平为：每满足一亿车公里的公路综合运输负载需求，就需要占用165.757公里的公路资源。我们就把这个值作为公路资源消耗的标准指标值，来衡量全国各地区的公路资源消耗水平。

## 二、各省公路资源消耗水平值的计算及等级的确定

对于各地区的公路资源消耗水平的计算与公式（10）相同，将各省的$HM_i$和$TL_i$直接代入即可得到各省的公路资源消耗值$RC_i$。用计算结果$RC_i$与$RC_0$比较，就得出高、低两种情况：

$RC_i \geq RC_0$，高，表示该地区的资源消耗水平超过了全国的平均水平，公路资源没有得到充分利用，公路资源利用率偏低。这种情况下，政府应该加强公路运输引导，改变落后的公路管理现状，提高公路资源的利用率，从而提升本地区的公路运输负载能力。

$RC_i \leq RC_0$，低，表示该地区的公路资源消耗水平低于全国的平均水平，公路资源得到了充分利用，资源利用率高。这种情况下，政府要想提升本地区的公路运输负载能力，就要考虑从增加公路建设投资或调整公路结构着手。各省的公路资源消耗水平及等级见表3-5。

**表3-5 各省的公路资源消耗水平及等级表**

| 省份 | 当前公路负载总值（TLi） | 公路里程数（HMi）（公里） | 公路资源消耗水平（RCi） | 公路资源消耗等级 |
|---|---|---|---|---|
| 京 | 1250.58 | 21114 | 16.88 | 低 |
| 津 | 434.54 | 14832 | 34.13 | 低 |
| 冀 | 1671.43 | 154344 | 92.34 | 低 |
| 晋 | 699.7 | 131644 | 188.14 | 低 |
| 蒙 | 736.22 | 157994 | 214.60 | 低 |
| 辽 | 921.17 | 101545 | 110.23 | 低 |
| 吉 | 444.14 | 90437 | 203.62 | 低 |
| 黑 | 521.48 | 151945 | 291.37 | 高 |
| 沪 | 448.57 | 11974 | 26.69 | 低 |
| 苏 | 1546.26 | 150307 | 97.21 | 低 |
| 浙 | 1516.5 | 110177 | 72.65 | 低 |
| 皖 | 1150.39 | 149382 | 129.85 | 低 |

续表

| 省份 | 当前公路负载总值（TLI） | 公路里程数（HMi）（公里） | 公路资源消耗水平（RCi） | 公路资源消耗等级 |
|---|---|---|---|---|
| 闽 | 520.94 | 91015 | 174.71 | 低 |
| 赣 | 550.2 | 140597 | 255.54 | 低 |
| 鲁 | 2580.53 | 229859 | 89.07 | 低 |
| 豫 | 1604.34 | 245089 | 152.77 | 低 |
| 鄂 | 591.81 | 206211 | 348.44 | 高 |
| 湘 | 692.93 | 227998 | 329.03 | 高 |
| 粤 | 2061.98 | 190144 | 92.21 | 低 |
| 桂 | 504.05 | 101782 | 201.93 | 低 |
| 琼 | 99.59 | 21236 | 213.23 | 低 |
| 渝 | 317.09 | 116949 | 368.82 | 高 |
| 川 | 971.91 | 266082 | 273.77 | 低 |
| 贵 | 278.97 | 151644 | 543.59 | 高 |
| 云 | 576.17 | 209231 | 363.14 | 高 |
| 藏 | 30.65 | 60810 | 1984.01 | 高 |
| 陕 | 617.87 | 147461 | 238.66 | 低 |
| 甘 | 242.6 | 118879 | 490.02 | 高 |
| 青 | 94.89 | 62185 | 655.34 | 高 |
| 宁 | 158 | 22518 | 142.52 | 低 |
| 疆 | 345.8 | 152843 | 442.00 | 高 |
| 平均 | | | 285.05 | — |

# 第五节 TL-RC 均衡模型的构建及实证分析

## 一、构建 TL-RC 均衡关系六宫格模型

衡量一个地区的公路运输系统是否符合国家“节能高效”的要求，就必须从两个方面着手：一方面是“节能”，也就是要保障资源消耗水平低、公路资源利用率高，或者说公路资源消耗水平以及公路资源利用率处于领先地位，这就达到了节能的要求；另一方面是

“高效”，就是该地区的公路运输负载能力完全能够满足该地区公路运输负载的需求，为该地区的经济发展提供有力的交通运输保障。同时满足以上两个条件，我们就把这种公路运输状态认为达到均衡。结合表 4、表 5 的计算结果，把公路运输负载与资源消耗之间的六种均衡关系构建成均衡关系模型，也就是运输负载 - 资源消耗（TL-RC）均衡关系六宫格模型，如图 3-1。根据六种不同的均衡状态，分别进行分析：

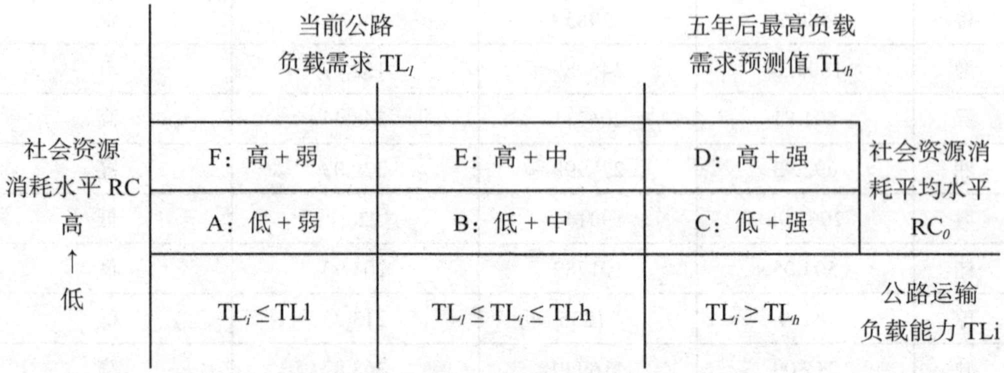


**图 3-1 TL-RC 均衡关系六宫格模型图**

A 状态：本地区综合资源消耗水平低于社会平均水平，但公路综合负载能力不能满足当前需求，需要更多地借助其他运输形式如铁路，水路、航空等来满足运输负载的需要。这种状况，运输管理与技术应用比较合理，但公路基础建设没有跟上本地区发展的步伐，影响了地区的发展。

B 状态：本地区资源消耗水平低于社会平均水平，公路运输供给能力不仅完全能够满足当前公路运输负载综合需求，也可以基本满足本地区未来发展对公路运输的需求，而且没有造成公路资源浪费。同时满足这三个条件的一种状态是比较合理的状态，把这种状态定义为公路综合运输均衡状态，也称为公路综合运输最优状态。

C 状态：本地区资源消耗水平低于社会平均水平，公路综合运输负载能力超过了未来几年发展后本地区对公路运输负载的综合需求。这种状态是属于该地区公路运输比较发达，可以进行技术应用或管理输出，承担本地区其他运输形式负载转向公路运输的综合需求。

D 状态：这种状态公路资源消耗比较高，资源利用率低，公路运输管理水平和技术应用水平低；但是其公路运输负载能力又超过了本地区发展后的公路运输需求，造成了极大的资源浪费，不符合构建“两型”社会的发展要求。这类状态属于行政规划不到位，盲目投资公路基础设施建设带来的后果。

E 状态：这种状态公路资源消耗比较高，资源利用率低，公路运输管理水平和技术应用低；但其公路综合运输负载能力完全能够满足当前该地区公路综合运输负载需求，没有造成浪费。这类状态，政府在公路的引导投资和规划建设上比较到位，但是在公路运输管理、技术革新上有待提高。这种状态从表面上看虽然公路综合运输负载方面达到了均衡，但社会资源消耗偏高，属于一种“伪均衡状态”。

F 状态：这类公路综合运输负载能力状态不仅公路资源消耗高，超过了社会平均水平，并且，公路运输负载能力不能满足该地区当前的公路综合运输负载的需求。这类状态属于未进行合理规划条件下的一种盲目无序公路建设状态，是一种比较落后的状态。

## 二、实证分析结论

根据上文建立的六宫格均衡模型及数据分析，把各省的状态放在六宫格中，如图 3-2。

| 社会资源消耗水平 RC | 当前公路负载需求 $TL_l$ | 五年后最高负载需求预测值 $TL_h$ | | |
|---|---|---|---|---|
| 高 | F：无 | E：黑 | D：鄂湘渝贵云藏甘青疆 | 社会资源消耗平均水平 $RC_0$ |
| ↑ 低 | A：京津冀辽沪苏浙皖鲁豫粤宁 | B：晋蒙吉闽赣桂琼川陕疆 | C：无 | |
| | $TL_i \le TLl$ | $TL_l \le TL_i \le TL_h$ | $TL_i \ge TL_h$ | 公路运输负载能力 $TL_i$ |

图 3-2 TL-RC 均衡关系六宫格实证分析图

A 状态：处在该状态的地区主要有三类：一类是工业比较发达的地区，物流输出比重大，如辽、苏浙、鲁、豫、粤等地区；第二类是交通区位优势比较明显的地区，相邻地区公路运输负载的承担者，如冀、皖、宁等；第三类是客运比较集中的地区，如京、津、沪、粤等地区。

B 状态：处在该状态的省份大多都是公路运输负载输入较多，输出较少。从地理位置上看，区位相对边缘化，相邻地区的物流对其影响很小，处于一种自给自足的适度运输负载状态。但是江西主要是处于发达地区与发展中地区之间，由于区位优势带来的运输负载。

C 状态：处于该状态的地区消耗公路资源最少，公路资源利用率比较高，公路运输负载能力比较强，无论是公路资源的建设，还是公路资源的管理，技术的应用，都属于比较先进的一种状态。但没有一个地区落在这个区域，说明中国的公路建设规划有待进一步优化。

D 状态：处于该状态的几个地区主要分为两类：第一类是边远地区，如贵、云、藏、甘、青、疆等。造成该种状态结果有两个原因，一是因为该地区的公路运输负载需求较少，二是该地区地广人稀，公路线路比较长；第二类是中部鄂湘渝三个地区，这三个地区都是因为 2007-2010 年公路建设投资大幅增加造成的这种统计结果，剔除这个因素，这三个地区应该归为 E 状态。

E 状态：处在该状态下的只有黑龙江地区，由于是临边地区，地广人稀，公路资源利用率不高导致了公路资源消耗水平偏高，但公路资源建设还是比较合理的。

### 三、公路运输负载改进建议

（1）加快工业发达地区、客运聚集地区和交通区位优势明显地区的公路建设，提升公路综合运输负载能力。这些地区基本集中处在A状态，明显表现运力不足。工业发达地区纵向物流输出需求大；客运聚集地区客运需求以及小车公路需求大，综合运输负载压力大，导致了运力不足；交通区位优势比较明显的地区，承接相邻地区跨区域的公路多种运输负载，消耗了该地区公路资源，导致了运力不足。因此，应该加快这三类地区的公路建设，提升公路运输综合负载能力，更好地为社会发展服务。

（2）加大高等级公路投资，优化等级公路结构，提升公路运输综合负载能力。高等级公路要比低等级公路的运输利用率高，资源消耗水平比较低，公路运输综合负载能力强，这样也符合中国构建资源节约型社会发展政策的需要。

（3）内销工业向西部地区和工业不发达地区转移，缓解发达地区公路负载压力。从图2中可以看出，除了宁夏广西两个地区外，其他几个西部省份的公路都集中在D区间，明显这些地区运输负载需求不足，而发达地区基本都集中在A区间，处于公路运输负载需求相对过剩状态。工业品是物流产生的根源，客运也会随之转移，因此国家的宏观政策应该引导或者指导发达地区的内销工业向西部地区或不发达地区转移，不仅从经济和就业上均衡各地区的发展，还会缓解工业发达地区的公路运输综合负载压力。

## 第六节　本章小结

本章通过理论推导分析，构建了纵向物流产业集群公路运输负载能力的六宫格模型，并通过对31个省份近五年来的数据分析以及未来五年的数据预测，与2010年的数据进行对比分析，将中国31个省份分别纳入到六宫格模型中。在F宫格格中并没有出现任何省份，说明中国在公路规划及管理上是具有比较先进水平的；在C宫格中也没有出现任何省份，说明中国的公路运输管理及技术应用还有待进一步优化；其他几个宫格中出现的省份也基本符合该地区的基本情况，也符合中国经济发展的状况，这说明六宫格模型的建立与运用是具有一定价值的。但是本文在研究过程中还存在以下几个方面值得讨论：一是本文运用“车公里”特征指标，虽然把货运、客运及私家车都纳入分析范围，但是并没有把各等级的公路进行分别计算，其结果可能存在一些偏差；二是在进行数据预测过程中，本文运用简单平均法，并没有运用动态思维来进行预测分析，预测的结果也可能存在偏差。

本章结构安排如下：

本章第一部分对公路运输进行了概述，主要包括对公路运输有确定的概述，以及公路运输负载方面的问题研究、社会资源消耗问题研究进行了概述，并对研究背景方面进行了述评。

第二部分对公路运输能力的主要指标进行了界定，并对他们的计算进行了举例说明，包括对四个大类的运输生产指标，以及 7 个汽车使用状况指标。

第三部分对公路运输网络的负载能力指标进行了界定，并对他们的计算进行了举例说明。该部分主要对公路运输网络负载能力最低临界指标（$TL_l$）的进行了确定与计算说明；对现有公路网络综合运输负载能力（$TL_i$）的计量进行了详细的阐述，并构建了公路网络综合运输负载评价体系模型（TL）。

第四部分对公路资源消耗相关指标进行了确定与计算说明，主要对公路资源消耗平均水平的计算进行了详细说明，并对各省（31 个大陆省区市）公路资源消耗水平值的进行了详细的计算说明，并确定了他们的等级水平。

第五部分主要构建了 TL-RC 均衡模型并对其进行了实证分析。一是构建 TL-RC 均衡关系六宫格模型，二是对中国各省进行了实证分析，三是对中国各省的公路运输负载及资源消耗改进提出了相应的建议。

# 第四章 物流产业集群仓储能力均衡及优化分析

近年来，物流产业发展迅速，尤其是 2009 年，物流产业被纳入“十大产业振兴规划”以来，发展更是日新月异。本章节对物流产业集群的仓储能力分析，构建了评价仓储负载能力的数学模型，并利用这些数学模型推导出仓储能力与社会资源消耗的六宫格均衡模型，通过对六宫格图形的逐一分析，找到物流产业集群的仓储能力均衡状态，也就是节点仓储能力最优状态。

## 第一节 市场调研数据统计

物流产业集群仓储市场的调查主要分为两大部分：一部分是仓储能力的市场调查，另一部分是仓储需求的市场调查。

仓储能力的调查主要是指一个区域能够负载仓储量的能力，这个主要取决于仓储的有效面积和库存货物的周转速度。要增加仓储的有效使用面积，就需要通过投资来实现，因此在该部分市场调研中，主要从仓储投资、仓储面积、库存周转速度等三个方面来实施。

### 一、几组数据之间关系的确定

1. 几个关键概念的解释

仓储投资（The Warehousing Investment，简写 WI）主要是仅仅指用于仓储的投资。

仓储新增投资（The Additional Warehousing Investment，简写 AWI），在仓储投资中，本文主要是调研每年各地方针对仓储新增加的投资，称为仓储新增投资。

仓储有效投资（The Effective Warehousing Investment，简写 EWI），在用于仓储投资总额中，有一部分是用于对破损仓储进行维修，对陈旧设备进行更新的投资，仓储总额扣除这部分仓储修缮更新投资后的投资额，称为仓储有效投资。

仓储用地投资（The Effective Warehousing Investment of Land，简写 WIL），是指在

仓储有效投资中，有一部分是专门用于购买仓储用地的投资，该部分的投资称为仓储用地投资。

仓储建设投资（The Effective Warehousing Investment of Construction，简写 WIC），是指在仓储有效投资中，还有一部分是专门用于建设仓储园区或者仓库本身所需要花费的投资，该部分的投资称为仓储建设投资。

仓储有效面积（The Effective Warehousing Area，简写 EWA），是指仓储区域内真正用于储存货物用到的面积，不包括仓库外面的马路、绿化以及配套设备设施占用面积等。

### 2. 确定几组数据之间的关系模型

（1）物流投资与物流面积之间的关系

物流面积 = 物流投资 ÷ 单位面积投资额　　　　（式 4-1）

根据该公式，如果要计算每年的物流新增面积，就只要通过每年新增物流投资和保障物流业务前提下的每单位面积投资额，就可以计算出来。

（2）物流面积和仓储面积之间的关系

仓储是物流的最重要的两个环节之一，仓储面积也是物流面积中的一部分，属于物流大模块下属的一个从属模块，因此，仓储面积的计算，只要根据物流面积就可以计算出来，如下：

仓储面积 = 物流面积 × 仓储面积占物流面积的比重　　　　（式 4-2）

根据该公式，如果需要计算每年新增的仓储面积，就只需要通过每年新增的物流面积和仓储面积占物流面积的比重就能计算出来。

## 二、仓储投资调研分析

2009 年 3 月，国务院办公厅颁发《国务院关于印发物流业调整和振兴规划的通知》以来，整个社会掀起了一股物流投资热，包括跨界联合、园区建设、提升物流管理水平、促进物流信息化等等。

仓储型物流企业，以从事仓储业务为主，为客户提供货物储存、保管、中转等仓储服务，具备一定规模；企业能为客户提供配送服务以及商品经销、流通加工等其他服务；具备网络化信息服务功能，应用信息系统可对货物进行状态查询、监控。该类项目主要建设包括一般仓储用房、办公用房、货物堆场、装卸设备、配货中心及停车场等配套服务区，仓储设施一般为单层九米高普通钢架仓库，无自有车队，仓储投资包括仓库土建成本和建设成本以及用于修缮费用。

在调查过程中，由于多种原因，无法得到第一手仓储投资的资料，只能通过第一手物流投资资料进行推算得出各年新增仓储投资。新增仓储投资可以通过以下公式得到：

新增仓储投资 = 新增物流投资 × 仓储投资占物流投资比重　　　　（式 4-1）

根据以上公式，要得到新增仓储投资额，可以通过新增物流投资以及仓储投资占物流投资比重计算得出，根据调查，后两者数据分别为：

1. 物流新增投资额调研分析

2012年至2014年间，经过对全国31个省，近10年的物流固定资产投资资料调查，得出的每年新增物流投资结果见表4-1：

表4-1 2004-2013年各地新增物流投资一览表

单位：亿元

| 年份 | 2004年 | 2005年 | 2006年 | 2007年 | 2008年 | 2009年 | 2010年 | 2011年 | 2012年 | 2013年 |
|---|---|---|---|---|---|---|---|---|---|---|
| 全国 | 9817.9 | 11370.6 | 13323.8 | 15403.9 | 17642.6 | 18398.0 | 21510.7 | 24845.6 | 27555.1 | 28937.1 |
| 北京市 | 356.78 | 403.32 | 455.21 | 497.55 | 498.92 | 556.64 | 712.01 | 808.95 | 816.31 | 871.76 |
| 天津市 | 222.83 | 277.17 | 302.20 | 334.67 | 436.37 | 471.01 | 585.37 | 632.10 | 683.56 | 675.02 |
| 河北省 | 585.37 | 790.19 | 938.52 | 1155.62 | 1337.54 | 1491.92 | 1745.91 | 2046.22 | 2212.93 | 2345.10 |
| 山西省 | 370.64 | 375.11 | 441.03 | 546.31 | 650.19 | 523.38 | 654.08 | 756.29 | 847.44 | 782.49 |
| 内蒙古 | 303.92 | 361.31 | 434.56 | 545.28 | 698.15 | 773.29 | 875.61 | 1040.03 | 1185.30 | 1302.00 |
| 辽宁省 | 425.00 | 493.75 | 572.26 | 665.63 | 734.13 | 790.56 | 926.81 | 1143.17 | 1297.18 | 1396.68 |
| 吉林省 | 192.26 | 208.10 | 236.82 | 275.76 | 317.06 | 341.76 | 373.93 | 420.98 | 462.13 | 498.52 |
| 黑龙江 | 301.54 | 331.55 | 352.04 | 412.10 | 434.03 | 433.55 | 486.01 | 568.81 | 598.78 | 601.48 |
| 上海市 | 493.60 | 571.57 | 643.92 | 682.84 | 712.99 | 635.01 | 834.40 | 868.31 | 895.31 | 935.91 |
| 江苏省 | 603.76 | 798.11 | 953.57 | 1101.18 | 1346.26 | 1423.25 | 1768.30 | 2127.93 | 2352.40 | 2425.11 |
| 浙江省 | 444.65 | 513.74 | 635.16 | 748.61 | 843.20 | 888.02 | 1076.67 | 1206.95 | 1278.91 | 1427.52 |
| 安徽省 | 319.79 | 336.39 | 363.12 | 408.33 | 443.81 | 467.92 | 527.02 | 589.82 | 650.21 | 730.36 |
| 福建省 | 406.89 | 447.20 | 521.16 | 626.32 | 703.72 | 751.42 | 871.16 | 963.85 | 1090.07 | 1176.19 |
| 江西省 | 320.50 | 300.60 | 339.08 | 371.60 | 388.42 | 394.90 | 446.22 | 507.44 | 630.56 | 678.62 |
| 山东省 | 782.64 | 972.85 | 1193.32 | 1334.62 | 1721.24 | 1742.33 | 1971.00 | 2328.38 | 2516.19 | 2065.16 |
| 河南省 | 560.35 | 625.87 | 739.29 | 866.73 | 802.25 | 823.57 | 873.30 | 961.50 | 1151.91 | 1474.19 |
| 湖北省 | 346.87 | 370.36 | 431.32 | 485.87 | 562.46 | 642.72 | 753.61 | 869.48 | 934.96 | 1078.11 |
| 湖南省 | 333.60 | 386.96 | 440.96 | 517.67 | 624.68 | 704.83 | 832.28 | 948.82 | 1077.65 | 1172.31 |

续表

| 年份 | 2004 年 | 2005 年 | 2006 年 | 2007 年 | 2008 年 | 2009 年 | 2010 年 | 2011 年 | 2012 年 | 2013 年 |
|---|---|---|---|---|---|---|---|---|---|---|
| 广东省 | 859.72 | 1031.93 | 1208.82 | 1418.57 | 1634.45 | 1595.34 | 1825.29 | 2090.36 | 2367.46 | 2450.51 |
| 广西 | 211.15 | 213.99 | 235.72 | 266.90 | 337.30 | 378.75 | 480.17 | 588.20 | 625.57 | 677.77 |
| 海南省 | 57.63 | 61.87 | 70.38 | 76.83 | 82.59 | 88.68 | 101.90 | 119.74 | 133.40 | 148.35 |
| 重庆市 | 190.62 | 218.97 | 259.59 | 265.74 | 309.59 | 347.98 | 389.55 | 456.25 | 515.15 | 659.65 |
| 四川省 | 334.50 | 380.27 | 456.17 | 511.49 | 550.68 | 520.71 | 573.75 | 638.76 | 707.19 | 751.55 |
| 贵州省 | 96.70 | 138.65 | 192.95 | 282.04 | 370.65 | 399.77 | 480.32 | 590.91 | 687.45 | 772.44 |
| 云南省 | 149.80 | 131.56 | 174.50 | 195.22 | 164.98 | 179.45 | 193.26 | 217.22 | 247.53 | 273.16 |
| 西藏 | 9.80 | 9.00 | 14.06 | 16.80 | 19.13 | 21.19 | 22.12 | 23.95 | 26.23 | 29.21 |
| 陕西省 | 204.88 | 246.48 | 291.76 | 326.99 | 378.63 | 423.24 | 474.60 | 552.54 | 617.39 | 611.11 |
| 甘肃省 | 121.91 | 144.70 | 169.58 | 181.24 | 211.11 | 213.64 | 227.18 | 280.33 | 319.66 | 267.18 |
| 青海省 | 30.00 | 31.88 | 34.92 | 40.59 | 42.97 | 49.32 | 61.26 | 67.53 | 71.87 | 74.23 |
| 宁夏 | 40.25 | 47.53 | 56.23 | 67.53 | 93.29 | 114.77 | 145.17 | 174.10 | 196.49 | 198.39 |
| 新疆 | 139.98 | 149.63 | 165.60 | 177.28 | 191.84 | 209.10 | 222.47 | 256.72 | 357.90 | 386.97 |

以上数据显示每年都在增长，而且增长速度非常快，见下图 4-1：

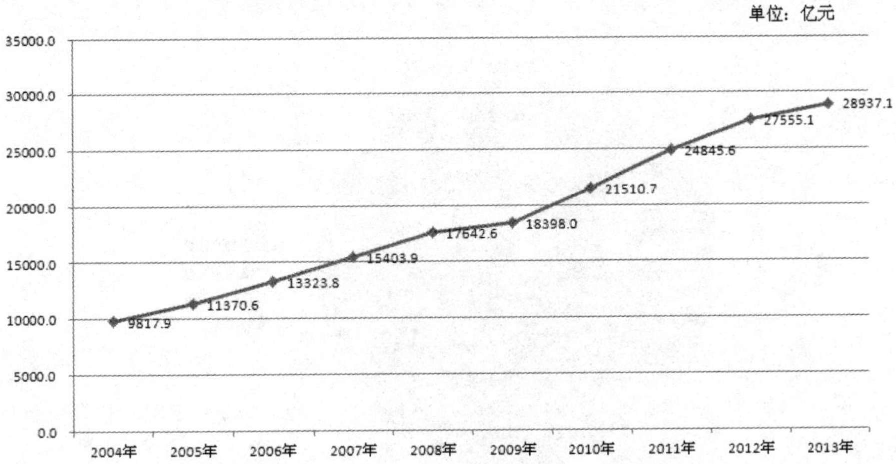


图 4-1 全国各年新增物流固定资产投资图

每年新增仓储投资增长比率，见下图 4-2：

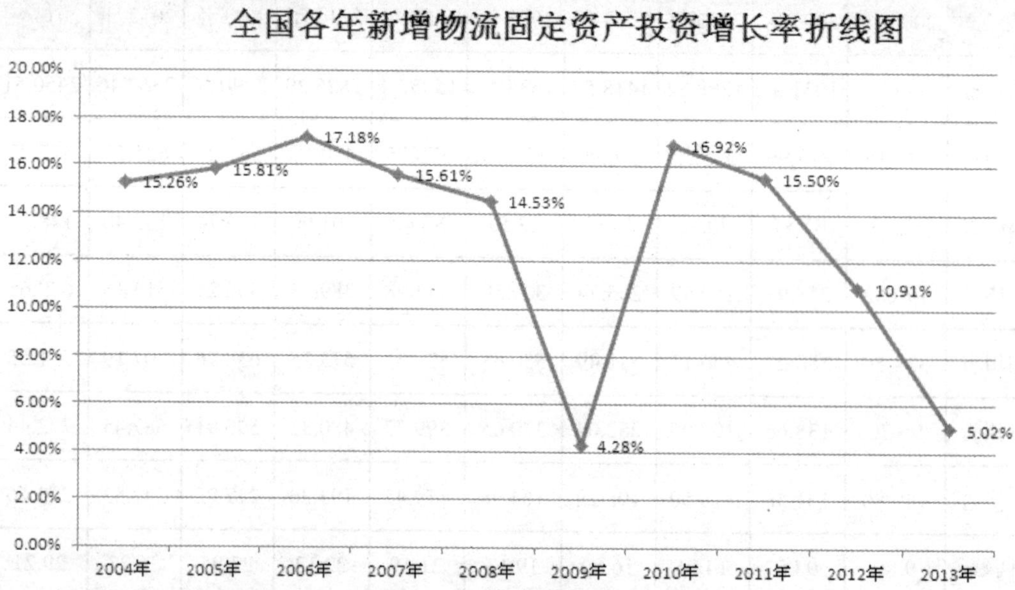


图 4-2 中国各年新增物流固定资产投资增长比率图

2．物流园区各方向投资权重调研分析

物流方面的投资，主要包括四个投资方向：新增物流园区投资、修缮物流设施设备投资、改建改良物流场所投资、其他（包括信息化、添置设备等方面的投资）等等。对于仓储来说，只有新增物流园投资会对增加仓储面积有直接的影响，而其他方面的投资，对仓储增加面积方面的影响比较微小的，因此，这里只需要计算出有哪些物流方面的投资是直接影响仓储面积的增加和减少的就可以了。综合多年的调查数据分析，新增物流园区投资、修缮物流设施设备投资、改建改良物流场所投资、其他（包括信息化、添置设备等方面的投资）等四个方面的投资份额基本都维持在一定的比重，其比重关系如图 4-3：

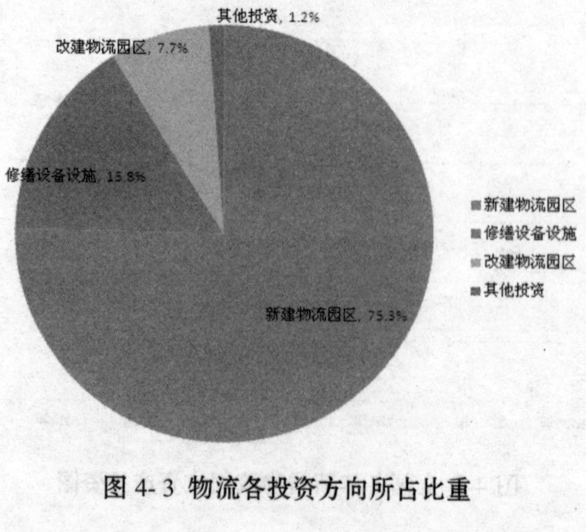


图 4-3 物流各投资方向所占比重

从上图可以看出，在物流投资中，真正用于投资新建物流园区的投资，只占了总投资的 75.3%。根据这个权重，可以计算出，全国各省市每年用于新建物流园区的投资额，见表 4-2。

**表 4- 2 中国各省市近 10 年新建物流园区投资一览表**

单位：亿元

| 年份 | 2004 年 | 2005 年 | 2006 年 | 2007 年 | 2008 年 | 2009 年 | 2010 年 | 2011 年 | 2012 年 | 2013 年 |
|---|---|---|---|---|---|---|---|---|---|---|
| 全国 | 7392.90 | 8562.07 | 10032.84 | 11599.14 | 13284.90 | 13853.71 | 16197.58 | 18708.77 | 20748.98 | 21789.60 |
| 北京市 | 268.66 | 303.70 | 342.77 | 374.66 | 375.69 | 419.15 | 536.14 | 609.14 | 614.68 | 656.44 |
| 天津市 | 167.79 | 208.71 | 227.56 | 252.01 | 328.59 | 354.67 | 440.78 | 475.97 | 514.72 | 508.29 |
| 河北省 | 440.78 | 595.01 | 706.71 | 870.18 | 1007.17 | 1123.42 | 1314.67 | 1540.80 | 1666.34 | 1765.86 |
| 山西省 | 279.09 | 282.46 | 332.10 | 411.37 | 489.59 | 394.11 | 492.52 | 569.49 | 638.12 | 589.21 |
| 内蒙古 | 228.85 | 272.07 | 327.22 | 410.60 | 525.71 | 582.29 | 659.33 | 783.14 | 892.53 | 980.41 |
| 辽宁省 | 320.03 | 371.79 | 430.91 | 501.22 | 552.80 | 595.29 | 697.89 | 860.81 | 976.78 | 1051.70 |
| 吉林省 | 144.77 | 156.70 | 178.33 | 207.65 | 238.75 | 257.35 | 281.57 | 317.00 | 347.98 | 375.39 |
| 黑龙江 | 227.06 | 249.66 | 265.09 | 310.31 | 326.82 | 326.46 | 365.97 | 428.31 | 450.88 | 452.91 |
| 上海市 | 371.68 | 430.39 | 484.87 | 514.18 | 536.88 | 478.16 | 628.30 | 653.84 | 674.17 | 704.74 |
| 江苏省 | 454.63 | 600.98 | 718.04 | 829.19 | 1013.73 | 1071.71 | 1331.53 | 1602.33 | 1771.36 | 1826.11 |
| 浙江省 | 334.82 | 386.85 | 478.28 | 563.70 | 634.93 | 668.68 | 810.73 | 908.83 | 963.02 | 1074.92 |
| 安徽省 | 240.80 | 253.30 | 273.43 | 307.47 | 334.19 | 352.34 | 396.85 | 444.13 | 489.61 | 549.96 |
| 福建省 | 306.39 | 336.74 | 392.43 | 471.62 | 529.90 | 565.82 | 655.98 | 725.78 | 820.82 | 885.67 |
| 江西省 | 241.34 | 226.35 | 255.33 | 279.81 | 292.48 | 297.36 | 336.00 | 382.10 | 474.81 | 511.00 |
| 山东省 | 589.33 | 732.56 | 898.57 | 1004.97 | 1296.09 | 1311.97 | 1484.16 | 1753.27 | 1894.69 | 1555.07 |
| 河南省 | 421.94 | 471.28 | 556.69 | 652.65 | 604.09 | 620.15 | 657.59 | 724.01 | 867.39 | 1110.07 |
| 湖北省 | 261.19 | 278.88 | 324.78 | 365.86 | 423.53 | 483.97 | 567.47 | 654.72 | 704.02 | 811.82 |
| 湖南省 | 251.20 | 291.38 | 332.04 | 389.81 | 470.38 | 530.74 | 626.71 | 714.46 | 811.47 | 882.75 |
| 广东省 | 647.37 | 777.04 | 910.24 | 1068.18 | 1230.74 | 1201.29 | 1374.44 | 1574.04 | 1782.70 | 1845.23 |

续表

| 年份 | 2004年 | 2005年 | 2006年 | 2007年 | 2008年 | 2009年 | 2010年 | 2011年 | 2012年 | 2013年 |
|---|---|---|---|---|---|---|---|---|---|---|
| 广西 | 159.00 | 161.13 | 177.50 | 200.98 | 253.99 | 285.20 | 361.57 | 442.91 | 471.05 | 510.36 |
| 海南省 | 43.40 | 46.59 | 53.00 | 57.85 | 62.19 | 66.78 | 76.73 | 90.16 | 100.45 | 111.71 |
| 重庆市 | 143.54 | 164.88 | 195.47 | 200.10 | 233.12 | 262.03 | 293.33 | 343.56 | 387.91 | 496.72 |
| 四川省 | 251.88 | 286.34 | 343.50 | 385.15 | 414.66 | 392.09 | 432.03 | 480.99 | 532.51 | 565.92 |
| 贵州省 | 72.82 | 104.40 | 145.29 | 212.38 | 279.10 | 301.03 | 361.68 | 444.96 | 517.65 | 581.65 |
| 云南省 | 112.80 | 99.06 | 131.40 | 147.00 | 124.23 | 135.13 | 145.52 | 163.57 | 186.39 | 205.69 |
| 西藏 | 7.38 | 6.78 | 10.59 | 12.65 | 14.40 | 15.96 | 16.66 | 18.03 | 19.75 | 22.00 |
| 陕西省 | 154.27 | 185.60 | 219.70 | 246.22 | 285.11 | 318.70 | 357.37 | 416.06 | 464.89 | 460.17 |
| 甘肃省 | 91.80 | 108.96 | 127.69 | 136.47 | 158.97 | 160.87 | 171.07 | 211.09 | 240.70 | 201.19 |
| 青海省 | 22.59 | 24.01 | 26.29 | 30.56 | 32.36 | 37.14 | 46.13 | 50.85 | 54.12 | 55.90 |
| 宁夏 | 30.31 | 35.79 | 42.34 | 50.85 | 70.25 | 86.42 | 109.31 | 131.10 | 147.96 | 149.39 |
| 新疆 | 105.40 | 112.67 | 124.70 | 133.49 | 144.46 | 157.45 | 167.52 | 193.31 | 269.50 | 291.39 |

近10年来，新增物流园区投资趋势见下图：

单位：亿元

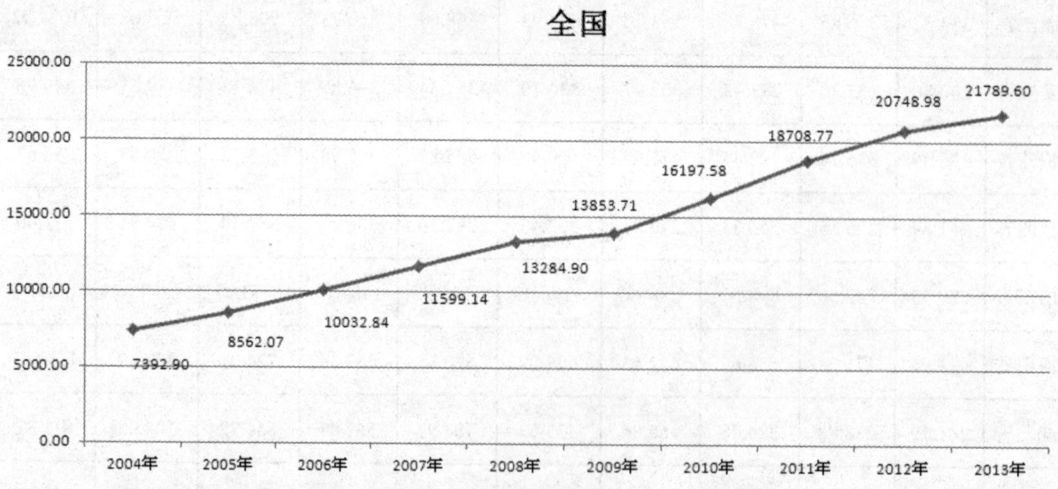


**图4-4 中国2004-2013年新增物流园区投资趋势**

从近10年中国新增物流投资趋势可以看出，物流新增投资整体平稳，但从趋势上看，还是呈上升趋势。物流供给逐渐趋于饱和状态。

## 三、新增仓储面积及仓储总面积调研分析

### 1. 仓储园区投资建设背景

（1）国家政策扶持力度逐步加大

2011 年 8 月 19 日，国务院颁发的《关于促进物流业健康发展政策措施的意见》（国办发 [2011]38 号）中多个方面涉及仓储物流业。集中起来主要有以下几个方面：一是结合税收改革，加快解决仓配一体化环节中税负税率不统一的问题；尽快研究制定大宗商品仓储设施用地的相关政策。既要促进物流企业使用土地集约化进程，又要满足大宗等特殊货物实际物流的需要，还要加大加快对物流业的土地改革支持力度。科学制定全国物流园区发展专项规划，对纳入规划的物流园区用地给予重点支持与保障；明确物流业类别；整合物流设备设施资源；加大对物流整个行业的投入。加快推动适合物流企业特点的金融产品和服务方式的创新，积极探索仓单质押、运单质押等多种符合物流行业需要的贷款担保方式，进一步提高对物流企业的金融支持与服务水平等等。

（2）物流园区建设热情高涨

在国家政策引领下，物流园区建设热情高涨，但由于各个地方政府在园区容积率、人员就业、税收贡献、投资强度等四个方面提出较高的要求，物流企业对园区用地有的也是望洋兴叹。特别是从 2003 年国家发出清理整顿物流园区的文件后，物流园区得到了较高的重视和发展。究其主要原因有三：一是因为物流需求客观存在，导致物流园区的土地使用可以得到充分利用，物流设施也可以充分发挥它的价值；二是因为土地资源稀缺、升值潜力大。土地升值率以及高利润保障度无论对于哪个行业来说，都是很难企及的，与此同时，土地资本化后，企业的固定资产会大幅度增加，金融信用等级大幅提升；三是物流园区成为地方经济的新的增长点，地方政府无论从政策上，还是从经济上都会大力扶持。三十年来各种各样的园区经济给当地政府带来 GDP 增长的经验，所以几乎所有各地政府都在把物流业规划为主导产业。在土地紧缺和 GDP 考核以及财政支出的压力下，政府在招商时规定了招商条件，比如投资强度每亩 120-150 万元以上，每年税收在 15-20 万元 / 亩以上，建设容积率大于 1.8-2 等。土地取得成本和使用成本高涨与仓储企业微利的矛盾突出。仓储业营业税从 5% 降到 3% 是举手之劳，但仓储业的收入利润率大约只有 2.5%，资产利润率不到 1%。而营业税为 5%，房产税 12%，所得税 25%，能用于积累的资金很少。由此看来，仓储企业期待土地升值愿望有多么强烈。这就是不赚钱也要占地的怪现象，这些条件驱使物流园区向商贸园区、总部园区方向发展。

（3）城市驱赶仓库的速度加快

现在大中城市都在扩容，以城市总体规划变更、组建城市新区、经济开发区等方式扩大城市规模，各省会城市、重要节点城市都在进行新城建设。其主要原因是人口聚集、产

业转移、经济发展的速度快，原有土地已经无法满足当代社会和经济发展的需要，这就使大批市内仓库在规划时被淹没掉。在此情形下，少部分仓储企业改行，将土地开发了事，大部分仓储企业被迫外迁。而外迁又没有足够的仓储用地供给，或者因为土地价格连年攀升而无力重建。据中国物资储运协会调查，大约有 40% 的企业已经或在今后三五年中遇到搬迁问题。

（4）集约节约使用土地和仓储业大量用地的矛盾更加突出

从国家土地控制的情况看，18 亿亩耕地的红线已经逼近。2008 年，耕地拥有量 18.257 亿亩，而建设用地的需求逐年增加，2010 年批准建设用地 48.45 万公顷，是 2003 年的 9 倍多，而仓储业是占用土地较多的行业，而且货物的堆存或货架都是有一定限度的。目前许多物流园区，其土地都尚在规划和等待土地指标之中。土地成本上涨速度快，根据国土资源部的公报，2008 年我国出让土地 16 万公顷，总价 9600 亿，平均 600 元 / ㎡；而 2010 年出让土地 29.15 万公顷，总价 2.71 万亿元，平均 926.3 元 / ㎡，价格上升 50% 以上。2010 年工业用地平均地价为 629 元 / ㎡，合 41.95 万元 / 亩。仓储地价的升高，增高了仓储成本，从而变相提高了仓储租金。北京、上海、广州、深圳高等级仓库租金分别达到 1.1 元、1.2 元、1.3 元、1.4 元 / ㎡天。

## 2. 新增物流园区单位面积投资调研分析

为了准确掌握全国 31 省市的物流投资与物流面积之间的关系，我们调查了全国 839 个物流园区。由于调查覆盖了中国绝大多数地级市，因此，数据是比较准确可靠的。所调查的物流园区在各省的分布图见下表 4-3。

**表 4-3 调查物流园区各省分布图**

| 省 份 | 园区个数 | 省 份 | 园区个数 | 省 份 | 园区个数 | 省 份 | 园区个数 |
| --- | --- | --- | --- | --- | --- | --- | --- |
| 北京市 | 18 | 上海市 | 19 | 湖北省 | 37 | 云南省 | 8 |
| 天津市 | 18 | 江苏省 | 72 | 湖南省 | 36 | 西藏 | 1 |
| 河北省 | 40 | 浙江省 | 45 | 广东省 | 87 | 陕西省 | 17 |
| 山西省 | 19 | 安徽省 | 37 | 广西 | 32 | 甘肃省 | 9 |
| 内蒙古 | 15 | 福建省 | 31 | 海南省 | 7 | 青海省 | 4 |
| 辽宁省 | 58 | 江西省 | 19 | 重庆市 | 11 | 宁夏 | 4 |
| 吉林省 | 24 | 山东省 | 54 | 四川省 | 18 | 新疆 | 12 |
| 黑龙江 | 41 | 河南省 | 37 | 贵州省 | 9 | 合计 | 839 |

由于各个行政地区的经济发展不平衡，城市中心与城市辐射范围存在一定的差异，因此各地的工业用地也大不相同。2008 年，国土资源部颁布了工业用地价格最低标准。但是，根据调查，各年各地区的土地成交价格基本高于该最低标准 15-40%，有的地区如北京、

上海、杭州、南京、广州等地高于标准 60-80%。2006-2013 年全国 31 各省市每平方米工业用地成交价格平均值如下表 4-4：

**表 4-4 中国 2006-2013 年各省市工业用地成交价格**

单位：元 / 平方米

| 省份 | 土地价格 | 省份 | 土地价格 | 省份 | 土地价格 | 省份 | 土地价格 |
|---|---|---|---|---|---|---|---|
| 北京市 | 1135.57 | 上海市 | 1359.78 | 湖北省 | 674.35 | 云南省 | 678.01 |
| 天津市 | 808.85 | 江苏省 | 747.79 | 湖南省 | 667.70 | 西藏 | 399.67 |
| 河北省 | 680.87 | 浙江省 | 676.27 | 广东省 | 720.26 | 陕西省 | 606.22 |
| 山西省 | 629.55 | 安徽省 | 610.31 | 广西 | 595.04 | 甘肃省 | 577.30 |
| 内蒙古 | 582.38 | 福建省 | 698.96 | 海南省 | 587.27 | 青海省 | 685.15 |
| 辽宁省 | 758.98 | 江西省 | 584.48 | 重庆市 | 866.82 | 宁夏 | 663.74 |
| 吉林省 | 637.57 | 山东省 | 658.71 | 四川省 | 620.12 | 新疆 | 680.39 |
| 黑龙江 | 565.39 | 河南省 | 645.03 | 贵州省 | 618.54 | 平均值 | 691.77 |

各省由于地域的不同，他们的土地建筑成本以及其他相关成本存在很大的差异，调研的结果显示，中国各省土地单位面积平均投资总成本见表 4-5，这里的调研的投资总成本包括了土建成本以及用地成本。附部分项目面积及投资表，表 4-6。

**表 4- 5 中国各省土地单位面积投资平均成本表[1]**

单位：元 / 平方米

| 省份 | 土地价格 | 省份 | 土地价格 | 省份 | 土地价格 | 省份 | 土地价格 |
|---|---|---|---|---|---|---|---|
| 北京市 | 12094.38 | 上海市 | 10293.90 | 湖北省 | 4252.57 | 云南省 | 4088.60 |
| 天津市 | 6587.97 | 江苏省 | 6456.79 | 湖南省 | 3939.16 | 西藏 | 3882.82 |
| 河北省 | 4716.67 | 浙江省 | 8922.62 | 广东省 | 5834.51 | 陕西省 | 4058.50 |
| 山西省 | 4080.63 | 安徽省 | 4334.38 | 广西 | 4274.15 | 甘肃省 | 4032.80 |
| 内蒙古 | 4070.17 | 福建省 | 6345.19 | 海南省 | 5192.70 | 青海省 | 3918.51 |
| 辽宁省 | 4555.35 | 江西省 | 4353.44 | 重庆市 | 4057.07 | 宁夏 | 4034.60 |
| 吉林省 | 4103.60 | 山东省 | 5583.36 | 四川省 | 4060.52 | 新疆 | 3954.04 |
| 黑龙江 | 4002.40 | 河南省 | 4043.13 | 贵州省 | 3954.32 | 平均值 | 5099.32 |

[1] 投资总成本包括了单位面积用地成本。

**表 4- 6 部分物流项目总投资及面积附表**

| 项目名称 | 所在地 | 投资方 | 投资总额万元 | 用地面积 | 建筑面积（万平方） | 单位面积投资额 |
|---|---|---|---|---|---|---|
| 瑞雪仓储物流中心项目 | 石家庄 | 石家庄城投集团 | 2000 | 40 亩 | 2.6636 | 750.86 |
| 种子包装生产线及仓储加工园区项目 | 四川 | 四川金博士种业 | 5000 | 35 亩 | 2.3333 | 2142.89 |
| 燃油、沥青仓储建设项目 | 江苏 | 江苏港湾实业 | 30000 | 200 亩 | 13.34 | 2248.88 |
| 水利防汛物资仓储基地 | 江苏 | 水利厅 | 4730 | | 1.6756 | 2822.87 |
| 商德国际金属物流园 | 哈尔滨 | 上海商德集团 | 62000 | | 55 | 1127.27 |
| 传化公路港 | 杭州 | 传化集团 | 30000 | 560 亩 | 37.352 | 803.17 |
| 长沙种子仓储物流园 | 长沙 | 隆平高科 | 76000 | 220 亩 | 14.674 | 5179.23 |
| 北粮南运仓储基地 | 大连 | 中粮大连米业 | 13300 | | 2.05 | 6487.80 |
| 现代工业物流园 | 哈南 | 新加坡普洛斯 | 99300 | | 60 | 1655.00 |
| 海航蓝海临空产业园 | 武汉 | 海航集团 | 620000 | 3200 亩 | 213.44 | 2904.80 |
| 唐老鸭仓储物流中信 | 乌海 | 内蒙古汉基投资 | 11000 | 50 亩 | 3.335 | 3298.35 |
| 有色金属仓储物流中心 | 长沙 | 湖南鸿通物流 | 24249.18 | 88 亩 | 5.864 | 4135.26 |

### 3．新增物流园区面积及仓储面积调研分析

（1）新增物流园区面积调研分析

根据公式 4-1，新增物流园区投资额，以及物流园区单位面积投资成本，可以计算出新增物流园区面积。中国 2004 年 -2013 年 31 个省市各年物流园区新增面积统计表，见表 4-7：

**表 4- 7 中国 2004-2013 年各省新增物流园区面积一览表**

单位：万平方米

| 年份 | 2004 年 | 2005 年 | 2006 年 | 2007 年 | 2008 年 | 2009 年 | 2010 年 | 2011 年 | 2012 年 | 2013 年 |
|---|---|---|---|---|---|---|---|---|---|---|
| 全国[2] | 2.41 | 2.77 | 3.25 | 3.77 | 4.32 | 4.52 | 5.24 | 6.07 | 6.77 | 7.15 |
| 北京市 | 364.26 | 411.78 | 464.75 | 507.98 | 509.38 | 568.31 | 726.94 | 825.91 | 833.42 | 890.04 |
| 天津市 | 417.65 | 519.51 | 566.42 | 627.28 | 817.90 | 882.82 | 1097.17 | 1184.76 | 1281.21 | 1265.20 |
| 河北省 | 1532.46 | 2068.67 | 2456.99 | 3025.34 | 3501.60 | 3905.76 | 4570.69 | 5356.88 | 5793.32 | 6139.33 |
| 山西省 | 1121.55 | 1135.08 | 1334.55 | 1653.13 | 1967.47 | 1583.74 | 1979.24 | 2288.53 | 2564.35 | 2367.81 |

[2] 全国的新增物流园区面积单位为“亿平方米”。

续表

| 年份 | 2004 年 | 2005 年 | 2006 年 | 2007 年 | 2008 年 | 2009 年 | 2010 年 | 2011 年 | 2012 年 | 2013 年 |
|---|---|---|---|---|---|---|---|---|---|---|
| 内蒙古 | 922.02 | 1096.13 | 1318.36 | 1654.26 | 2118.03 | 2345.99 | 2656.40 | 3155.21 | 3595.93 | 3949.97 |
| 辽宁省 | 1152.02 | 1338.38 | 1551.19 | 1804.29 | 1989.97 | 2142.93 | 2512.25 | 3098.73 | 3516.20 | 3785.91 |
| 吉林省 | 578.52 | 626.18 | 712.60 | 829.78 | 954.05 | 1028.37 | 1125.17 | 1266.75 | 1390.57 | 1500.07 |
| 黑龙江 | 930.29 | 1022.88 | 1086.09 | 1271.38 | 1339.04 | 1337.56 | 1499.41 | 1754.86 | 1847.32 | 1855.65 |
| 上海市 | 592.09 | 685.62 | 772.41 | 819.09 | 855.26 | 761.72 | 1000.90 | 1041.57 | 1073.96 | 1122.66 |
| 江苏省 | 1154.63 | 1526.31 | 1823.61 | 2105.90 | 2574.59 | 2721.82 | 3381.70 | 4069.45 | 4498.73 | 4637.78 |
| 浙江省 | 615.35 | 710.96 | 878.99 | 1036.00 | 1166.90 | 1228.92 | 1490.00 | 1670.29 | 1769.87 | 1975.54 |
| 安徽省 | 911.03 | 958.32 | 1034.47 | 1163.27 | 1264.34 | 1333.03 | 1501.40 | 1680.30 | 1852.34 | 2080.68 |
| 福建省 | 791.82 | 870.27 | 1014.20 | 1218.84 | 1369.46 | 1462.29 | 1695.31 | 1875.68 | 2121.31 | 2288.91 |
| 江西省 | 909.06 | 852.61 | 961.76 | 1053.99 | 1101.70 | 1120.08 | 1265.64 | 1439.29 | 1788.50 | 1924.82 |
| 山东省 | 1730.86 | 2151.52 | 2639.10 | 2951.59 | 3806.63 | 3853.27 | 4358.99 | 5149.36 | 5564.71 | 4567.23 |
| 河南省 | 1711.34 | 1911.44 | 2257.84 | 2647.04 | 2450.12 | 2515.23 | 2667.11 | 2936.48 | 3518.00 | 4502.26 |
| 湖北省 | 1007.19 | 1075.39 | 1252.40 | 1410.79 | 1633.19 | 1866.23 | 2188.22 | 2524.66 | 2714.79 | 3130.45 |
| 湖南省 | 1045.72 | 1212.99 | 1382.26 | 1622.72 | 1958.16 | 2209.41 | 2608.92 | 2974.23 | 3378.07 | 3674.80 |
| 广东省 | 1819.48 | 2183.94 | 2558.30 | 3002.21 | 3459.09 | 3376.32 | 3862.98 | 4423.97 | 5010.41 | 5186.17 |
| 广西 | 610.01 | 618.21 | 680.99 | 771.07 | 974.45 | 1094.20 | 1387.20 | 1699.30 | 1807.26 | 1958.07 |
| 海南省 | 137.04 | 147.12 | 167.36 | 182.70 | 196.39 | 210.88 | 242.31 | 284.74 | 317.22 | 352.77 |
| 重庆市 | 580.16 | 666.45 | 790.08 | 808.80 | 942.26 | 1059.10 | 1185.62 | 1388.63 | 1567.89 | 2007.69 |
| 四川省 | 1017.21 | 1156.39 | 1387.20 | 1555.43 | 1674.61 | 1583.47 | 1744.76 | 1942.45 | 2150.55 | 2285.45 |
| 贵州省 | 301.96 | 432.96 | 602.51 | 880.71 | 1157.41 | 1248.34 | 1499.87 | 1845.20 | 2146.66 | 2412.06 |
| 云南省 | 452.41 | 397.32 | 527.01 | 589.58 | 498.26 | 541.96 | 583.66 | 656.03 | 747.56 | 824.97 |
| 西藏 | 31.17 | 28.62 | 44.71 | 53.43 | 60.84 | 67.39 | 70.34 | 76.16 | 83.42 | 92.89 |
| 陕西省 | 623.35 | 749.91 | 887.68 | 994.86 | 1151.98 | 1287.70 | 1443.97 | 1681.10 | 1878.40 | 1859.30 |
| 甘肃省 | 373.27 | 443.05 | 519.23 | 554.94 | 646.39 | 654.14 | 695.60 | 858.34 | 978.76 | 818.07 |
| 青海省 | 94.54 | 100.46 | 110.04 | 127.91 | 135.41 | 155.42 | 193.04 | 212.80 | 226.48 | 233.91 |
| 宁夏 | 123.19 | 145.47 | 172.09 | 206.68 | 285.52 | 351.26 | 444.29 | 532.84 | 601.36 | 607.18 |
| 新疆 | 437.14 | 467.27 | 517.15 | 553.62 | 599.09 | 652.99 | 694.74 | 801.70 | 1117.67 | 1208.46 |

（2）仓储投资占物流投资比重

依据中华人民共和国国家标准《物流园区分类与基本要求》中给出的物流园区类型进行分析，物流园区具体分为四大类型：货运服务型物流园区、生产服务型物流园区、商贸服务型物流园区、综合服务型物流园区。

调查结果显示，综合服务型物流园区数量占了绝大部分，占 75%；然后依次是货运服务型物流园区，占 18%；生产服务型物流园区占 3%；商贸服务型物流园区占 2%；其他选项占 2%。如图 4-5 所示。

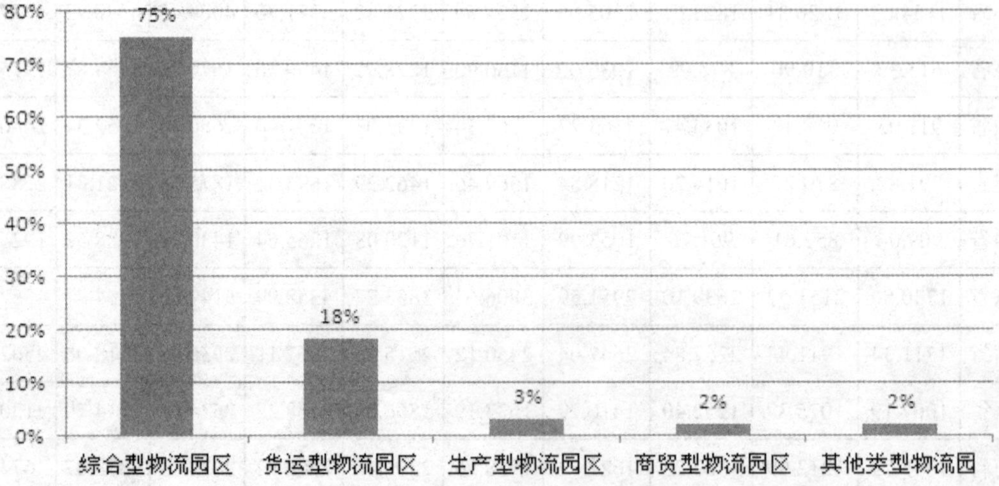


图 4-5 各类型物流园区所占百分比

为了方便计算，把货运服务型物流园区、生产服务型物流园区、商贸服务型物流园区全部归类为多式联运物流园区，根据对综合性物流园区和多式联运物流园区等两种类型物流园区多个典型企业进行分析，得出结果如下表 4-8：

表 4-8 综合性物流园区各类用地比例

单位：亩

| 综合性物流园区 | 仓库用地 | | 堆场用地面积 | | 其他用地面积 | | 总用地面积 |
|---|---|---|---|---|---|---|---|
| | 面积 | 比例 | 面积 | 比例 | 面积 | 比例 | |
| 上海临港普洛斯国际物流园 | 40.9 | 30.75% | 10.07 | 7.57% | 82.03 | 61.68% | 133 |
| 上海西北综合物流园楼浦物流基地 | 6.55 | 1.78% | 112.77 | 30.62% | 249 | 67.60% | 368.32 |
| 法国图卢兹物流集中区 | 112.86 | 38.13% | 14.3 | 4.83% | 168.84 | 57.04% | 296 |
| 多伦多机场物流园局部片区 | 115.3 | 41.62% | 8.6 | 3.10% | 153.1 | 55.27% | 277 |
| 平均值 | | 28.07% | | 11.53% | | 60.40% | |

表 4-9 多式联运物流园区各类用地比例

单位：亩

| 多式联运物流园区 | 仓库用地 | | 堆场用地面积 | | 其他用地面积 | | 总用地面积 |
|---|---|---|---|---|---|---|---|
| | 面积 | 比例 | 面积 | 比例 | 面积 | 比例 | |
| 上海北郊站中铁物流 | 8 | 22.86% | 5.6 | 16.00% | 21.4 | 61.14% | 35 |
| 上港集箱浦东物流园区 | 7.43 | 20.25% | 9.33 | 25.42% | 19.94 | 54.33% | 36.7 |
| 上海集装箱军工路码头 | 14.41 | 8.95% | 45.22 | 28.09% | 101.37 | 62.96% | 161 |
| 德国不来梅物流东区 | 75.6 | 23.70% | 36 | 11.29% | 207.4 | 65.02% | 319 |
| 日本大阪南港东南区 | 30.2 | 32.16% | 10.3 | 10.97% | 53.4 | 56.87% | 93.9 |
| 平均值 | | 21.58% | | 18.35% | | 60.06% | |

综合上面的数据，以及物流园区的特点和各类权重，所有物流园区的仓储用地所占物流用地的比重就可以表示为如下：

仓储用地综合比重 = 综合物流园区比重 × 仓储用地比例 + 多式联运物流园区比重 × 仓储用地比例 （式 4-3）

仓储用地综合比重（w）= 28.07% × 75% + 21.58% × 25% = 26.45%

（3）新增仓储面积的调研分析

根据上面的计算结果，公式 4-2 就可以具体表达为：

仓储面积 = 物流面积 × 26.45% （式 4-4）

运用公式 4-4 计算出来的仓储面积，主要是指用于仓储的所有用地面积，但如果要比较准确的计算出仓储的使用面积，就应该在此基础上，考虑物流园区或仓储园区等工业园区的建筑系数因素。根据国土资源部国土资发 [2008]24 号“关于发布和实施《工业项目建设用地控制指标》的通知”公布的控制指标中的第四条第三款的规定：“工业项目的建筑系数应不低于 30%”，建设部（90）建标字第 322 号《城市用地分类与规划建设用地标准》在城市仓储用地规划布局部分中也对仓储用地进行了规定：“仓储用地建筑系数控制在 30-40%，单层仓库区不宜超过 50%”。也就是说在物流园区或者仓储园区内，真正的使用面积一般不会超过用地面积的 40%。结合国家工业园区的建筑系数方面的规定，各个城市都对仓储用地也有比较明确的规定。北京、上海、广东、重庆、江苏、湖南等全国各省对此也有明确规定。广西南宁市关于工业用地 - 仓储用地规划部分中，第 68 条就明文规定“多层仓库区的建筑密度不宜超过 40%，单层仓库区不宜超过 50%；多层仓库的建筑容积率不宜超过 1.5”。作为投资方来讲，由于用地成本比较高，在建筑设计时一般都会就高不就低，仓储的建筑系数一般都在 40% 左右。因此，可以把 40% 作为全国仓储用地的平均建筑系数。综上所述，仓储的有效面积就可以用以下数学表达式表示：

仓储有效面积 = 物流面积 × 26.45% × 40% （式 4-5）

根据公式 4-5，可以计算出 2004-2013 年近 10 年以来中国 31 个省市的新增仓储面积，见表 4-10。

**表 4-10 中国 2004-2013 年各省市新增仓储有效面积统计表**

单位：万平方米

| 年份 | 2004 年 | 2005 年 | 2006 年 | 2007 年 | 2008 年 | 2009 年 | 2010 年 | 2011 年 | 2012 年 | 2013 年 |
|---|---|---|---|---|---|---|---|---|---|---|
| 全国 | 0.08 | 0.09 | 0.11 | 0.12 | 0.14 | 0.15 | 0.17 | 0.20 | 0.22 | 0.23 |
| 北京市 | 38.54 | 43.57 | 49.17 | 53.74 | 53.89 | 60.13 | 76.91 | 87.38 | 88.18 | 94.17 |
| 天津市 | 13.26 | 16.49 | 17.98 | 19.91 | 25.96 | 28.02 | 34.82 | 37.60 | 40.67 | 40.16 |
| 河北省 | 48.64 | 65.66 | 77.98 | 96.02 | 111.14 | 123.97 | 145.07 | 170.03 | 183.88 | 194.86 |
| 山西省 | 35.60 | 36.03 | 42.36 | 52.47 | 62.45 | 50.27 | 62.82 | 72.64 | 81.39 | 75.15 |
| 内蒙古 | 29.27 | 34.79 | 41.84 | 52.51 | 67.23 | 74.46 | 84.31 | 100.15 | 114.13 | 125.37 |
| 辽宁省 | 36.57 | 42.48 | 49.23 | 57.27 | 63.16 | 68.02 | 79.74 | 98.35 | 111.60 | 120.16 |
| 吉林省 | 18.36 | 19.88 | 22.62 | 26.34 | 30.28 | 32.64 | 35.71 | 40.21 | 44.14 | 47.61 |
| 黑龙江 | 29.53 | 32.47 | 34.47 | 40.35 | 42.50 | 42.45 | 47.59 | 55.70 | 58.63 | 58.90 |
| 上海市 | 18.79 | 21.76 | 24.52 | 26.00 | 27.15 | 24.18 | 31.77 | 33.06 | 34.09 | 35.63 |
| 江苏省 | 36.65 | 48.44 | 57.88 | 66.84 | 81.72 | 86.39 | 107.34 | 129.16 | 142.79 | 147.20 |
| 浙江省 | 19.53 | 22.57 | 27.90 | 32.88 | 37.04 | 39.01 | 47.29 | 53.02 | 56.18 | 62.70 |
| 安徽省 | 28.92 | 30.42 | 32.83 | 36.92 | 40.13 | 42.31 | 47.65 | 53.33 | 58.79 | 66.04 |
| 福建省 | 25.13 | 27.62 | 32.19 | 38.69 | 43.47 | 46.41 | 53.81 | 59.53 | 67.33 | 72.65 |
| 江西省 | 28.85 | 27.06 | 30.53 | 33.45 | 34.97 | 35.55 | 40.17 | 45.68 | 56.77 | 61.09 |
| 山东省 | 54.94 | 68.29 | 83.77 | 93.68 | 120.82 | 122.30 | 138.35 | 163.44 | 176.62 | 144.96 |
| 河南省 | 54.32 | 60.67 | 71.66 | 84.02 | 77.77 | 79.83 | 84.65 | 93.20 | 111.66 | 142.90 |
| 湖北省 | 31.97 | 34.13 | 39.75 | 44.78 | 51.84 | 59.23 | 69.45 | 80.13 | 86.17 | 99.36 |
| 湖南省 | 33.19 | 38.50 | 43.87 | 51.51 | 62.15 | 70.13 | 82.81 | 94.40 | 107.22 | 116.64 |
| 广东省 | 57.75 | 69.32 | 81.20 | 95.29 | 109.79 | 107.16 | 122.61 | 140.42 | 159.03 | 164.61 |
| 广西 | 19.36 | 19.62 | 21.61 | 24.47 | 30.93 | 34.73 | 44.03 | 53.94 | 57.36 | 62.15 |
| 海南省 | 4.35 | 4.67 | 5.31 | 5.80 | 6.23 | 6.69 | 7.69 | 9.04 | 10.07 | 11.20 |
| 重庆市 | 18.41 | 21.15 | 25.08 | 25.67 | 29.91 | 33.62 | 37.63 | 44.07 | 49.76 | 63.72 |

续表

| 年份 | 2004 年 | 2005 年 | 2006 年 | 2007 年 | 2008 年 | 2009 年 | 2010 年 | 2011 年 | 2012 年 | 2013 年 |
|---|---|---|---|---|---|---|---|---|---|---|
| 四川省 | 32.29 | 36.70 | 44.03 | 49.37 | 53.15 | 50.26 | 55.38 | 61.65 | 68.26 | 72.54 |
| 贵州省 | 9.58 | 13.74 | 19.12 | 27.95 | 36.74 | 39.62 | 47.61 | 58.57 | 68.14 | 76.56 |
| 云南省 | 14.36 | 12.61 | 16.73 | 18.71 | 15.81 | 17.20 | 18.53 | 20.82 | 23.73 | 26.18 |
| 西藏 | 0.99 | 0.91 | 1.42 | 1.70 | 1.93 | 2.14 | 2.23 | 2.42 | 2.65 | 2.95 |
| 陕西省 | 19.78 | 23.80 | 28.17 | 31.58 | 36.56 | 40.87 | 45.83 | 53.36 | 59.62 | 59.01 |
| 甘肃省 | 11.85 | 14.06 | 16.48 | 17.61 | 20.52 | 20.76 | 22.08 | 27.24 | 31.07 | 25.97 |
| 青海省 | 3.00 | 3.19 | 3.49 | 4.06 | 4.30 | 4.93 | 6.13 | 6.75 | 7.19 | 7.42 |
| 宁夏 | 3.91 | 4.62 | 5.46 | 6.56 | 9.06 | 11.15 | 14.10 | 16.91 | 19.09 | 19.27 |
| 新疆 | 13.87 | 14.83 | 16.41 | 17.57 | 19.02 | 20.73 | 22.05 | 25.45 | 35.47 | 38.36 |

（4）仓储总面积调研分析

仓储总面积为某年已有面积与新增仓储面积之和。经过调研得到比较全面的数据是2003 年的各省市仓储面积数据，见下表：

**表 4- 11 2003 年中国各省市保有仓储面积一览表**

单位：万平方米

| 省份 | 仓储面积 | 省份 | 仓储面积 | 省份 | 仓储面积 | 省份 | 仓储面积 |
|---|---|---|---|---|---|---|---|
| 北京市 | 984.76 | 上海市 | 1065.21 | 湖北省 | 1053.75 | 云南省 | 1870.28 |
| 天津市 | 696.94 | 江苏省 | 2233.37 | 湖南省 | 1775.56 | 西藏 | 9.24 |
| 河北省 | 2137.85 | 浙江省 | 2462.05 | 广东省 | 2537.74 | 陕西省 | 977.95 |
| 山西省 | 2349.69 | 安徽省 | 1386.04 | 广西 | 839.03 | 甘肃省 | 719.20 |
| 内蒙古 | 1337.92 | 福建省 | 829.31 | 海南省 | 197.53 | 青海省 | 166.49 |
| 辽宁省 | 2291.01 | 江西省 | 730.80 | 重庆市 | 986.32 | 宁夏 | 175.28 |
| 吉林省 | 875.38 | 山东省 | 3401.98 | 四川省 | 1648.16 | 新疆 | 786.88 |
| 黑龙江 | 1355.24 | 河南省 | 1947.92 | 贵州省 | 447.43 | 全国[3] | 4.03 |

以 2003 年各省市的仓储面积作为基数，计算全国各省市 10 年以来的仓储面积数据，

[3] 全国的仓储有效面积计量单位为“亿平方米”。

见下表：

表 4-12 2003-2013 年中国各省市仓储面积一览表

单位：万平方米

| 年份 | 2003 年 | 2004 年 | 2005 年 | 2006 年 | 2007 年 | 2008 年 | 2009 年 | 2010 年 | 2011 年 | 2012 年 | 2013 年 |
|---|---|---|---|---|---|---|---|---|---|---|---|
| 全国总 | 4.03 | 4.11 | 4.20 | 4.30 | 4.43 | 4.57 | 4.72 | 4.89 | 5.09 | 5.31 | 5.54 |
| 北京市 | 984.76 | 1023.30 | 1066.86 | 1116.03 | 1169.78 | 1223.67 | 1283.80 | 1360.71 | 1448.09 | 1536.26 | 1630.43 |
| 天津市 | 696.94 | 710.20 | 726.69 | 744.67 | 764.58 | 790.54 | 818.56 | 853.38 | 890.99 | 931.65 | 971.81 |
| 河北省 | 2137.85 | 2186.49 | 2252.15 | 2330.13 | 2426.16 | 2537.30 | 2661.27 | 2806.34 | 2976.37 | 3160.25 | 3355.11 |
| 山西省 | 2349.69 | 2385.29 | 2421.31 | 2463.67 | 2516.14 | 2578.59 | 2628.86 | 2691.68 | 2764.32 | 2845.71 | 2920.86 |
| 内蒙古 | 1337.92 | 1367.18 | 1401.97 | 1443.82 | 1496.32 | 1563.55 | 1638.01 | 1722.33 | 1822.47 | 1936.61 | 2061.98 |
| 辽宁省 | 2291.01 | 2327.57 | 2370.05 | 2419.29 | 2476.56 | 2539.72 | 2607.73 | 2687.47 | 2785.83 | 2897.43 | 3017.59 |
| 吉林省 | 875.38 | 893.74 | 913.62 | 936.24 | 962.57 | 992.86 | 1025.50 | 1061.21 | 1101.42 | 1145.55 | 1193.17 |
| 黑龙江 | 1355.24 | 1384.77 | 1417.24 | 1451.71 | 1492.06 | 1534.56 | 1577.02 | 1624.61 | 1680.31 | 1738.94 | 1797.84 |
| 上海市 | 1065.21 | 1084.00 | 1105.76 | 1130.28 | 1156.28 | 1183.42 | 1207.60 | 1239.37 | 1272.43 | 1306.52 | 1342.15 |
| 江苏省 | 2233.37 | 2270.02 | 2318.46 | 2376.34 | 2443.18 | 2524.90 | 2611.29 | 2718.63 | 2847.79 | 2990.58 | 3137.78 |
| 浙江省 | 2462.05 | 2481.58 | 2504.15 | 2532.04 | 2564.93 | 2601.96 | 2640.97 | 2688.26 | 2741.28 | 2797.45 | 2860.16 |
| 安徽省 | 1386.04 | 1414.96 | 1445.37 | 1478.21 | 1515.13 | 1555.26 | 1597.57 | 1645.23 | 1698.56 | 1757.35 | 1823.39 |
| 福建省 | 829.31 | 854.44 | 882.06 | 914.25 | 952.94 | 996.40 | 1042.82 | 1096.63 | 1156.16 | 1223.49 | 1296.14 |
| 江西省 | 730.80 | 759.65 | 786.71 | 817.24 | 850.69 | 885.66 | 921.21 | 961.38 | 1007.07 | 1063.83 | 1124.93 |
| 山东省 | 3401.98 | 3456.92 | 3525.21 | 3608.97 | 3702.65 | 3823.48 | 3945.78 | 4084.13 | 4247.57 | 4424.20 | 4569.16 |
| 河南省 | 1947.92 | 2002.23 | 2062.90 | 2134.57 | 2218.58 | 2296.35 | 2376.19 | 2460.84 | 2554.04 | 2665.70 | 2808.61 |
| 湖北省 | 1053.75 | 1085.72 | 1119.85 | 1159.60 | 1204.38 | 1256.22 | 1315.45 | 1384.91 | 1465.04 | 1551.21 | 1650.57 |
| 湖南省 | 1775.56 | 1808.75 | 1847.25 | 1891.12 | 1942.63 | 2004.78 | 2074.90 | 2157.71 | 2252.11 | 2359.33 | 2475.97 |
| 广东省 | 2537.74 | 2595.49 | 2664.81 | 2746.01 | 2841.30 | 2951.09 | 3058.26 | 3180.87 | 3321.29 | 3480.32 | 3644.93 |
| 广西 | 839.03 | 858.39 | 878.01 | 899.63 | 924.10 | 955.03 | 989.76 | 1033.79 | 1087.72 | 1145.09 | 1207.24 |
| 海南省 | 197.53 | 201.88 | 206.55 | 211.87 | 217.66 | 223.90 | 230.59 | 238.28 | 247.32 | 257.39 | 268.59 |

续表

| 年份 | 2003 年 | 2004 年 | 2005 年 | 2006 年 | 2007 年 | 2008 年 | 2009 年 | 2010 年 | 2011 年 | 2012 年 | 2013 年 |
|---|---|---|---|---|---|---|---|---|---|---|---|
| 重庆市 | 986.32 | 1004.73 | 1025.89 | 1050.96 | 1076.64 | 1106.54 | 1140.16 | 1177.79 | 1221.86 | 1271.63 | 1335.35 |
| 四川省 | 1648.16 | 1680.45 | 1717.15 | 1761.18 | 1810.55 | 1863.70 | 1913.96 | 1969.34 | 2030.99 | 2099.25 | 2171.79 |
| 贵州省 | 447.43 | 457.01 | 470.76 | 489.88 | 517.83 | 554.57 | 594.19 | 641.80 | 700.37 | 768.50 | 845.06 |
| 云南省 | 1870.28 | 1884.64 | 1897.25 | 1913.98 | 1932.69 | 1948.50 | 1965.71 | 1984.23 | 2005.05 | 2028.78 | 2054.97 |
| 西 藏 | 9.24 | 10.23 | 11.13 | 12.55 | 14.25 | 16.18 | 18.32 | 20.55 | 22.97 | 25.62 | 28.56 |
| 陕西省 | 977.95 | 997.74 | 1021.54 | 1049.71 | 1081.29 | 1117.85 | 1158.73 | 1204.56 | 1257.92 | 1317.54 | 1376.55 |
| 甘肃省 | 719.20 | 731.05 | 745.11 | 761.59 | 779.21 | 799.72 | 820.48 | 842.56 | 869.81 | 900.87 | 926.84 |
| 青海省 | 166.49 | 169.49 | 172.68 | 176.17 | 180.23 | 184.53 | 189.47 | 195.59 | 202.35 | 209.54 | 216.96 |
| 宁夏 | 175.28 | 179.19 | 183.80 | 189.27 | 195.83 | 204.89 | 216.04 | 230.14 | 247.05 | 266.14 | 285.41 |
| 新疆 | 786.88 | 800.75 | 815.58 | 832.00 | 849.57 | 868.58 | 889.31 | 911.36 | 936.81 | 972.28 | 1010.64 |

从上表可以看出，截止到 2013 年年底，我国仓储总有效面积约为 5.54 亿平方，以山东、广东、河北、江苏、辽宁、浙江等省份仓储面积较多。

## 四、仓储周转速度

仓储的周转速度，也叫库存周转率，它对于企业的库存管理来说是非常重要的。就一个生产制造商来看，它的主要利润来源是由资金→原材料→产品→销售→资金的循环活动中产生的，如果这种循环速度比较快速，也就是就是周转快时，在同额资金下的利润率也就高。因此，周转的速度代表了企业利益的测定值，被称为“库存周转率”。

库存周转率 =( 使用数量 / 库存数量 ) × 100%

除此之外也有以金额计算库存周转率的。同样道理使用金额并不等于出库金额。这个是针对企业经营的视角来研究和测算的。但对于仓储整个行业来说，仓储的周转速度越快，同样仓储设备条件下，整个行业的仓储能力就越强。假定剔除其他影响仓储能力的因子，只对仓储有效面积和仓储的周转速度，那么仓储的能力（Storage capacity，简写为 SC）就表现为仓储有效使用面积（EWA）和仓储周转速度（Inventory Turnover Rate，简写为 ITR，也写为仓储周转率 ITO）的函数，表达式如下：

$$SC = f(EWA, ITR) \qquad (式 4\text{-}6)$$

2003 年 -2013 年各年各类仓储综合周转率，也就是周转次数见下表：

表 4- 13 中国 2003-2013 年仓储综合周转次数统计

| 年份 | 2003 年 | 2004 年 | 2005 年 | 2006 年 | 2007 年 | 2008 年 | 2009 年 | 2010 年 | 2011 年 | 2012 年 | 2013 年 |
|---|---|---|---|---|---|---|---|---|---|---|---|
| 周转次数 | 10.6 | 13.6 | 11.5 | 13.9 | 12.9 | 9.5 | 9.25 | 9.6 | 8.96 | 6.9 | 7.66 |

用柱状图表示，如图 4-6：

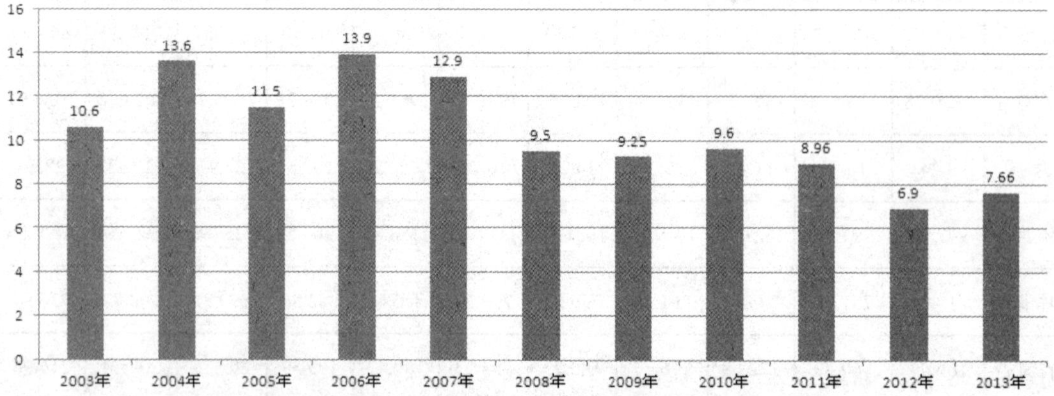


图 4- 6 中国 2003-2004 年仓储综合周转次数

## 五、仓储需求调研

仓储的需求主要是针对一个地区来说，该地区在一定时间内仓储的吞吐量要能够满足该地区的经济发展的需要，也就是需要满足该地区物流货运量的需要。因此，要了解该地区仓储需求，只需要了解该地区货运量就可以了。2003 年至 2013 年中国各省的货运量见下表：

表 4- 14 2003-2013 年中国各省货运量[4]

单位：万吨

| 年份 | 2003 年 | 2004 年 | 2005 年 | 2006 年 | 2007 年 | 2008 年 | 2009 年 | 2010 年 | 2011 年 | 2012 年 | 2013 年 |
|---|---|---|---|---|---|---|---|---|---|---|---|
| 全国 | 153.34 | 167.51 | 182.29 | 199.49 | 222.61 | 253.28 | 277.14 | 318.26 | 363.13 | 402.58 | 401.52 |
| 北京市 | 30729 | 31321 | 32113 | 33008 | 19877 | 20525 | 20470 | 21762 | 24663 | 26162 | 25748 |
| 天津市 | 32014 | 36237 | 39219 | 41939 | 50261 | 34114 | 42324 | 40013 | 43601 | 46015 | 45233 |
| 河北省 | 77089 | 83672 | 88342 | 90831 | 96891 | 106922 | 123065 | 156596 | 189799 | 219130 | 198009 |
| 山西省 | 106720 | 121633 | 133662 | 144010 | 155143 | 126864 | 109534 | 124367 | 134436 | 144608 | 156045 |
| 内蒙古 | 50820 | 57436 | 69187 | 80371 | 98682 | 99298 | 113916 | 137231 | 168320 | 189942 | 164346 |
| 辽宁省 | 83515 | 89625 | 95558 | 105966 | 116917 | 121346 | 135055 | 158484 | 184982 | 206789 | 206868 |
| 吉林省 | 31436 | 33286 | 34162 | 35213 | 37935 | 31105 | 34771 | 40729 | 47451 | 54808 | 44811 |
| 黑龙江 | 54350 | 57011 | 61800 | 65847 | 70137 | 53976 | 54208 | 59314 | 63216 | 65231 | 61094 |

4 该表数据来源于国家统计局网站。

续表

| 年份 | 2003 年 | 2004 年 | 2005 年 | 2006 年 | 2007 年 | 2008 年 | 2009 年 | 2010 年 | 2011 年 | 2012 年 | 2013 年 |
|---|---|---|---|---|---|---|---|---|---|---|---|
| 上海市 | 58507 | 62986 | 68636 | 72381 | 78340 | 84400 | 76669 | 87256 | 92962 | 94038 | 84305 |
| 江苏省 | 92845 | 99136 | 111233 | 123004 | 141158 | 139711 | 152581 | 179014 | 202528 | 220007 | 181775 |
| 浙江省 | 103833 | 118074 | 126903 | 140892 | 154286 | 139111 | 151566 | 171038 | 186376 | 191817 | 188679 |
| 安徽省 | 54643 | 58893 | 67125 | 74141 | 83361 | 180169 | 196654 | 228104 | 268413 | 312437 | 396391 |
| 福建省 | 34415 | 38253 | 41200 | 44855 | 51263 | 57202 | 58163 | 66083 | 75191 | 84345 | 96674 |
| 江西省 | 27709 | 31924 | 33996 | 37517 | 40921 | 80932 | 86057 | 100635 | 111851 | 127196 | 135172 |
| 山东省 | 117051 | 129024 | 144701 | 164132 | 195259 | 244587 | 284086 | 301313 | 318407 | 333603 | 264100 |
| 河南省 | 69688 | 72730 | 78699 | 86547 | 101341 | 138441 | 169942 | 202962 | 241017 | 272115 | 184823 |
| 湖北省 | 41261 | 43879 | 46766 | 49305 | 54909 | 71900 | 78984 | 93422 | 106913 | 122945 | 131000 |
| 湖南省 | 60306 | 70320 | 77534 | 85601 | 100076 | 116145 | 128921 | 149540 | 168516 | 191052 | 184535 |
| 广东省 | 100565 | 114790 | 119287 | 132389 | 151282 | 142468 | 169653 | 192343 | 224394 | 256077 | 349011 |
| 广西 | 31525 | 34486 | 38226 | 42994 | 48860 | 83123 | 94466 | 115476 | 136132 | 161356 | 151143 |
| 海南省 | 8008 | 8577 | 10182 | 14161 | 17876 | 15305 | 18393 | 22455 | 25115 | 26880 | 17325 |
| 重庆市 | 32563 | 36430 | 39329 | 43009 | 50273 | 63763 | 68566 | 81377 | 96771 | 86474 | 87241 |
| 四川省 | 57527 | 60155 | 67351 | 75071 | 81426 | 114719 | 118253 | 134305 | 155310 | 174349 | 167759 |
| 贵州省 | 18224 | 19439 | 21770 | 24709 | 26787 | 32692 | 34803 | 39735 | 44890 | 52655 | 72703 |
| 云南省 | 58170 | 59081 | 62015 | 66179 | 71512 | 44682 | 46039 | 51564 | 60170 | 68735 | 104329 |
| 西藏 | 266 | 246 | 356 | 348 | 372 | 737 | 943 | 982 | 1028 | 1127 | 1850 |
| 陕西省 | 34961 | 37961 | 41551 | 44217 | 49175 | 83493 | 92557 | 104414 | 120908 | 136727 | 141579 |
| 甘肃省 | 24539 | 25686 | 26653 | 28502 | 30528 | 23741 | 26605 | 30270 | 35269 | 45832 | 51463 |
| 青海省 | 5653 | 6211 | 6816 | 7271 | 8050 | 9115 | 9874 | 11057 | 12586 | 13484 | 13372 |
| 宁夏 | 7344 | 7853 | 8529 | 9358 | 10540 | 26162 | 29242 | 32325 | 36864 | 41113 | 40914 |
| 新疆 | 27078 | 28760 | 30041 | 31163 | 32669 | 46087 | 45046 | 48459 | 53252 | 58794 | 66908 |

# 第二节　仓储负载能力分析

仓储负载能力主要是指一个地区的仓储面积，在充分周转条件下，单位时间内所能承载的货运总量。

## 一、仓储负载能力标准模型构建

仓储标准负载能力主要是指每单位的仓储面积，在充分周转条件下，单位时间内所能承载的货运总量。每单位到底能负载多少货运量，没有一个统一的标准。在这里首先需要确定一个因子：每单位仓储面积最多能负载的货运量作为单位面积仓储负载能力的负载标准。根据这个观点，一个地区或者一个物流产业集群的仓储负载能力就可以用数学表达式表示为：

$$USC = TCV \div (EWA \times ITR) \quad \text{（式 4-7）}$$

USC：单位面积仓储负载能力（The storage capacity per unit area load，简写为 USC）；

EWA：仓储有效使用面积（EWA）；

ITR：仓储周转速度（Inventory Turnover Rate，简写为 ITR，也写为 ITO）

TCV：货运总量（Total cargo volume，简写 TCV）；

这里需要说明的是，由于每年国家的宏观调控政策会存在一定的差异，因而导致仓储货运的周转次数（仓储周转率）存在差异。为了避免因为宏观调控政策给模型带来影响，这里分年度来计算各地区的单位面积的仓储负载能力。

按照公式 4-7，要计算标准仓储负载能力，分三步进行，第一步，计算出单位面积一年的总负载货运量；第二步，根据周转次数计算出单位仓储面积的仓储负载能力；第三步，通过对计算结果比较得出各地区每年仓储负载能力平均值，再找出其平均值的最大值，并把它作为评价标准，据此建立仓储负载能力标准评价模型。

### 1. 单位面积的年总吞吐量

单位面积的年总吞吐量是指每平方米的仓储面积上一年周转的货运总吞吐量。这个数值可以直接通过货运总量与仓储总面积的比值就可以计算得出。根据表 4-12 和表 4-14，计算得出中国 2003-2013 年各省单位仓储面积的总负载货运量见下表：

**表 4- 15 2003-2013 年中国各省单位仓储面积的总负载货运量**

单位：吨 / 平方米

| 年份 | 2003 年 | 2004 年 | 2005 年 | 2006 年 | 2007 年 | 2008 年 | 2009 年 | 2010 年 | 2011 年 | 2012 年 | 2013 年 |
|---|---|---|---|---|---|---|---|---|---|---|---|
| 北京市 | 31.20 | 30.61 | 30.10 | 29.58 | 16.99 | 16.77 | 15.94 | 15.99 | 17.03 | 17.03 | 15.79 |
| 天津市 | 45.93 | 51.02 | 53.97 | 56.32 | 65.74 | 43.15 | 51.71 | 46.89 | 48.94 | 49.39 | 46.55 |
| 河北省 | 36.06 | 38.27 | 39.23 | 38.98 | 39.94 | 42.14 | 46.24 | 55.80 | 63.77 | 69.34 | 59.02 |
| 山西省 | 45.42 | 50.99 | 55.20 | 58.45 | 61.66 | 49.20 | 41.67 | 46.20 | 48.63 | 50.82 | 53.42 |
| 内蒙古 | 37.98 | 42.01 | 49.35 | 55.67 | 65.95 | 63.51 | 69.55 | 79.68 | 92.36 | 98.08 | 79.70 |
| 辽宁省 | 36.45 | 38.51 | 40.32 | 43.80 | 47.21 | 47.78 | 51.79 | 58.97 | 66.40 | 71.37 | 68.55 |
| 吉林省 | 35.91 | 37.24 | 37.39 | 37.61 | 39.41 | 31.33 | 33.91 | 38.38 | 43.08 | 47.84 | 37.56 |
| 黑龙江 | 40.10 | 41.17 | 43.61 | 45.36 | 47.01 | 35.17 | 34.37 | 36.51 | 37.62 | 37.51 | 33.98 |
| 上海市 | 54.93 | 58.11 | 62.07 | 64.04 | 67.75 | 71.32 | 63.49 | 70.40 | 73.06 | 71.98 | 62.81 |
| 江苏省 | 41.57 | 43.67 | 47.98 | 51.76 | 57.78 | 55.33 | 58.43 | 65.85 | 71.12 | 73.57 | 57.93 |

续表

| 年份 | 2003年 | 2004年 | 2005年 | 2006年 | 2007年 | 2008年 | 2009年 | 2010年 | 2011年 | 2012年 | 2013年 |
|---|---|---|---|---|---|---|---|---|---|---|---|
| 浙江省 | 42.17 | 47.58 | 50.68 | 55.64 | 60.15 | 53.46 | 57.39 | 63.62 | 67.99 | 68.57 | 65.97 |
| 安徽省 | 39.42 | 41.62 | 46.44 | 50.16 | 55.02 | 115.84 | 123.10 | 138.65 | 158.02 | 177.79 | 217.39 |
| 福建省 | 41.50 | 44.77 | 46.71 | 49.06 | 53.79 | 57.41 | 55.77 | 60.26 | 65.04 | 68.94 | 74.59 |
| 江西省 | 37.92 | 42.02 | 43.21 | 45.91 | 48.10 | 91.38 | 93.42 | 104.68 | 111.07 | 119.56 | 120.16 |
| 山东省 | 34.41 | 37.32 | 41.05 | 45.48 | 52.73 | 63.97 | 72.00 | 73.78 | 74.96 | 75.40 | 57.80 |
| 河南省 | 35.78 | 36.32 | 38.15 | 40.55 | 45.68 | 60.29 | 71.52 | 82.48 | 94.37 | 102.08 | 65.81 |
| 湖北省 | 39.16 | 40.41 | 41.76 | 42.52 | 45.59 | 57.24 | 60.04 | 67.46 | 72.98 | 79.26 | 79.37 |
| 湖南省 | 33.96 | 38.88 | 41.97 | 45.26 | 51.52 | 57.93 | 62.13 | 69.30 | 74.83 | 80.98 | 74.53 |
| 广东省 | 39.63 | 44.23 | 44.76 | 48.21 | 53.24 | 48.28 | 55.47 | 60.47 | 67.56 | 73.58 | 95.75 |
| 广西 | 37.57 | 40.18 | 43.54 | 47.79 | 52.87 | 87.04 | 95.44 | 111.70 | 125.15 | 140.91 | 125.20 |
| 海南省 | 40.54 | 42.48 | 49.29 | 66.84 | 82.13 | 68.36 | 79.76 | 94.24 | 101.55 | 104.43 | 64.50 |
| 重庆市 | 33.01 | 36.26 | 38.34 | 40.92 | 46.69 | 57.62 | 60.14 | 69.09 | 79.20 | 68.00 | 65.33 |
| 四川省 | 34.90 | 35.80 | 39.22 | 42.63 | 44.97 | 61.55 | 61.78 | 68.20 | 76.47 | 83.05 | 77.24 |
| 贵州省 | 40.73 | 42.53 | 46.24 | 50.44 | 51.73 | 58.95 | 58.57 | 61.91 | 64.10 | 68.52 | 86.03 |
| 云南省 | 31.10 | 31.35 | 32.69 | 34.58 | 37.00 | 22.93 | 23.42 | 25.99 | 30.01 | 33.88 | 50.77 |
| 西藏 | 28.80 | 24.06 | 31.97 | 27.72 | 26.11 | 45.55 | 51.48 | 47.78 | 44.76 | 44.00 | 64.77 |
| 陕西省 | 35.75 | 38.05 | 40.67 | 42.12 | 45.48 | 74.69 | 79.88 | 86.68 | 96.12 | 103.77 | 102.85 |
| 甘肃省 | 34.12 | 35.14 | 35.77 | 37.42 | 39.18 | 29.69 | 32.43 | 35.93 | 40.55 | 50.88 | 55.53 |
| 青海省 | 33.95 | 36.64 | 39.47 | 41.27 | 44.66 | 49.40 | 52.12 | 56.53 | 62.20 | 64.35 | 61.63 |
| 宁夏 | 41.90 | 43.83 | 46.40 | 49.44 | 53.82 | 127.69 | 135.36 | 140.46 | 149.22 | 154.48 | 143.35 |
| 新疆 | 34.41 | 35.92 | 36.83 | 37.46 | 38.45 | 53.06 | 50.65 | 53.17 | 56.84 | 60.47 | 66.20 |
| 均值 | 38.07 | 40.79 | 43.43 | 46.35 | 50.28 | 55.44 | 58.77 | 65.12 | 71.39 | 75.85 | 72.46 |

此表可以看出每平方米仓储面积负载的货运量的均值与最大值之间差距越来越大，这也说明各地区之间仓储的仓储使用率、仓储技术、仓储管理水平等等各不相同。

## 2．单位面积仓储负载均值

上表中计算出来的是每平方米仓储面积一年的吞吐量，然后结合表 4-13 中每年的货运周转次数就可以计算出单位仓储面积的仓储负载能力。也就是用一年的总吞吐量除以周转次数可以得到单位面积的仓储负载值。2003 年 -2013 年中国各省单位面积的仓储负载均值，见下表：

表4-16 2003年至2013年中国各省单位面积的仓储负载均值

单位：吨/平方米

| 年份 | 2003年 | 2004年 | 2005年 | 2006年 | 2007年 | 2008年 | 2009年 | 2010年 | 2011年 | 2012年 | 2013年 |
|---|---|---|---|---|---|---|---|---|---|---|---|
| 北京市 | 2.94 | 2.25 | 2.62 | 2.13 | 1.32 | 1.77 | 1.72 | 1.67 | 1.90 | 2.47 | 2.06 |
| 天津市 | 4.33 | 3.75 | 4.69 | 4.05 | 5.10 | 4.54 | 5.59 | 4.88 | 5.46 | 7.16 | 6.08 |
| 河北省 | 3.40 | 2.81 | 3.41 | 2.80 | 3.10 | 4.44 | 5.00 | 5.81 | 7.12 | 10.05 | 7.70 |
| 山西省 | 4.28 | 3.75 | 4.80 | 4.21 | 4.78 | 5.18 | 4.50 | 4.81 | 5.43 | 7.36 | 6.97 |
| 内蒙古 | 3.58 | 3.09 | 4.29 | 4.00 | 5.11 | 6.69 | 7.52 | 8.30 | 10.31 | 14.21 | 10.41 |
| 辽宁省 | 3.44 | 2.83 | 3.51 | 3.15 | 3.66 | 5.03 | 5.60 | 6.14 | 7.41 | 10.34 | 8.95 |
| 吉林省 | 3.39 | 2.74 | 3.25 | 2.71 | 3.06 | 3.30 | 3.67 | 4.00 | 4.81 | 6.93 | 4.90 |
| 黑龙江 | 3.78 | 3.03 | 3.79 | 3.26 | 3.64 | 3.70 | 3.72 | 3.80 | 4.20 | 5.44 | 4.44 |
| 上海市 | 5.18 | 4.27 | 5.40 | 4.61 | 5.25 | 7.51 | 6.86 | 7.33 | 8.15 | 10.43 | 8.20 |
| 江苏省 | 3.92 | 3.21 | 4.17 | 3.72 | 4.48 | 5.82 | 6.32 | 6.86 | 7.94 | 10.66 | 7.56 |
| 浙江省 | 3.98 | 3.50 | 4.41 | 4.00 | 4.66 | 5.63 | 6.20 | 6.63 | 7.59 | 9.94 | 8.61 |
| 安徽省 | 3.72 | 3.06 | 4.04 | 3.61 | 4.27 | 12.19 | 13.31 | 14.44 | 17.64 | 25.77 | 28.38 |
| 福建省 | 3.91 | 3.29 | 4.06 | 3.53 | 4.17 | 6.04 | 6.03 | 6.28 | 7.26 | 9.99 | 9.74 |
| 江西省 | 3.58 | 3.09 | 3.76 | 3.30 | 3.73 | 9.62 | 10.10 | 10.90 | 12.40 | 17.33 | 15.69 |
| 山东省 | 3.25 | 2.74 | 3.57 | 3.27 | 4.09 | 6.73 | 7.78 | 7.69 | 8.37 | 10.93 | 7.55 |
| 河南省 | 3.38 | 2.67 | 3.32 | 2.92 | 3.54 | 6.35 | 7.73 | 8.59 | 10.53 | 14.79 | 8.59 |
| 湖北省 | 3.69 | 2.97 | 3.63 | 3.06 | 3.53 | 6.02 | 6.49 | 7.03 | 8.14 | 11.49 | 10.36 |
| 湖南省 | 3.20 | 2.86 | 3.65 | 3.26 | 3.99 | 6.10 | 6.72 | 7.22 | 8.35 | 11.74 | 9.73 |
| 广东省 | 3.74 | 3.25 | 3.89 | 3.47 | 4.13 | 5.08 | 6.00 | 6.30 | 7.54 | 10.66 | 12.50 |
| 广西 | 3.54 | 2.95 | 3.79 | 3.44 | 4.10 | 9.16 | 10.32 | 11.64 | 13.97 | 20.42 | 16.34 |
| 海南省 | 3.82 | 3.12 | 4.29 | 4.81 | 6.37 | 7.20 | 8.62 | 9.82 | 11.33 | 15.14 | 8.42 |
| 重庆市 | 3.11 | 2.67 | 3.33 | 2.94 | 3.62 | 6.07 | 6.50 | 7.20 | 8.84 | 9.86 | 8.53 |
| 四川省 | 3.29 | 2.63 | 3.41 | 3.07 | 3.49 | 6.48 | 6.68 | 7.10 | 8.53 | 12.04 | 10.08 |
| 贵州省 | 3.84 | 3.13 | 4.02 | 3.63 | 4.01 | 6.21 | 6.33 | 6.45 | 7.15 | 9.93 | 11.23 |
| 云南省 | 2.93 | 2.31 | 2.84 | 2.49 | 2.87 | 2.41 | 2.53 | 2.71 | 3.35 | 4.91 | 6.63 |
| 西藏 | 2.72 | 1.77 | 2.78 | 1.99 | 2.02 | 4.79 | 5.57 | 4.98 | 5.00 | 6.38 | 8.45 |
| 陕西省 | 3.37 | 2.80 | 3.54 | 3.03 | 3.53 | 7.86 | 8.64 | 9.03 | 10.73 | 15.04 | 13.43 |
| 甘肃省 | 3.22 | 2.58 | 3.11 | 2.69 | 3.04 | 3.12 | 3.51 | 3.74 | 4.53 | 7.37 | 7.25 |
| 青海省 | 3.20 | 2.69 | 3.43 | 2.97 | 3.46 | 5.20 | 5.63 | 5.89 | 6.94 | 9.33 | 8.05 |
| 宁夏 | 3.95 | 3.22 | 4.03 | 3.56 | 4.17 | 13.44 | 14.63 | 14.63 | 16.65 | 22.39 | 18.71 |
| 新疆 | 3.25 | 2.64 | 3.20 | 2.69 | 2.98 | 5.59 | 5.48 | 5.54 | 6.34 | 8.76 | 8.64 |
| 平均值 | 3.58 | 2.96 | 3.74 | 3.30 | 3.85 | 6.11 | 6.62 | 7.01 | 8.19 | 11.27 | 9.81 |

### 3．仓储负载能力标准模型构建

表 4-16 中得出的是中国 11 年来各省的每平方米仓储面积的负载能力值。正如前面所说，由于宏观调控政策的影响，会对货物周转率带来直接影响；二是因为工业技术越来越成熟，加上互联网的无孔不入，各地工业产品进行长途运输来满足客户需求的面越来越小，很多工业厂商都会选择本地合作化，因此对货运周转的依赖会越来越小，货运周转次数也就会越来越少。

基于以上这些原因，如果笼统的取一个最大值作为单位仓储面积所能负载的货运吞吐量是不科学的，也是不可取的。为了符合仓储行业的发展特点，可以把每年的单位仓储面积所负载的货运吞吐量的平均值作为研究对象，再在此基础上，通过比较分析，用多年平均值中的最大值作为仓储负载能力的标准权重值，这样既不会因为宏观调控的影响导致计算结果失真，也不会因为选择平均值而不能按照高标准对仓储负载能进行客观评价，从而使计算模型失去指导意义。

从表 4-16 中，2003 年 -2013 年各年的单位面积仓储负载货运量均值中，通过比较可以得出，2012 年的均值在所有年份的均值中是最高的，为 11.27 吨 / 平方米。如果某地区的每平方米仓储面积，每完成一次中转，其负载的货物量要达到 11.27 吨，否则仓储利用率是不饱和的。我们把这个值作为仓储负载能力达到饱和的权值。

综上所述，一个省或者一个地区的总仓储负载能力（Total Storage capacity，简写为 TSC）的函数表达式为：

$$TSC = 11.27 \times EWA \times ITR \qquad （式 4\text{-}8）$$

TSC：总仓储负载能力（Total Storage capacity，简写为 TSC）；

EWA：仓储有效使用面积（EWA）；

ITR：仓储周转速度（Inventory Turnover Rate，简写为 ITR，也写为 ITO）。

公式 4-8 就是仓储负载能力标准模型。

## 二、仓储负载能力分析

按照公式 4-8，如果要预测未来五年中国各省市的总的仓储负载能力，就只需要预测他们未来五年的仓储面积以及周转次数。

### 1．用线性回归预测未来五年的仓储有效面积

考虑到只运用历史数据来预测未来五年的仓储面积，选择用线性回归分析来预测 2014 年 -2018 年五年的数据，具体步骤如下：

拟定线性方程：$y = a + b x$

根据一元线性回归原理可以解得：

$$\begin{cases} a = \dfrac{\sum y - b\sum x}{n} \\ b = \dfrac{n\sum xy - \sum x\sum y}{n\sum x^2 - \left(\sum x\right)^2} \end{cases} \quad (式 4- 9)$$

y：仓储有效面积预测值

x：时间序列

b：回归系数

首先将时间序列作为解方程的影响因子 X，由此可以得出 2014 年至 2008 年各省仓储面积的动态预测方程。如下表：

表 4- 17 2014-2018 年仓储有效面积动态线性回归预测方程

| 年 | 2014 年 | 2015 年 | 2016 年 | 2017 年 | 2018 年 |
|---|---|---|---|---|---|
| 国 | y=-296.37+0.15x | y=-310.11+0.16x | y=-321.1+0.16x | y=-328.7+0.17x | y=-348.16+0.18x |
| 京 | y=-127021.48+63.88x | y=-132029.45+66.38x | y=-136080.78+68.39x | y=-139034.14+69.89x | y=-147355.23+74.07x |
| 津 | y=-54400.67+27.49x | y=-57178.36+28.88x | y=-59405.64+29.98x | y=-61053.64+30.82x | y=-64806.47+32.7x |
| 冀 | y=-240922.75+121.29x | y=-254459.24+128.02x | y=-264956+133.24x | y=-272294+136.95x | y=-288782.32+145.23x |
| 晋 | y=-112321.18+57.23x | y=-116589.48+59.35x | y=-120039.17+61.07x | y=-122122.77+62.13x | y=-128603.43+65.39x |
| 蒙 | y=-141830.65+71.44x | y=-150345.57+75.67x | y=-157335.04+79.15x | y=-162301.13+81.66x | y=-172459.11+86.75x |
| 辽 | y=-140299.06+71.16x | y=-147222.88+74.6x | y=-152873.52+77.41x | y=-156977.09+79.49x | y=-166762.49+84.4x |
| 吉 | y=-62378.05+31.57x | y=-65011.72+32.88x | y=-67155.91+33.94x | y=-68619.17+34.69x | y=-72549.47+36.66x |
| 黑 | y=-86977.71+44.09x | y=-89751.35+45.47x | y=-91937.81+46.55x | y=-93446.23+47.33x | y=-98513.3+49.87x |
| 沪 | y=-54381.28+27.68x | y=-55840.99+28.4x | y=-56857.89+28.91x | y=-57487.14+29.23x | y=-60541.9+30.77x |
| 苏 | y=-177127.64+89.5x | y=-187269.43+94.54x | y=-195306.71+98.54x | y=-201109.77+101.47x | y=-213856.35+107.87x |
| 浙 | y=-76853.87+39.58x | y=-80689.03+41.49x | y=-83721.35+43x | y=-85737.03+44.02x | y=-90861.53+46.59x |
| 皖 | y=-84812.82+43.02x | y=-87759.64+44.49x | y=-90232.28+45.72x | y=-92014.5+46.62x | y=-97302.57+49.28x |
| 闽 | y=-91844.32+46.25x | y=-96045.67+48.34x | y=-99460.65+50.04x | y=-101794.35+51.22x | y=-107710.63+54.19x |
| 赣 | y=-75900.63+38.25x | y=-78225.9+39.4x | y=-80367.48+40.47x | y=-81893.07+41.25x | y=-86661.12+43.64x |
| 鲁 | y=-234616.59+118.78x | y=-246227.13+124.55x | y=-255062.49+128.94x | y=-260808.12+131.86x | y=-275765.27+139.38x |
| 豫 | y=-166367.45+84.01x | y=-171547.89+86.58x | y=-175357.83+88.48x | y=-177621.1+89.65x | y=-187075.73+94.4x |
| 鄂 | y=-116324.11+58.58x | y=-121969.26+61.38x | y=-126751.48+63.76x | y=-130218.88+65.52x | y=-138313.92+69.58x |
| 湘 | y=-136397.64+68.95x | y=-143708.29+72.59x | y=-149758.64+75.59x | y=-154193.42+77.84x | y=-163889.75+82.7x |
| 粤 | y=-218449.38+110.28x | y=-228007.96+115.04x | y=-235284.43+118.66x | y=-240071.48+121.09x | y=-253582.76+127.88x |
| 桂 | y=-71139.5+35.92x | y=-74998.03+37.84x | y=-78445.61+39.55x | y=-81108.66+40.89x | y=-86517.58+43.61x |
| 琼 | y=-13743.32+6.96x | y=-14281.46+7.23x | y=-14729.51+7.45x | y=-15052.63+7.61x | y=-15956.21+8.07x |
| 渝 | y=-66740.84+33.8x | y=-69837.27+35.34x | y=-72373.69+36.6x | y=-74239.3+37.55x | y=-78958.19+39.91x |

续表

| 年 | 2014 年 | 2015 年 | 2016 年 | 2017 年 | 2018 年 |
|---|---|---|---|---|---|
| 川 | y=-103169.44+52.31x | y=-106564.87+54x | y=-108999.6+55.21x | y=-110366.23+55.92x | y=-116126.03+58.82x |
| 贵 | y=-77961.52+39.12x | y=-83802.94+42.02x | y=-88531.7+44.38x | y=-91832.27+46.04x | y=-97778.77+49.02x |
| 云 | y=-34500.14+18.15x | y=-35352.25+18.58x | y=-36098.42+18.95x | y=-36442.25+19.13x | y=-38420.02+20.12x |
| 藏 | y=-3885.2+1.94x | y=-4073.54+2.04x | y=-4225.79+2.11x | y=-4307.45+2.15x | y=-4540.06+2.27x |
| 陕 | y=-78602.04+39.71x | y=-82393.91+41.6x | y=-85380.55+43.08x | y=-87457.37+44.14x | y=-92696.65+46.77x |
| 甘 | y=-41081.47+20.86x | y=-42698.24+21.67x | y=-43914.94+22.27x | y=-44717.54+22.68x | y=-47254.47+23.95x |
| 青 | y=-9844.33+5x | y=-10269.99+5.21x | y=-10631.76+5.39x | y=-10898.16+5.52x | y=-11559.39+5.85x |
| 宁 | y=-21510.32+10.82x | y=-23006.93+11.56x | y=-24290.58+12.2x | y=-25266.54+12.69x | y=-27020.34+13.57x |
| 新 | y=-42330.47+21.52x | y=-43979.76+22.34x | y=-45391.15+23.04x | y=-46468.91+23.59x | y=-49372.24+25.04x |

根据表 4-17，可以通过动态线性回归方程，计算出 2014-2018 年五年内中国各省市仓储有效面积的预测值，见下表：

**表 4- 18 2014-2018 年中国各省市仓储有效面积的预测值**

单位：万平方米

| 年份 | 2014 年 e[5] | 2015 年 e | 2016 年 e | 2017 年 e | 2018 年 e |
|---|---|---|---|---|---|
| 全国 | 5.55 | 5.73 | 5.91 | 6.26 | 6.68 |
| 北京市 | 1641.82 | 1716.50 | 1791.60 | 1936.39 | 2114.28 |
| 天津市 | 974.06 | 1007.54 | 1041.22 | 1105.63 | 1184.33 |
| 河北省 | 3348.57 | 3499.03 | 3649.66 | 3935.95 | 4285.09 |
| 山西省 | 2940.30 | 3006.73 | 3073.51 | 3201.33 | 3356.59 |
| 内蒙古 | 2046.10 | 2135.89 | 2226.62 | 2398.29 | 2607.49 |
| 辽宁省 | 3010.60 | 3096.68 | 3183.45 | 3349.35 | 3552.68 |
| 吉林省 | 1198.61 | 1235.85 | 1273.35 | 1345.20 | 1432.86 |
| 黑龙江 | 1814.92 | 1864.98 | 1915.16 | 2012.39 | 2131.06 |
| 上海市 | 1356.32 | 1387.15 | 1417.74 | 1477.30 | 1550.36 |
| 江苏省 | 3125.40 | 3236.75 | 3348.61 | 3561.33 | 3821.70 |
| 浙江省 | 2862.47 | 2910.32 | 2958.34 | 3049.79 | 3161.46 |
| 安徽省 | 1832.41 | 1881.78 | 1931.59 | 2027.87 | 2145.71 |
| 福建省 | 1299.73 | 1355.03 | 1410.73 | 1517.12 | 1646.91 |
| 江西省 | 1130.32 | 1173.58 | 1217.60 | 1302.69 | 1407.22 |
| 山东省 | 4602.67 | 4746.47 | 4890.06 | 5163.52 | 5496.81 |
| 河南省 | 2824.77 | 2919.94 | 3014.73 | 3197.93 | 3422.26 |
| 湖北省 | 1646.61 | 1717.35 | 1789.03 | 1925.91 | 2093.59 |

[5] 2014 年值没有真实数据，因此使用预测值。

续表

| 年份 | 2014 年 e[5] | 2015 年 e | 2016 年 e | 2017 年 e | 2018 年 e |
|---|---|---|---|---|---|
| 湖南省 | 2467.34 | 2552.05 | 2637.67 | 2800.81 | 3000.27 |
| 广东省 | 3663.72 | 3794.60 | 3925.32 | 4175.63 | 4480.99 |
| 广西 | 1198.94 | 1243.17 | 1288.44 | 1374.70 | 1480.49 |
| 海南省 | 269.16 | 277.28 | 285.47 | 301.24 | 320.61 |
| 重庆市 | 1329.87 | 1370.34 | 1411.15 | 1489.39 | 1585.73 |
| 四川省 | 2192.66 | 2252.30 | 2311.54 | 2425.74 | 2565.24 |
| 贵州省 | 824.48 | 876.19 | 928.40 | 1026.02 | 1144.66 |
| 云南省 | 2062.20 | 2082.19 | 2102.38 | 2141.24 | 2188.98 |
| 西藏 | 28.90 | 31.25 | 33.61 | 38.06 | 43.47 |
| 陕西省 | 1380.22 | 1428.11 | 1476.14 | 1567.93 | 1680.22 |
| 甘肃省 | 933.94 | 958.28 | 982.57 | 1029.30 | 1086.51 |
| 青海省 | 217.57 | 223.48 | 229.47 | 240.96 | 255.03 |
| 宁夏 | 280.65 | 294.69 | 309.02 | 336.05 | 369.12 |
| 新疆 | 1008.54 | 1033.62 | 1059.00 | 1108.00 | 1168.33 |

### 2. 用移动平均预测未来五年的货物周转次数

移动平均法（Moving Average Method）是根据时间序列，逐项推移，依次计算包含一定项数的序时平均数，以此进行预测的方法。移动平均法包括一次移动平均法、加权移动平均法和二次移动平均法。

移动平均法是用一组最近的实际数据值来预测未来一期或几期内指标数值等的一种常用方法。移动平均法适用于近期预测。当预测值既不快速增长也不快速下降，且不存在季节性因素时，移动平均法能有效地消除预测中的随机波动，是非常有用的。移动平均法根据预测时使用的各元素的权重不同，可以分为：简单移动平均和加权移动平均。

一方面，货物周转次数只是一个综合数值，既不会快速增长，也不会快速下降，综合来看不存在季节性因素，而且数值比较单一；另一方面，货物的周转次数一般来看都与最近的年份比较接近，简单的移动平均法很难反映未来货物的真实周转状况。因此，货物周转次数指标用加权移动平均法进行预测，基本上能有效地反映未来货物周转的状况。

加权移动平均法需要根据经验判断来确定每一期历史数据的权重，为了确定权重，我们把历史数据分为四组，每组中每个数值占用权重递减，根据经验，分配权重如下表：

**表 4-19 货物周转次数历史数据经验权重表**

| 期数 x | 2013 | 2012 | 2011 | 2010 | 2009 | 2008 | 2007 | 2006 | 2005 | 2004 | 2003 |
|---|---|---|---|---|---|---|---|---|---|---|---|
| 权重 ω | 0.40 | 0.20 | 0.20 | 0.10 | 0.10 | 0 | 0 | 0 | 0 | 0 | 0 |
| 说明 | 影响大 | 影响较大 | | 影响一般 | | 无影响 | | | | | |

移动加权计算公式如下：

$$f_{n+1} = \sum_{i=1}^{n} \omega_i A_i \qquad (i = 1,2,3, \cdots) \qquad \text{（式 4-10）}$$

$f_{n+1}$：第 n+1 期预测值；

$\omega_i$：第 $i$ 期权重；

$A_i$：第 $i$ 期指标历史数据。

将 2003 年至 2013 年的值代入公式 4-10，得到 2014 年 -2018 年中国的货物周转次数预测值，见下表：

**表 4- 20 2014-2018 年中国货物周转次数预测值**

| 年份 | 2014 年 e | 2015 年 e | 2016 年 e | 2017 年 e | 2018 年 e |
|---|---|---|---|---|---|
| 周转次数 | 8.12 | 8.02 | 7.95 | 7.86 | 7.92 |

### 3. 未来五年仓储能力预测分析

根据公式 4-8，仓储负载能力标准模型，结合仓储面积预测值和仓储周转次数预测值，就可以预测出 2014 年至 2018 年未来五年中国各省市仓储负载能力指标，见下表：

**表 4- 21 2014 年 -2018 年中国各省市仓储负载能力预测**

单位：万吨

| 年份 | 2014 年 e | 2015 年 e | 2016 年 e | 2017 年 e | 2018 年 e |
|---|---|---|---|---|---|
| 全国 | 508.02 亿吨 | 517.99 亿吨 | 529.63 亿吨 | 554.20 亿吨 | 596.07 亿吨 |
| 北京市 | 150247.17 | 155146.59 | 160521.34 | 171529.88 | 188716.99 |
| 天津市 | 89138.69 | 91067.14 | 93289.38 | 97939.36 | 105711.62 |
| 河北省 | 306436.06 | 316261.62 | 326997.16 | 348654.76 | 382479.93 |
| 山西省 | 269073.94 | 271764.44 | 275376.04 | 283581.29 | 299603.82 |
| 内蒙古 | 187243.40 | 193053.10 | 199497.12 | 212445.68 | 232740.33 |
| 辽宁省 | 275507.17 | 279894.49 | 285226.02 | 296693.10 | 317106.17 |
| 吉林省 | 109687.59 | 111703.01 | 114087.56 | 119161.13 | 127894.88 |
| 黑龙江 | 166087.47 | 168567.23 | 171591.63 | 178261.99 | 190214.92 |
| 上海市 | 124120.51 | 125377.70 | 127024.28 | 130862.05 | 138382.61 |
| 江苏省 | 286012.40 | 292555.15 | 300023.69 | 315470.84 | 341118.43 |
| 浙江省 | 261951.65 | 263050.28 | 265056.79 | 270156.96 | 282186.73 |
| 安徽省 | 167688.11 | 170085.52 | 173064.09 | 179633.45 | 191522.93 |
| 福建省 | 118941.28 | 122475.06 | 126396.07 | 134389.48 | 147000.37 |

续表

| 年份 | 2014 年 e | 2015 年 e | 2016 年 e | 2017 年 e | 2018 年 e |
|---|---|---|---|---|---|
| 江西省 | 103438.47 | 106074.59 | 109092.56 | 115394.96 | 125606.19 |
| 山东省 | 421201.73 | 429012.02 | 438132.23 | 457396.30 | 490636.03 |
| 河南省 | 258501.47 | 263920.18 | 270109.63 | 283279.32 | 305465.24 |
| 湖北省 | 150684.86 | 155223.15 | 160290.99 | 170601.70 | 186870.55 |
| 湖南省 | 225792.66 | 230668.11 | 236325.94 | 248102.27 | 267799.35 |
| 广东省 | 335275.60 | 342976.68 | 351694.52 | 369886.73 | 399965.63 |
| 广西 | 109718.00 | 112364.86 | 115439.55 | 121774.36 | 132145.95 |
| 海南省 | 24631.55 | 25061.89 | 25576.97 | 26684.56 | 28616.83 |
| 重庆市 | 121699.82 | 123859.14 | 126433.84 | 131933.39 | 141539.88 |
| 四川省 | 200655.89 | 203574.68 | 207106.27 | 214877.52 | 228969.39 |
| 贵州省 | 75450.06 | 79194.56 | 83181.22 | 90886.78 | 102170.11 |
| 云南省 | 188717.17 | 188199.92 | 188365.80 | 189675.61 | 195385.01 |
| 西藏 | 2644.40 | 2824.18 | 3011.44 | 3371.33 | 3879.79 |
| 陕西省 | 126307.38 | 129080.00 | 132256.91 | 138890.42 | 149973.31 |
| 甘肃省 | 85466.91 | 86614.89 | 88034.90 | 91177.55 | 96980.19 |
| 青海省 | 19910.14 | 20199.42 | 20559.53 | 21345.08 | 22763.69 |
| 宁夏 | 25682.85 | 26636.04 | 27687.40 | 29767.82 | 32946.87 |
| 新疆 | 92294.32 | 93423.95 | 94882.44 | 98148.82 | 104283.40 |

上表中得到的是 2014-2018 年各省市的仓储负载能力的指标值，它表示在这一年里该省市能负载的仓储量可以达到的标准值，也就是消耗这么多的仓储面积资源，最多能负载的仓储能力，或者说能够满足的仓储需求所能达到的最高值。

# 第三节　仓储市场需求分析

## 一、仓储市场需求量动态回归方程确定

在第二节中，文章阐述了未来五年，我国各省市所能负载的仓储能力值，在这一部分中，主要分析未来五年，我国各省市的仓储市场需求所能达到的指标值。

为了预测的一致性，仓储市场需求的预测依然采用动态线性回归的方法来进行。同样，运用公式 4-9：

$$a = \frac{\sum y - b\sum x}{n}$$

$$b = \frac{n\sum xy - \sum x\sum y}{n\sum x^2 - \left(\sum x\right)^2} \quad \text{（式 4-9）}$$

y：仓储市场需求预测值

x：时间序列

b：回归系数

我们可以得到 2014-2018 年的中国各省市的动态回归方程，见下表：

**表 4- 22 2014 年 -2018 年中国各省市仓储市场需求动态回归方程**

| 年 | 2014 年 | 2015 年 | 2016 年 | 2017 年 | 2018 年 |
|---|---|---|---|---|---|
| 国 | y=102.9+27.4x | y=91.99+28.67x | y=82.4+29.66x | y=76.07+30.26x | y=74.55+30.39x |
| 京 | y=30932+-816.3x | y=30642.09+-782.82x | y=29458.6+-660.39x | y=26761.53+-407.54x | y=21749.13+22.09x |
| 津 | y=35184.7+968.8x | y=37141.52+742.98x | y=38401.96+612.59x | y=38995.83+556.91x | y=38540.49+595.94x |
| 冀 | y=42294.7+14622.8x | y=32759.09+15723.05x | y=22494.78+16784.88x | y=13480.91+17629.93x | y=9134.31+18002.5x |
| 晋 | y=118495.5+2326.8x | y=125162.1+1557.62x | y=128665.47+1195.2x | y=127844.57+1272.16x | y=120795.7+1876.35x |
| 蒙 | y=28649.5+13854.6x | y=24718.39+14308.2x | y=22555.94+14531.9x | y=20789.92+14697.47x | y=20286.42+14740.63x |
| 辽 | y=56271.3+13426.1x | y=49739.39+14179.75x | y=141937.13+2524.05x | y=62767.44+11865.65x | y=65480.92+11633.07x |
| 吉 | y=27753.5+1824.5x | y=26875.15+1925.87x | y=25525.8+2065.46x | y=24106.26+2198.54x | y=22634.63+2324.68x |
| 黑 | y=58279.3+380.5x | y=60316.64+145.4x | y=62212.95+-50.77x | y=62364.59+-64.98x | y=59983.1+139.14x |
| 沪 | y=58902.5+3220.5x | y=60611.81+3023.27x | y=62548.14+2822.96x | y=63933.46+2693.08x | y=65412.87+2566.28x |
| 苏 | y=77065+12049.7x | y=75301.54+12253.13x | y=75655.76+12216.49x | y=76279.59+12158x | y=77493.51+12053.95x |
| 浙 | y=99950.8+8683.6x | y=102220.59+8421.68x | y=102742.57+8367.68x | y=103290.99+8316.27x | y=100531.75+8552.77x |
| 皖 | y=-29860.8+34072.7x | y=-53700.89+36823.5x | y=-74236.53+38947.88x | y=-88501.48+40285.22x | y=-89457.05+40367.12x |
| 闽 | y=23586.3+5881.7x | y=21247.67+6151.58x | y=18768.35+6408.06x | y=16902.19+6583.02x | y=15870.81+6671.42x |
| 赣 | y=1809.6+12030.4x | y=-4746.62+12786.85x | y=-10597.72+13392.14x | y=-13167.78+13633.08x | y=-10719.33+13423.22x |
| 鲁 | y=93958.4+22162.4x | y=93518.66+22213.17x | y=98222.46+21726.57x | y=109103.15+20706.51x | y=126792.27+19190.3x |
| 豫 | y=29213.2+19650.9x | y=19369.15+20786.76x | y=13154.01+21429.7x | y=12423.32+21498.21x | y=19976.42+20850.8x |
| 鄂 | y=18787.1+9615.5x | y=12708.67+10316.9x | y=7153.04+10891.62x | y=3116.33+11270.06x | y=2410.96+11330.52x |
| 湘 | y=37481.9+13943.1x | y=33283.6+14427.53x | y=28969.8+14873.78x | y=26675.78+15088.85x | y=27585.88+15010.84x |

续表

| 年 | 2014 年 | 2015 年 | 2016 年 | 2017 年 | 2018 年 |
|---|---|---|---|---|---|
| 粤 | y=54152+20554.3x | y=41927.94+21964.82x | y=26672.65+23542.95x | y=13881.09+24742.16x | y=1447.01+25807.94x |
| 桂 | y=-1466.2+14453.3x | y=-10229.54+15464.41x | y=-17498.9+16216.42x | y=-21615.64+16602.36x | y=-20470.31+16504.19x |
| 琼 | y=6841.5+1651.8x | y=7070.91+1625.36x | y=7990.81+1530.19x | y=9386.82+1399.32x | y=9910.6+1354.42x |
| 渝 | y=21931.2+6735.6x | y=20089.41+6948.16x | y=18800.61+7081.49x | y=19217.23+7042.43x | y=22003.2+6803.63x |
| 川 | y=31814.6+12973.7x | y=25792.62+13668.55x | y=22088.38+14051.75x | y=20280.45+14221.24x | y=21613.25+14107x |
| 贵 | y=7345+4660.8x | y=4405.46+4999.97x | y=1751.37+5274.53x | y=-689.38+5503.35x | y=-2843.47+5687.98x |
| 云 | y=51542.9+1901.6x | y=49309.05+2159.33x | y=46433.68+2456.78x | y=41656.39+2904.65x | y=33444.74+3608.51x |
| 藏 | y=-84+139.1x | y=-183.76+150.59x | y=-251.56+157.6x | y=-329.96+164.95x | y=-341.51+165.94x |
| 陕 | y=8140.2+12090.9x | y=1177.01+12894.37x | y=-4620.49+13494.11x | y=-7930.55+13804.43x | y=-5976.82+13636.96x |
| 甘 | y=18608.1+2187.9x | y=16838.65+2392.03x | y=14696.19+2613.66x | y=12301.53+2838.16x | y=9216.56+3102.59x |
| 青 | y=4259.4+858.1x | y=4006.24+887.33x | y=3779.45+910.79x | y=3602.47+927.38x | y=3628.56+925.14x |
| 宁 | y=-1825+4095.7x | y=-4223.22+4372.46x | y=-5979.72+4554.17x | y=-6472.07+4600.32x | y=-4835.84+4460.07x |
| 新 | y=18793.1+3962.6x | y=16749.85+4198.38x | y=14844.61+4395.47x | y=13675.17+4505.11x | y=14014.1+4476.06x |

## 二、仓储市场需求量预测

### 1. 仓储市场需求量的预测

根据上表的动态回归预测方程，对 2014-2018 年中国各省市的仓储市场需求预测结果如下表：

**表 4- 23 2014 年 -2018 年中国各省市仓储市场需求预测**

单位：万吨

| 年份 | 2014 年 e | 2015 年 e | 2016 年 e | 2017 年 e | 2018 年 e |
|---|---|---|---|---|---|
| 全国 | 431.87 | 464.74 | 497.71 | 529.94 | 560.77 |
| 北京市 | 21136.73 | 20465.41 | 20213.12 | 20648.41 | 22102.62 |
| 天津市 | 46809.85 | 46800.20 | 46978.16 | 47349.48 | 48075.52 |
| 河北省 | 217768.20 | 237158.80 | 257483.10 | 277929.86 | 297174.24 |
| 山西省 | 146417.56 | 145411.11 | 145398.25 | 146926.94 | 150817.25 |
| 内蒙古 | 194904.84 | 210725.01 | 226002.59 | 241251.94 | 256136.42 |
| 辽宁省 | 217384.11 | 234076.15 | 177273.90 | 240752.18 | 251609.97 |
| 吉林省 | 49647.80 | 51911.49 | 54442.24 | 57084.39 | 59829.54 |
| 黑龙江 | 62845.07 | 62206.88 | 61502.22 | 61389.84 | 62209.41 |

续表

| 年份 | 2014 年 e | 2015 年 e | 2016 年 e | 2017 年 e | 2018 年 e |
|---|---|---|---|---|---|
| 上海市 | 97548.45 | 99914.27 | 102069.53 | 104329.70 | 106473.29 |
| 江苏省 | 221660.84 | 234592.21 | 246686.55 | 258649.61 | 270356.72 |
| 浙江省 | 204153.71 | 211702.40 | 219890.09 | 228034.98 | 237376.10 |
| 安徽省 | 379011.85 | 425004.64 | 471033.77 | 515776.79 | 556416.93 |
| 福建省 | 94167.20 | 101218.24 | 108481.24 | 115647.43 | 122613.53 |
| 江西省 | 146174.00 | 161482.49 | 176892.25 | 191328.48 | 204052.14 |
| 山东省 | 359907.62 | 382289.92 | 402394.49 | 419700.78 | 433837.05 |
| 河南省 | 265024.09 | 289597.01 | 313169.87 | 334896.42 | 353589.19 |
| 湖北省 | 134173.58 | 146828.36 | 159635.71 | 172167.24 | 183699.30 |
| 湖南省 | 204799.20 | 220841.45 | 237202.75 | 253008.48 | 267759.29 |
| 广东省 | 300804.16 | 327470.55 | 356273.94 | 385013.46 | 414374.00 |
| 广西 | 171972.89 | 190807.83 | 209530.92 | 227419.77 | 243596.72 |
| 海南省 | 26663.42 | 28200.53 | 29413.52 | 30376.59 | 31581.36 |
| 重庆市 | 102758.96 | 110415.51 | 117941.41 | 124853.64 | 130861.29 |
| 四川省 | 187499.07 | 203483.75 | 218812.82 | 233599.04 | 247325.24 |
| 贵州省 | 63274.47 | 69405.03 | 75594.76 | 81860.84 | 88164.28 |
| 云南省 | 74361.80 | 77380.31 | 80828.60 | 85226.15 | 91180.84 |
| 西藏 | 1584.95 | 1773.89 | 1954.87 | 2144.32 | 2313.57 |
| 陕西省 | 153231.24 | 168803.76 | 184297.00 | 199135.82 | 212214.58 |
| 甘肃省 | 44862.45 | 47935.04 | 51287.48 | 54873.98 | 58857.99 |
| 青海省 | 14556.80 | 15541.49 | 16530.48 | 17513.17 | 18430.86 |
| 宁夏 | 47323.87 | 52618.74 | 57778.59 | 62532.77 | 66525.35 |
| 新疆 | 66344.53 | 71328.77 | 76381.23 | 81251.78 | 85631.00 |

从仓储市场需求量可以看出，仓储需求每年呈上升趋势，全国各省几乎没有需求指标下降的趋势，只是每年上升趋势陡峭和平缓之别，下面就来分析以下仓储市场需求趋势。

## 2．仓储市场需求趋势分析

仓储市场需求趋势分析主要包括两个方面，一个是各省平均增长需求，二是全国平均增长比率。根据表 4-23 可以计算式这两组数值，见下表：

**表 4- 24 2014-2018 年中国各省仓储需求增长比率**

| 省份 | 2014 年 | 2015 年 | 2016 年 | 2017 年 | 2018 年 |
|---|---|---|---|---|---|
| 全国 | 7.56% | 7.61% | 7.09% | 6.48% | 5.82% |
| 北京市 | -17.91% | -3.18% | -1.23% | 2.15% | 7.04% |
| 天津市 | 3.49% | -0.02% | 0.38% | 0.79% | 1.53% |

| 省份 | 2014年 | 2015年 | 2016年 | 2017年 | 2018年 |
|---|---|---|---|---|---|
| 河北省 | 9.98% | 8.90% | 8.57% | 7.94% | 6.92% |
| 山西省 | -6.17% | -0.69% | -0.01% | 1.05% | 2.65% |
| 内蒙古 | 18.59% | 8.12% | 7.25% | 6.75% | 6.17% |
| 辽宁省 | 5.08% | 7.68% | -24.27% | 35.81% | 4.51% |
| 吉林省 | 10.79% | 4.56% | 4.88% | 4.85% | 4.81% |
| 黑龙江 | 2.87% | -1.02% | -1.13% | -0.18% | 1.34% |
| 上海市 | 15.71% | 2.43% | 2.16% | 2.21% | 2.05% |
| 江苏省 | 21.94% | 5.83% | 5.16% | 4.85% | 4.53% |
| 浙江省 | 8.20% | 3.70% | 3.87% | 3.70% | 4.10% |
| 安徽省 | -4.38% | 12.13% | 10.83% | 9.50% | 7.88% |
| 福建省 | -2.59% | 7.49% | 7.18% | 6.61% | 6.02% |
| 江西省 | 8.14% | 10.47% | 9.54% | 8.16% | 6.65% |
| 山东省 | 36.28% | 6.22% | 5.26% | 4.30% | 3.37% |
| 河南省 | 43.39% | 9.27% | 8.14% | 6.94% | 5.58% |
| 湖北省 | 2.42% | 9.43% | 8.72% | 7.85% | 6.70% |
| 湖南省 | 10.98% | 7.83% | 7.41% | 6.66% | 5.83% |
| 广东省 | -13.81% | 8.87% | 8.80% | 8.07% | 7.63% |
| 广西 | 13.78% | 10.95% | 9.81% | 8.54% | 7.11% |
| 海南省 | 53.90% | 5.76% | 4.30% | 3.27% | 3.97% |
| 重庆市 | 17.79% | 7.45% | 6.82% | 5.86% | 4.81% |
| 四川省 | 11.77% | 8.53% | 7.53% | 6.76% | 5.88% |
| 贵州省 | -12.97% | 9.69% | 8.92% | 8.29% | 7.70% |
| 云南省 | -28.72% | 4.06% | 4.46% | 5.44% | 6.99% |
| 西藏 | -14.33% | 11.92% | 10.20% | 9.69% | 7.89% |
| 陕西省 | 8.23% | 10.16% | 9.18% | 8.05% | 6.57% |
| 甘肃省 | -12.83% | 6.85% | 6.99% | 6.99% | 7.26% |
| 青海省 | 8.86% | 6.76% | 6.36% | 5.94% | 5.24% |
| 宁夏 | 15.67% | 11.19% | 9.81% | 8.23% | 6.38% |
| 新疆 | -0.84% | 7.51% | 7.08% | 6.38% | 5.39% |

从表4-24可以看出，虽然我国整体仓储增速放缓，但增长趋势还是比较平稳的。总体来看，安徽、河南、山东、江苏、湖南、海南等省份的仓储需求增长趋势比较明显。

# 第四节　仓储负载能力与仓储市场需求均衡分析

## 一、仓储负载能力与仓储市场需求差值

仓储负载能力与仓储市场需求差值，就是针对某一地区来讲，仓储负载能力满足仓储市场需求的可容度，实际上就是用仓储负载能力预测值减去市场需求预测值，计算公式如下：

仓储负载能力表现值 = 仓储负载能力 – 仓储市场需求　　　　　　　（式 4-10）

通过第三节的分析，可以计算出负载能力与市场需求绝对值之间的差值，也就从表观上直接评价仓储负载能力是否满足未来仓储市场需求。具体计算结果见下表：

表 4- 25　2014-2018 年中国各省仓储负载与仓储需求差值

单位：万吨

| 省份 | 2014 年 | 2015 年 | 2016 年 | 2017 年 | 2018 年 |
|---|---|---|---|---|---|
| 全国 | 76.15 | 53.25 | 31.93 | 24.25 | 35.30 |
| 北京市 | 129110 | 134681 | 140308 | 150881 | 166614 |
| 天津市 | 42329 | 44267 | 46311 | 50590 | 57636 |
| 河北省 | 88668 | 79103 | 69514 | 70725 | 85306 |
| 山西省 | 122656 | 126353 | 129978 | 136654 | 148787 |
| 内蒙古 | -7661 | -17672 | -26505 | -28806 | -23396 |
| 辽宁省 | 58123 | 45818 | 107952 | 55941 | 65496 |
| 吉林省 | 60040 | 59792 | 59645 | 62077 | 68065 |
| 黑龙江 | 103242 | 106360 | 110089 | 116872 | 128006 |
| 上海市 | 26572 | 25463 | 24955 | 26532 | 31909 |
| 江苏省 | 64352 | 57963 | 53337 | 56821 | 70762 |
| 浙江省 | 57798 | 51348 | 45167 | 42122 | 44811 |
| 安徽省 | -211324 | -254919 | -297970 | -336143 | -364894 |
| 福建省 | 24774 | 21257 | 17915 | 18742 | 24387 |
| 江西省 | -42736 | -55408 | -67800 | -75934 | -78446 |
| 山东省 | 61294 | 46722 | 35738 | 37696 | 56799 |
| 河南省 | -6523 | -25677 | -43060 | -51617 | -48124 |

续表

| 省份 | 2014 年 | 2015 年 | 2016 年 | 2017 年 | 2018 年 |
|---|---|---|---|---|---|
| 湖北省 | 16511 | 8395 | 655 | -1566 | 3171 |
| 湖南省 | 20993 | 9827 | -877 | -4906 | 40 |
| 广东省 | 34471 | 15506 | -4579 | -15127 | -14408 |
| 广西 | -62255 | -78443 | -94091 | -105645 | -111451 |
| 海南省 | -2032 | -3139 | -3837 | -3692 | -2965 |
| 重庆市 | 18941 | 13444 | 8492 | 7080 | 10679 |
| 四川省 | 13157 | 91 | -11707 | -18722 | -18356 |
| 贵州省 | 12176 | 9790 | 7586 | 9026 | 14006 |
| 云南省 | 114355 | 110820 | 107537 | 104449 | 104204 |
| 西藏 | 1059 | 1050 | 1057 | 1227 | 1566 |
| 陕西省 | -26924 | -39724 | -52040 | -60245 | -62241 |
| 甘肃省 | 40604 | 38680 | 36747 | 36304 | 38122 |
| 青海省 | 5353 | 4658 | 4029 | 3832 | 4333 |
| 宁夏 | -21641 | -25983 | -30091 | -32765 | -33578 |
| 新疆 | 25949.79 | 22095.18 | 18501.21 | 16897.04 | 18652.40 |

从上表数字可以看出，只有 49 处仓储负载能力预测值小于仓储市场需求，也就是有可能存在 49 期仓储负载能力不足，占到整个预测期数的 31.61%，绝大部分预测期值都超出了仓储市场需求，从整体上来看，仓储行业的发展速度要快于仓储市场的需求。

## 二、仓储负载能力与仓储市场需求的对比分析

虽然从上表中看出仓储负载能力的发展快于仓储市场需求的增长，仅仅从值上来看不能完全反映仓储负载能力对仓储市场需求的宽松度，是非常宽松的满足需求呢，还是刚刚好满足仓储市场需求值，在这里，就需要介入一个新的概念，仓储负载能力的表现值。

仓储负载能力的表现值，实际上就是量度仓储负载能力在满足仓储市场需求后，超出仓储市场需求的百分比，如果这个百分比越高，表示仓储负载能力表现越好，百分比越低，则表示仓储负载能力表现越差。

仓储负载能力的表现值的计算公式如下：

$$\text{仓储负载能力表现值} = \left(\frac{\text{仓储负载能力}}{\text{仓储负载市场需求}} - 1\right) \times 100\% \qquad (\text{式 4-11})$$

根据公式 4-11，2014-2018 年仓储负载能力表现值计算结果如下表：

**表 4-26　2014-2018 年中国各省仓储负载能力表现值一览表**

| 省份 | 2014 年 | 2015 年 | 2016 年 | 2017 年 | 2018 年 | 综合均值 |
|---|---|---|---|---|---|---|
| 全国 | 17.63% | 11.46% | 6.41% | 4.58% | 6.29% | 9% |
| 北京市 | 610.83% | 658.09% | 694.14% | 730.72% | 753.82% | 690% |
| 天津市 | 90.43% | 94.59% | 98.58% | 106.84% | 119.89% | 102% |
| 河北省 | 40.72% | 33.35% | 27.00% | 25.45% | 28.71% | 31% |
| 山西省 | 83.77% | 86.89% | 89.39% | 93.01% | 98.65% | 90% |
| 内蒙古 | -3.93% | -8.39% | -11.73% | -11.94% | -9.13% | -9% |
| 辽宁省 | 26.74% | 19.57% | 60.90% | 23.24% | 26.03% | 31% |
| 吉林省 | 120.93% | 115.18% | 109.56% | 108.75% | 113.77% | 114% |
| 黑龙江 | 164.28% | 170.98% | 179.00% | 190.38% | 205.77% | 182% |
| 上海市 | 27.24% | 25.49% | 24.45% | 25.43% | 29.97% | 27% |
| 江苏省 | 29.03% | 24.71% | 21.62% | 21.97% | 26.17% | 25% |
| 浙江省 | 28.31% | 24.25% | 20.54% | 18.47% | 18.88% | 22% |
| 安徽省 | -55.76% | -59.98% | -63.26% | -65.17% | -65.58% | -62% |
| 福建省 | 26.31% | 21.00% | 16.51% | 16.21% | 19.89% | 20% |
| 江西省 | -29.24% | -34.31% | -38.33% | -39.69% | -38.44% | -36% |
| 山东省 | 17.03% | 12.22% | 8.88% | 8.98% | 13.09% | 12% |
| 河南省 | -2.46% | -8.87% | -13.75% | -15.41% | -13.61% | -11% |
| 湖北省 | 12.31% | 5.72% | 0.41% | -0.91% | 1.73% | 4% |
| 湖南省 | 10.25% | 4.45% | -0.37% | -1.94% | 0.01% | 2% |
| 广东省 | 11.46% | 4.74% | -1.29% | -3.93% | -3.48% | 2% |
| 广西 | -36.20% | -41.11% | -44.91% | -46.45% | -45.75% | -43% |
| 海南省 | -7.62% | -11.13% | -13.04% | -12.15% | -9.39% | -11% |
| 重庆市 | 18.43% | 12.18% | 7.20% | 5.67% | 8.16% | 10% |
| 四川省 | 7.02% | 0.04% | -5.35% | -8.01% | -7.42% | -3% |
| 贵州省 | 19.24% | 14.10% | 10.04% | 11.03% | 15.89% | 14% |
| 云南省 | 153.78% | 143.21% | 133.04% | 122.56% | 114.28% | 133% |
| 西藏 | 66.84% | 59.21% | 54.05% | 57.22% | 67.70% | 61% |
| 陕西省 | -17.57% | -23.53% | -28.24% | -30.25% | -29.33% | -26% |
| 甘肃省 | 90.51% | 80.69% | 71.65% | 66.16% | 64.77% | 75% |
| 青海省 | 36.78% | 29.97% | 24.37% | 21.88% | 23.51% | 27% |
| 宁夏 | -45.73% | -49.38% | -52.08% | -52.40% | -50.47% | -50% |
| 新疆 | 39.11% | 30.98% | 24.22% | 20.80% | 21.78% | 27% |

从上表中可以看出，表现值高的高达600多，而表现值低的是-65，相差很大。这说明我国的仓储发展虽然整体是稳定的，但是就各个省份，各个地区来看，不均衡状态还是存在的，而且是比较普遍的。

## 三、仓储负载能力静态均衡状态分析

静态仓储负载能力均衡，描述的是某个时间段内，仓储负载能力能否满足仓储市场需求的一种状态，因为假定该时间段（一般是指某个年度）内仓储市场需求以及仓储负载能力是不发生变化的，是静态的状态，因此叫作静态仓储负载能力均衡状态。我们把静态仓储负载能力均衡状态分为三种状态分析：负载能力不足、负载相对均衡、负载能力过剩等三种状态来分析：

状态一，负载能力不足：仓储负载能力表现值小于10%的值，定义为仓储负载能力不足。从表面上看，虽然有的仓储负载能力略微超过了仓储市场需求，但是一般的仓储市场需求并不是非常平滑的，而是成正弦曲线分布的，有仓储的时候是满的，而在使用物流过程中，仓储需求会慢慢减少，因为我们得到的只是一个均值。因此，仓储负载能力如果超过仓储市场需求在10%以内，实际上是难以满足仓储市场需求的。因此，我们把仓储负载能力表现值低于10%的值定义为仓储负载能力不足。

状态二，负载相对均衡：仓储负载能力表现值大于10%，但小于50%的值，等级定义为仓储负载均衡。就仓储需求来说，即使是到了仓储需求旺季，仓储的需求值也不会超过平均市场需求的50%，也就是一般都不会超过淡季市场的三倍需求。一般来说会超过淡季市场的2倍-3倍，因此，设定仓储负载能力表现值在10%~50%之间是比较合理的，也是根据经验值设置的。

状态三，负载能力过剩：负载过剩是指在某一特定区域范围内，仓储现有负载能力远远超过了该地区仓储市场需求，甚至说是已经造成了一定的浪费，这种状态下的仓储表现，称之为负载过剩。我们把仓储负载能力超过仓储市场需求的50%，称为负载过剩。

根据分析，2014-2018年五年我国各省仓储负载能力静态均衡状态如下表：

**表4-27 2014-2018年仓储负载能力均衡状态一览表**

| 省份 | 2014年 | 2015年 | 2016年 | 2017年 | 2018年 |
|---|---|---|---|---|---|
| 全国 | 能力适中 | 能力适中 | 能力不足 | 能力不足 | 能力不足 |
| 北京市 | 能力过剩 | 能力过剩 | 能力过剩 | 能力过剩 | 能力过剩 |
| 天津市 | 能力过剩 | 能力过剩 | 能力过剩 | 能力过剩 | 能力过剩 |
| 河北省 | 能力适中 | 能力适中 | 能力适中 | 能力适中 | 能力适中 |
| 山西省 | 能力过剩 | 能力过剩 | 能力过剩 | 能力过剩 | 能力过剩 |
| 内蒙古 | 能力不足 | 能力不足 | 能力不足 | 能力不足 | 能力不足 |

续表

| 省份 | 2014 年 | 2015 年 | 2016 年 | 2017 年 | 2018 年 |
|---|---|---|---|---|---|
| 辽宁省 | 能力适中 | 能力适中 | 能力过剩 | 能力适中 | 能力适中 |
| 吉林省 | 能力过剩 | 能力过剩 | 能力过剩 | 能力过剩 | 能力过剩 |
| 黑龙江 | 能力过剩 | 能力过剩 | 能力过剩 | 能力过剩 | 能力过剩 |
| 上海市 | 能力适中 | 能力适中 | 能力适中 | 能力适中 | 能力适中 |
| 江苏省 | 能力适中 | 能力适中 | 能力适中 | 能力适中 | 能力适中 |
| 浙江省 | 能力适中 | 能力适中 | 能力适中 | 能力适中 | 能力适中 |
| 安徽省 | 能力不足 | 能力不足 | 能力不足 | 能力不足 | 能力不足 |
| 福建省 | 能力适中 | 能力适中 | 能力适中 | 能力适中 | 能力适中 |
| 江西省 | 能力不足 | 能力不足 | 能力不足 | 能力不足 | 能力不足 |
| 山东省 | 能力适中 | 能力适中 | 能力不足 | 能力不足 | 能力适中 |
| 河南省 | 能力不足 | 能力不足 | 能力不足 | 能力不足 | 能力不足 |
| 湖北省 | 能力适中 | 能力不足 | 能力不足 | 能力不足 | 能力不足 |
| 湖南省 | 能力适中 | 能力不足 | 能力不足 | 能力不足 | 能力不足 |
| 广东省 | 能力适中 | 能力不足 | 能力不足 | 能力不足 | 能力不足 |
| 广西 | 能力不足 | 能力不足 | 能力不足 | 能力不足 | 能力不足 |
| 海南省 | 能力不足 | 能力不足 | 能力不足 | 能力不足 | 能力不足 |
| 重庆市 | 能力适中 | 能力适中 | 能力不足 | 能力不足 | 能力不足 |
| 四川省 | 能力不足 | 能力不足 | 能力不足 | 能力不足 | 能力不足 |
| 贵州省 | 能力适中 | 能力适中 | 能力适中 | 能力适中 | 能力适中 |
| 云南省 | 能力过剩 | 能力过剩 | 能力过剩 | 能力过剩 | 能力过剩 |
| 西藏 | 能力过剩 | 能力过剩 | 能力过剩 | 能力过剩 | 能力过剩 |
| 陕西省 | 能力不足 | 能力不足 | 能力不足 | 能力不足 | 能力不足 |
| 甘肃省 | 能力过剩 | 能力过剩 | 能力过剩 | 能力过剩 | 能力过剩 |
| 青海省 | 能力适中 | 能力适中 | 能力适中 | 能力适中 | 能力适中 |
| 宁夏 | 能力不足 | 能力不足 | 能力不足 | 能力不足 | 能力不足 |
| 新疆 | 能力适中 | 能力适中 | 能力适中 | 能力适中 | 能力适中 |

## 四、仓储负载能力动态均衡状态分析

与上面论述一样，把各省的综合仓储负载能力动态均衡状态分为三种状态分析：负载能力不足、负载相对均衡、负载相对过剩等：

状态一，负载能力不足：该种状态描述的是随着仓储经济的发展，未来五年仓储面积的增长，仓储负载能力的增加不能满足现有仓储负载的需求。也就是说五年以后的仓储能力依然不能达到现有仓储负载的市场需求，这种状态，我们定义为某地区综合仓储负载能力不足状态。

状态二，负载相对均衡：该种状态描述的是随着仓储经济的发展，未来五年仓储面积的增长带动仓储负载能力的增长，同时仓储负载市场需求也在增长，在这种经济动态的环境中，现有的仓储负载能力既能满足未来五年发展的需要，未来五年发展后仓储负载能力也不会低于现有的仓储负载的市场需求，同时满足这两个条件的状态，我们把它叫作仓储负载相对动态均衡状态。

状态三，负载能力过剩：该种状态描述的是随着仓储经济的发展，未来五年仓储市场需求的增长，现有的仓储负载能力超过了经过五年发展后仓储负载的需求。也就是说现有的仓储能力超过了五年以后的仓储负载的市场需求，这种状态，我们定义为某地区综合仓储负载能力过剩状态。

根据以上分析，可以把各省仓储负载能力动态均衡状态进行评估，如下表：

**表4-28 各省仓储负载能力动态均衡一览表**

单位：亿吨

| 省份 | 2014年 | | 2008年 | | 动态适中状态 |
|---|---|---|---|---|---|
| | 仓储负载能力 | 仓储市场需求 | 仓储负载能力 | 仓储市场需求 | |
| 全国 | 508.02 | 431.87 | 596.07 | 560.77 | 能力适中 |
| 北京市 | 15.02 | 2.11 | 18.87 | 2.21 | 能力过剩 |
| 天津市 | 8.91 | 4.68 | 10.57 | 4.81 | 能力过剩 |
| 河北省 | 30.64 | 21.78 | 38.25 | 29.72 | 能力过剩 |
| 山西省 | 26.91 | 14.64 | 29.96 | 15.08 | 能力过剩 |
| 内蒙古 | 18.72 | 19.49 | 23.27 | 25.61 | 能力适中 |
| 辽宁省 | 27.55 | 21.74 | 31.71 | 25.16 | 能力过剩 |
| 吉林省 | 10.97 | 4.96 | 12.79 | 5.98 | 能力过剩 |
| 黑龙江 | 16.61 | 6.28 | 19.02 | 6.22 | 能力过剩 |
| 上海市 | 12.41 | 9.75 | 13.84 | 10.65 | 能力过剩 |

续表

| 省份 | 2014 年 | | 2008 年 | | 动态适中状态 |
|---|---|---|---|---|---|
| | 仓储负载能力 | 仓储市场需求 | 仓储负载能力 | 仓储市场需求 | |
| 江苏省 | 28.60 | 22.17 | 34.11 | 27.04 | 能力过剩 |
| 浙江省 | 26.20 | 20.42 | 28.22 | 23.74 | 能力过剩 |
| 安徽省 | 16.77 | 37.90 | 19.15 | 55.64 | 能力不足 |
| 福建省 | 11.89 | 9.42 | 14.70 | 12.26 | 能力适中 |
| 江西省 | 10.34 | 14.62 | 12.56 | 20.41 | 能力不足 |
| 山东省 | 42.12 | 35.99 | 49.06 | 43.38 | 能力适中 |
| 河南省 | 25.85 | 26.50 | 30.55 | 35.36 | 能力适中 |
| 湖北省 | 15.07 | 13.42 | 18.69 | 18.37 | 能力适中 |
| 湖南省 | 22.58 | 20.48 | 26.78 | 26.78 | 能力适中 |
| 广东省 | 33.53 | 30.08 | 40.00 | 41.44 | 能力适中 |
| 广西 | 10.97 | 17.20 | 13.21 | 24.36 | 能力不足 |
| 海南省 | 2.46 | 2.67 | 2.86 | 3.16 | 能力适中 |
| 重庆市 | 12.17 | 10.28 | 14.15 | 13.09 | 能力适中 |
| 四川省 | 20.07 | 18.75 | 22.90 | 24.73 | 能力适中 |
| 贵州省 | 7.55 | 6.33 | 10.22 | 8.82 | 能力适中 |
| 云南省 | 18.87 | 7.44 | 19.54 | 9.12 | 能力过剩 |
| 西藏 | 0.26 | 0.16 | 0.39 | 0.23 | 能力过剩 |
| 陕西省 | 12.63 | 15.32 | 15.00 | 21.22 | 能力不足 |
| 甘肃省 | 8.55 | 4.49 | 9.70 | 5.89 | 能力过剩 |
| 青海省 | 1.99 | 1.46 | 2.28 | 1.84 | 能力过剩 |
| 宁夏 | 2.57 | 4.73 | 3.29 | 6.65 | 能力不足 |
| 新疆 | 9.23 | 6.63 | 10.43 | 8.56 | 能力过剩 |

从上表可以看出，我国有 15 个省市的仓储能力处于过剩状态，只有 4 个省份处于仓储能力不足，另外 12 个省市都是处于仓储能力相对均衡状态。全国的综合水平处于仓储能力相对均衡状态，说明我国的仓储行业整体发展是均衡的，是良性的。

根据表 4-27、表 4-28 可以得出各省各年度静态负载能力状态和动态负载能力状态坐标表，如下表：

**表 4-29 各省各年仓储负载能力静态均衡状态和动态均衡状态坐标表**

| 均衡状态 | 2014 年 | 2015 年 | 2016 年 | 2017 年 | 2018 年 | 动态均衡 |
|---|---|---|---|---|---|---|
| 负载能力过剩 | 京津晋吉黑云藏甘（8） | 京津晋吉黑云藏甘（8） | 京津晋辽吉黑云藏甘（9） | 京津晋吉黑云藏甘（8） | 京津晋吉黑云藏甘（8） | 京津冀晋辽吉黑沪苏浙云藏甘青疆（15） |
| 负载能力适中 | 冀辽沪苏浙闽鲁鄂湘粤渝贵青疆(14) | 冀辽沪苏浙闽鲁渝贵青疆（11） | 冀沪苏浙闽贵青疆（8） | 冀辽沪苏浙闽贵青疆（9） | 冀辽沪苏浙闽贵青疆（9） | 蒙闽鲁豫鄂湘粤琼渝川贵（11） |
| 负载能力不足 | 蒙皖赣豫桂琼川陕宁（9） | 蒙皖赣豫鄂湘粤琼桂川陕宁（12） | 蒙皖赣鲁豫鄂湘粤琼桂渝川陕宁（14） | 蒙皖赣鲁豫鄂湘粤琼桂渝川陕宁（14） | 蒙皖赣鲁豫鄂湘粤琼桂渝川陕宁（14） | 皖赣桂陕宁（5） |

# 第五节　仓储资源消耗均衡分析

仓储资源消耗是指单位满足单位仓储资源而需要消耗的仓储面积。这个指标从侧面可以反映仓储管理水平、技术应用水平等。如果满足单位仓储需求消耗的仓储面积过大，反映出当地的仓储是粗放型的；如果满足单位仓储需求消耗的仓储面积较小，就反映出当地的仓储管理是精细化的，信息化技术和现代化技术应用比较到位，仓储的效率比较高。

## 一、仓储负载边际消耗分析

仓储量的边际面积需求，实际上就是单位仓储量所需要消耗的仓储有效面积，也就是消耗了多少社会资源。就某一个特定的省份或者地区来分析，就是每万吨的仓储量需要占用该地区多少仓储面积，消耗了该地区多少仓储社会资源。根据表 4-18 的各项指标，我们可以把计算结果用表的形式展示出来，见下表：

**表 4-30 单位仓储需求需要消耗的仓储面积（边际消耗）**

单位：平方米 / 万吨

| 省份 | 2014 年 | 2015 年 | 2016 年 | 2017 年 | 2018 年 |
|---|---|---|---|---|---|
| 全国（均值） | 128.51 | 123.30 | 118.74 | 118.13 | 119.12 |
| 北京市 | 776.76 | 838.73 | 886.36 | 937.79 | 956.57 |
| 天津市 | 208.09 | 215.29 | 221.64 | 233.50 | 246.35 |
| 河北省 | 153.77 | 147.54 | 141.74 | 141.62 | 144.19 |

续表

| 省份 | 2014 年 | 2015 年 | 2016 年 | 2017 年 | 2018 年 |
|---|---|---|---|---|---|
| 山西省 | 200.82 | 206.77 | 211.39 | 217.89 | 222.56 |
| 内蒙古 | 104.98 | 101.36 | 98.52 | 99.41 | 101.80 |
| 辽宁省 | 138.49 | 132.29 | 179.58 | 139.12 | 141.20 |
| 吉林省 | 241.42 | 238.07 | 233.89 | 235.65 | 239.49 |
| 黑龙江 | 288.79 | 299.80 | 311.40 | 327.81 | 342.56 |
| 上海市 | 139.04 | 138.83 | 138.90 | 141.60 | 145.61 |
| 江苏省 | 141.00 | 137.97 | 135.74 | 137.69 | 141.36 |
| 浙江省 | 140.21 | 137.47 | 134.54 | 133.74 | 133.18 |
| 安徽省 | 48.35 | 44.28 | 41.01 | 39.32 | 38.56 |
| 福建省 | 138.02 | 133.87 | 130.04 | 131.18 | 134.32 |
| 江西省 | 77.33 | 72.68 | 68.83 | 68.09 | 68.96 |
| 山东省 | 127.88 | 124.16 | 121.52 | 123.03 | 126.70 |
| 河南省 | 106.59 | 100.83 | 96.27 | 95.49 | 96.79 |
| 湖北省 | 122.72 | 116.96 | 112.07 | 111.86 | 113.97 |
| 湖南省 | 120.48 | 115.56 | 111.20 | 110.70 | 112.05 |
| 广东省 | 121.80 | 115.88 | 110.18 | 108.45 | 108.14 |
| 广西 | 69.72 | 65.15 | 61.49 | 60.45 | 60.78 |
| 海南省 | 100.95 | 98.32 | 97.05 | 99.17 | 101.52 |
| 重庆市 | 129.42 | 124.11 | 119.65 | 119.29 | 121.18 |
| 四川省 | 116.94 | 110.69 | 105.64 | 103.84 | 103.72 |
| 贵州省 | 130.30 | 126.24 | 122.81 | 125.34 | 129.83 |
| 云南省 | 277.32 | 269.09 | 260.10 | 251.24 | 240.07 |
| 西藏 | 182.34 | 176.17 | 171.93 | 177.49 | 187.89 |
| 陕西省 | 90.07 | 84.60 | 80.10 | 78.74 | 79.18 |
| 甘肃省 | 208.18 | 199.91 | 191.58 | 187.58 | 184.60 |
| 青海省 | 149.46 | 143.80 | 138.82 | 137.59 | 138.37 |
| 宁夏 | 59.30 | 56.00 | 53.48 | 53.74 | 55.49 |
| 新疆 | 152.02 | 144.91 | 138.65 | 136.37 | 136.44 |

上表只能笼统的了解某省某时间段内仓储负载边际消耗值为多少，只能描述当时存在

的一种状态，但不能很直观分辨出该边际消耗值是高了，还是低了。这就需要用边际消耗值与其他的边际消耗值相比较，在这里，我们把各省各时间段的消耗值与全国的仓储负载边际消耗值做一个比较，比较用下面的公式来结算：

$$比值 = \left(\frac{某省某时间段仓储负载边际消耗值}{全国该时间段仓储负载边际消耗值} - 1\right) \times 100\% \qquad （式 4\text{-}12）$$

其计算结果见下表：

表 4-31 仓储负载边际消耗与全国均值比较

| 省份 | 2014 年 | 2015 年 | 2016 年 | 2017 年 | 2018 年 | 综合 |
|---|---|---|---|---|---|---|
| 全国（均值） | —— | —— | —— | —— | —— | —— |
| 北京市 | 504.44% | 580.24% | 646.47% | 693.86% | 703.03% | 625.61% |
| 天津市 | 61.92% | 74.60% | 86.66% | 97.67% | 106.81% | 85.53% |
| 河北省 | 19.65% | 19.66% | 19.37% | 19.88% | 21.05% | 19.92% |
| 山西省 | 56.26% | 67.70% | 78.02% | 84.45% | 86.84% | 74.65% |
| 内蒙古 | -18.31% | -17.79% | -17.03% | -15.85% | -14.54% | -16.70% |
| 辽宁省 | 7.77% | 7.29% | 51.24% | 17.77% | 18.53% | 20.52% |
| 吉林省 | 87.86% | 93.08% | 96.98% | 99.48% | 101.05% | 95.69% |
| 黑龙江 | 124.72% | 143.15% | 162.25% | 177.50% | 187.58% | 159.04% |
| 上海市 | 8.19% | 12.60% | 16.98% | 19.87% | 22.24% | 15.98% |
| 江苏省 | 9.72% | 11.90% | 14.32% | 16.56% | 18.67% | 14.23% |
| 浙江省 | 9.11% | 11.49% | 13.30% | 13.22% | 11.81% | 11.79% |
| 安徽省 | -62.38% | -64.09% | -65.46% | -66.72% | -67.63% | -65.26% |
| 福建省 | 7.40% | 8.57% | 9.52% | 11.05% | 12.76% | 9.86% |
| 江西省 | -39.83% | -41.06% | -42.03% | -42.36% | -42.11% | -41.48% |
| 山东省 | -0.49% | 0.70% | 2.34% | 4.15% | 6.37% | 2.61% |
| 河南省 | -17.06% | -18.23% | -18.93% | -19.17% | -18.75% | -18.43% |
| 湖北省 | -4.50% | -5.14% | -5.62% | -5.31% | -4.32% | -4.98% |
| 湖南省 | -6.25% | -6.28% | -6.35% | -6.29% | -5.93% | -6.22% |
| 广东省 | -5.22% | -6.02% | -7.21% | -8.19% | -9.22% | -7.17% |
| 广西 | -45.75% | -47.16% | -48.21% | -48.83% | -48.98% | -47.79% |
| 海南省 | -21.45% | -20.26% | -18.26% | -16.05% | -14.78% | -18.16% |
| 重庆市 | 0.71% | 0.65% | 0.77% | 0.98% | 1.73% | 0.97% |

续表

| 省份 | 2014 年 | 2015 年 | 2016 年 | 2017 年 | 2018 年 | 综合 |
|---|---|---|---|---|---|---|
| 四川省 | -9.00% | -10.23% | -11.03% | -12.10% | -12.93% | -11.06% |
| 贵州省 | 1.39% | 2.39% | 3.43% | 6.10% | 8.99% | 4.46% |
| 云南省 | 115.80% | 118.24% | 119.05% | 112.68% | 101.54% | 113.46% |
| 西藏 | 41.89% | 42.88% | 44.79% | 50.25% | 57.73% | 47.51% |
| 陕西省 | -29.91% | -31.39% | -32.55% | -33.35% | -33.53% | -32.14% |
| 甘肃省 | 61.99% | 62.13% | 61.34% | 58.79% | 54.97% | 59.85% |
| 青海省 | 16.30% | 16.62% | 16.91% | 16.47% | 16.16% | 16.49% |
| 宁夏 | -53.85% | -54.58% | -54.96% | -54.51% | -53.42% | -54.26% |
| 新疆 | 18.29% | 17.53% | 16.76% | 15.44% | 14.54% | 16.51% |

## 二、仓储资源边际消耗均衡状态分析

根据经验，把资源消耗分为三种状态：

状态一，边际资源消耗过高。该状态是指某个省份（或地区）每满足一万吨的仓储需求，需要消耗的有效仓储面积对比全国均值来说，超过了 50%，也就是达到了全国均值的 1.5 倍以上。

状态二，边际资源消耗超低。该状态是指某个省份（或地区）每满足一万吨的仓储需求，需要消耗的有效仓储面积对比全国均值来说，低于 20%，也就是边际资源消耗值只有全国均值的 80% 以下。

状态三，边际资源消耗适中。该状态是指某个省份（或地区）每满足一万吨的仓储需求，需要消耗的有效仓储面积对比全国均值来说，基本保持持平状态。即边际消耗达到了全国均值的 80% 以上，也保持在全国均值的 150% 以下，这种状态我们把它叫作边际资源消耗适中，也是一种相对均衡状态。

根据上表的计算结果，我们把全国的资源边际消耗状态进行对号入座，如下表：

**表 4- 32　中国各省边际资源消耗状态一览表**

| 省份 | 2014 年 | 2015 年 | 2016 年 | 2017 年 | 2018 年 | 综合 |
|---|---|---|---|---|---|---|
| 北京市 | 消耗过高 | 消耗过高 | 消耗过高 | 消耗过高 | 消耗过高 | 消耗过高 |
| 天津市 | 消耗过高 | 消耗过高 | 消耗过高 | 消耗过高 | 消耗过高 | 消耗过高 |
| 河北省 | 消耗适中 | 消耗适中 | 消耗适中 | 消耗适中 | 消耗适中 | 消耗适中 |
| 山西省 | 消耗过高 | 消耗过高 | 消耗过高 | 消耗过高 | 消耗过高 | 消耗过高 |
| 内蒙古 | 消耗适中 | 消耗适中 | 消耗适中 | 消耗适中 | 消耗适中 | 消耗适中 |

续表

| 省份 | 2014 年 | 2015 年 | 2016 年 | 2017 年 | 2018 年 | 综合 |
|---|---|---|---|---|---|---|
| 辽宁省 | 消耗适中 | 消耗适中 | 消耗过高 | 消耗适中 | 消耗适中 | 消耗适中 |
| 吉林省 | 消耗过高 | 消耗过高 | 消耗过高 | 消耗过高 | 消耗过高 | 消耗过高 |
| 黑龙江 | 消耗过高 | 消耗过高 | 消耗过高 | 消耗过高 | 消耗过高 | 消耗过高 |
| 上海市 | 消耗适中 | 消耗适中 | 消耗适中 | 消耗适中 | 消耗适中 | 消耗适中 |
| 江苏省 | 消耗适中 | 消耗适中 | 消耗适中 | 消耗适中 | 消耗适中 | 消耗适中 |
| 浙江省 | 消耗适中 | 消耗适中 | 消耗适中 | 消耗适中 | 消耗适中 | 消耗适中 |
| 安徽省 | 消耗超低 | 消耗超低 | 消耗超低 | 消耗超低 | 消耗超低 | 消耗超低 |
| 福建省 | 消耗适中 | 消耗适中 | 消耗适中 | 消耗适中 | 消耗适中 | 消耗适中 |
| 江西省 | 消耗超低 | 消耗超低 | 消耗超低 | 消耗超低 | 消耗超低 | 消耗超低 |
| 山东省 | 消耗适中 | 消耗适中 | 消耗适中 | 消耗适中 | 消耗适中 | 消耗适中 |
| 河南省 | 消耗适中 | 消耗适中 | 消耗适中 | 消耗适中 | 消耗适中 | 消耗适中 |
| 湖北省 | 消耗适中 | 消耗适中 | 消耗适中 | 消耗适中 | 消耗适中 | 消耗适中 |
| 湖南省 | 消耗适中 | 消耗适中 | 消耗适中 | 消耗适中 | 消耗适中 | 消耗适中 |
| 广东省 | 消耗适中 | 消耗适中 | 消耗适中 | 消耗适中 | 消耗适中 | 消耗适中 |
| 广西 | 消耗超低 | 消耗超低 | 消耗超低 | 消耗超低 | 消耗超低 | 消耗超低 |
| 海南省 | 消耗超低 | 消耗超低 | 消耗适中 | 消耗适中 | 消耗适中 | 消耗适中 |
| 重庆市 | 消耗适中 | 消耗适中 | 消耗适中 | 消耗适中 | 消耗适中 | 消耗适中 |
| 四川省 | 消耗适中 | 消耗适中 | 消耗适中 | 消耗适中 | 消耗适中 | 消耗适中 |
| 贵州省 | 消耗适中 | 消耗适中 | 消耗适中 | 消耗适中 | 消耗适中 | 消耗适中 |
| 云南省 | 消耗过高 | 消耗过高 | 消耗过高 | 消耗过高 | 消耗过高 | 消耗过高 |
| 西藏 | 消耗适中 | 消耗适中 | 消耗适中 | 消耗过高 | 消耗过高 | 消耗适中 |
| 陕西省 | 消耗超低 | 消耗超低 | 消耗超低 | 消耗超低 | 消耗超低 | 消耗超低 |
| 甘肃省 | 消耗过高 | 消耗过高 | 消耗过高 | 消耗过高 | 消耗过高 | 消耗过高 |
| 青海省 | 消耗适中 | 消耗适中 | 消耗适中 | 消耗适中 | 消耗适中 | 消耗适中 |
| 宁夏 | 消耗超低 | 消耗超低 | 消耗超低 | 消耗超低 | 消耗超低 | 消耗超低 |
| 新疆 | 消耗适中 | 消耗适中 | 消耗适中 | 消耗适中 | 消耗适中 | 消耗适中 |

从上表可以分析，仓储资源边际消耗过高出现了 46 频次，占总频次 186 次的 24.73%，而仓储资源边际消耗超低出现了 32 频次，占总频次的 17.20%，仓储资源边际消耗相对均衡出现了 109 次，占总频次的 58.07%，说明我国仓储资源的配置相对是合理的。按照状态把各省进行分类，见下表：

表 4-33　三种资源消耗均衡状态各省各年坐标表

| 省份 | 2014 年 | 2015 年 | 2016 年 | 2017 年 | 2018 年 | 综合 |
|---|---|---|---|---|---|---|
| 消耗过高 | 京津晋吉黑云甘（7） | 京津晋吉黑云甘（7） | 京津晋辽吉黑云甘（8） | 京津晋吉黑云藏甘（8） | 京津晋吉黑云藏甘（8） | 京津晋吉黑云甘（7） |
| 消耗适中 | 冀蒙辽沪苏浙闽鲁豫鄂湘粤渝川贵藏青疆（18） | 冀蒙辽沪苏浙闽鲁豫鄂湘粤渝川贵藏青疆（18） | 冀蒙沪苏浙闽鲁豫鄂湘粤琼渝川贵藏青疆（18） | 冀蒙辽沪苏浙闽鲁豫鄂湘粤琼渝川贵青疆（18） | 冀蒙辽沪苏浙闽鲁豫鄂湘粤琼渝川贵青疆（18） | 冀蒙辽沪苏浙闽鲁豫鄂湘粤琼渝川贵藏青疆（19） |
| 消耗超低 | 皖赣桂琼陕宁（6） | 皖赣桂琼陕宁（6） | 皖赣桂陕宁（5） | 皖赣桂陕宁（5） | 皖赣桂陕宁（5） | 皖赣桂陕宁（5） |

# 第六节　仓储负载能力与资源消耗均衡分析

## 一、九宫格均衡状态坐标及优化模型

为了更好地评价各种均衡状态，我们把仓储负载能力三种状态与仓储资源消耗三种状态结合起来，构建成一个九宫格形式的均衡状态坐标，见下图：

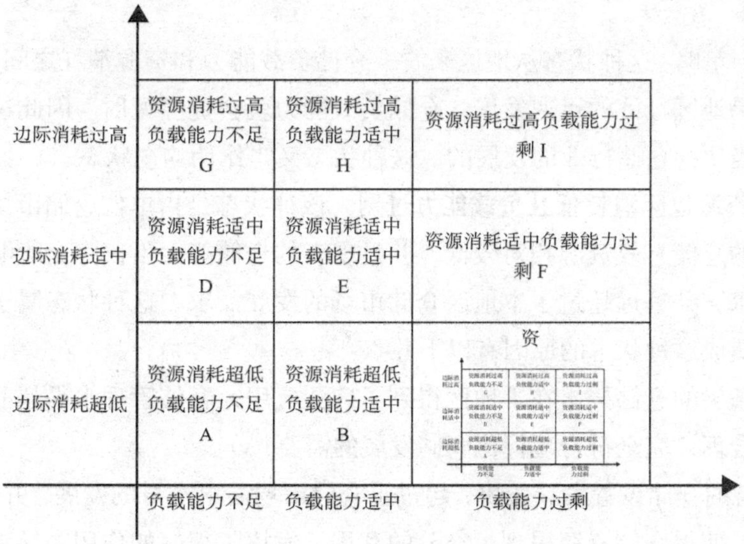


图 4-7　九宫格均衡状态坐标图

从上图可以看出，把仓储负载能力与资源消耗均衡状态分别列为九种坐标，每种坐标都代表一种均衡状态，也就是仓储负载能力与社会资源消耗之间的状态也有九种，下面分别就九种状态进行一一剖析。

**状态 A：资源边际消耗低且负载能力不足**。这种状态是指每单位仓储市场需求所消耗的仓储资源偏低，也就是仓储资源利用率高，但是现有的仓储负载能力不能满足当前仓储市场的需求，该种状态下，是需要政府大力扶持仓储行业、引导仓储行业投资，增加仓储负载能力。造成这种状态的原因有三个：

第一，该地区仓储市场需求增长过快，生产型的企业带来的工业经济和贸易性的企业带来的贸易经济快速发展，市场调节失灵，导致仓储需求爆炸性增长；

第二，该地区的仓储投资疲软，甚至停滞不前，完全靠以前的仓储投资进行维持，政府扶持力度远远跟不上仓储市场的发展，导致仓储供不应求；

第三，本地区由于受到地域限制，仓储能力可扩充性差，政府和企业都无法从根本上解决仓储负载供不应求的局面。

优化方法与策略：这种状态，只能借船下海，在附近的省份或者地区，通过其他方式外放仓储需求，例如打通交通环节，来缓解仓储压力。

**状态 B：资源边际消耗低且负载能力适中**。这种状态是指每单位仓储市场需求所消耗的仓储资源偏低，也就是仓储资源利用率高，而且现有的仓储负载能力能够满足当前仓储市场的需求。造成这种状态的原因有二：

第一，该地区仓储技术应用广泛，仓储管理水平高，仓储资源得到了很好的利用，发挥了很好的作用，导致单位面积的负载能力超过了正常水平，仓储资源利用率高；

第二，本地的仓储市场需求发展较为缓慢，地方经济还在发展中，仓储经济的发展还有很大的拓展空间，导致本地的仓储负载能力在充分利用仓储资源的条件下，能够满足仓储市场需求。

优化方法与策略：这种状态从地区来看，仓储负载能力和资源消耗之间是基本均衡的，但实际上，如果地区经济的迅速发展，仓储负载能力就会捉襟见肘。因此这种状态下，政府还是需要适当扶持仓储行业的发展的。这种状态又叫作伪均衡状态。

**状态 C：资源边际消耗低且负载能力过剩**。该种状态是指单位仓储市场需求（以万吨为单位）消耗的仓储有效资源相对较低，并且现有的仓储能力不仅完全能够满足仓储市场快速发展的需求，并远远超过了本地区仓储市场的发展需求。这种状态属于一种仓储发展过快的状态。造成这种状态的原因有以下几点：

第一，高精尖的仓储技术在本地区得到了广泛应用，仓储管理水平超前，仓储资源规划和整体布局合理，完全符合现代化仓储发展的需要；

第二，原有的仓储设置发展较快，超过了仓储市场需求本身的发展，并且由于高技术、高管理的应用，使得仓储资源得到了充分的利用，发挥了很好的作用，导致单位面积的负载能力超过了正常水平，仓储资源利用率高；

第三，仓储市场需求发展相对仓储行业本身的发展要缓慢，仓储市场需求发展低于仓储行业的预期。

优化方法与策略：这种状态下会导致大量的仓储设施闲置，仓储投资回笼慢，仓储设施使用成本低。一般来说，这种状态下政府一方面可以大力发展工业制造业以及贸易经济，拉动仓储市场需求的快速发展；另一方面可以打通附近地区的交通枢纽，引进仓储市场需求，满足当地仓储负载市场的需要，但绝对不能继续发展仓储行业，并且要抑制仓储行业的投资，或者进行仓储行业结构的调整。

**状态 D：资源边际消耗适中但仓储负载能力不足**。这种状态是指单位仓储市场需求消耗的仓储有效资源适中，但本地区的仓储负载能力不能满足本地仓储市场发展的需求。导致这种状态的原因有以下几个方面：

第一，本地区仓储行业技术应用和管理水平都还有一定的提升空间，现代化的仓储技术和仓储管理手段还处在发展阶段；

第二，政府对仓储行业扶持力度不足，或者仓储行业投资疲软，导致仓储负载能远远低于仓储市场需求；

第三，本地区的仓储市场需求发展要快于仓储行业的发展，导致仓储负载供过于求。

优化方法与策略：这种状态下，一方面，政府大力扶持仓储行业的发展，或者大力引进并鼓励仓储投资，包括仓储设施和仓储技术以及仓储软环境投资；另一方面，政府可以把仓储市场需求进行外放，与邻近地区合作共同仓储，来缓解本地区仓储市场需求的压力。

**状态 E：资源边际消耗适中仓储负载能力也适中**。这种状态是指单位仓储市场需求消耗的仓储有效资源基本与国内的水平持平，并且在这种状态下，仓储负载能力基本能够满足本地区仓储市场发展的需要。随着社会经济的发展，本地区的仓储负载能力还有一定的提升空间，政府可以将仓储市场的发展交由市场供需关系决定。这种状态称之为“仓储负载资源消耗 - 负载能力最优均衡状态”。达到这种状态的原因有以下几点：

第一，政府对仓储行业的规划和布局非常合理，也基本符合仓储市场需求的发展需要，对于仓储市场需求的扶持与仓储行业的扶持是相互适应的；

第二，本地的仓储市场现代化技术应用和管理应用水平处于发展阶段，仓储市场需求的发展也处于发展阶段，他们之间的发展是同步的。

**状态 F：资源消耗适中但负载能力过剩**。这种状态是指单位仓储市场需求消耗的仓储有效资源基本与国内的平均水平持平，但仓储负载能力超过了本地区仓储市场发展的需要。也就是说，本地区的仓储负载能力处于供过于求的状态。导致这种状态的原因有以下几个方面：

第一，仓储行业投资过热，或者政府前期对仓储行业的扶持力度超过了其他行业的扶持，导致了仓储负载能力超过了仓储市场发展的需求；

第二，生产制造业的发展和贸易业的发展比较疲软，或者远远没有仓储行业的发展快速。

优化方法与策略：这种状态下，一方面，政府应该适当抑制仓储行业的发展，并且可以适当承接邻近地区的仓储市场需求，以缓解当地仓储负载能力闲置的状态；另一方面，政府可以大力扶持生产制造业以及贸易业的发展，增加仓储市场需求。

**状态G：资源边际消耗过高但仓储负载能力不足**。这种状态是指单位仓储市场需求（每万吨仓储需求）消耗的仓储有效资源远远超过了国内的平均水平，属于粗放型的仓储经济，而且仓储负载能力远远不能满足本地区仓储市场发展的需求。导致这种状态的原因有以下几点：

第一，仓储行业的发展处于简单仓储手段应用状态，现代化的仓储技术以及管理手段都没有应用到仓储行业中，仓储有效资源利用率极低，这种状态下的仓储行业还急需运用现代化仓储技术和管理手段进行优化，提高仓储有效资源的利用效率，充分发挥现有仓储资源的作用；

第二，政府对仓储行业的扶持力度不够，或者仓储投资比较疲软，难以满足当前仓储市场发展的需要；

第三，本地区的仓储市场发展比较快，或者说超过了仓储行业的发展，导致了供不应求的状况。

优化方法与策略：这种状况下，一方面，政府可以引进先进的仓储技术手段以及现代化的仓储管理理念，对现有的仓储条件进行优化调整，尽可能多的发挥现有仓储有效资源的作用；另一方面，政府应大力扶持和引进、鼓励仓储投资，尽量增加仓储有效资源，这是根本；第三方面，政府或者行业协会可以与邻近地区相互合作，把现有仓储市场需求引流到邻近地区，以缓解当前仓储负载能力严重不足的问题。

**状态H：仓储资源消耗过高且仓储负载能力适中**。这种状态是指本地区的单位仓储市场需求（每万吨仓储需求）消耗的仓储有效资源远远超过了国内的平均水平，但是现有的条件下，仓储负载能力能够满足仓储市场发展的需要。造成这种状态的原因有两个：

第一，本地区仓储现代化应用程度比较低，新技术、新方法在本地区都还没有启用，仓储行业还处在相当粗放的初级市场状态；

第二，本地区的仓储发展速度基本能够满足当地的仓储市场发展需求，本地区的生产制造业、商品贸易业与仓储行业的发展基本处于协同发展的状态。

优化方法与策略：这种状态下，政府实际上不用特别扶持仓储行业的发展，但需要引进新的仓储技术以及新的管理理念，并广泛推广，以满足未来仓储发展的需要，也就是要优化现有的仓储有效资源，来达到满足未来仓储市场发展需求的目的。因此该种状态又称为“可优化仓储负载均衡状态”。

**状态I：资源消耗过高且仓储负载能力过剩**。这种状态指本地区的单位仓储市场需求（每万吨仓储需求）消耗的仓储有效资源既远远超过了国内的平均水平，并且仓储负载能力远远超出了仓储市场发展的需要。造成这种状态的原因有三个：

第一，本地区仓储的技术应用水平以及现代化管理水平都非常低，处于一种粗放管理状态；

第二，政府盲目扶持仓储行业的发展，或者说本地区的仓储投资程度过热，导致现有的仓储有效资源大大超过了仓储市场发展的需求，造成了大量仓储资源的闲置；

第三，本地区的仓储市场发展远远落后于仓储行业本身的发展，本地区的生产制造业、商品贸易业发展缓慢，仓储市场需求完全落后于仓储本身。

优化方法与策略：这种状态属于仓储市场盲目投资状态，政府对仓储行业的规划和布局不合理，而且仓储的现代化水平极低，造成大量仓储资源以及相关社会资源的浪费。处于这种状态下的仓储行业，不仅只能提供简单的仓储服务，少有增值服务来源，仓储收益非常低，仓储回收时间长。是极不可取的一种仓储负载状态。

## 二、各年度各省静态均衡九宫格坐标分析

根据九宫格均衡坐标模型，把全国 31 个省份 2014 年至 2018 年五年的静态均衡状态在九宫格坐标模型中对号入座，见下图：

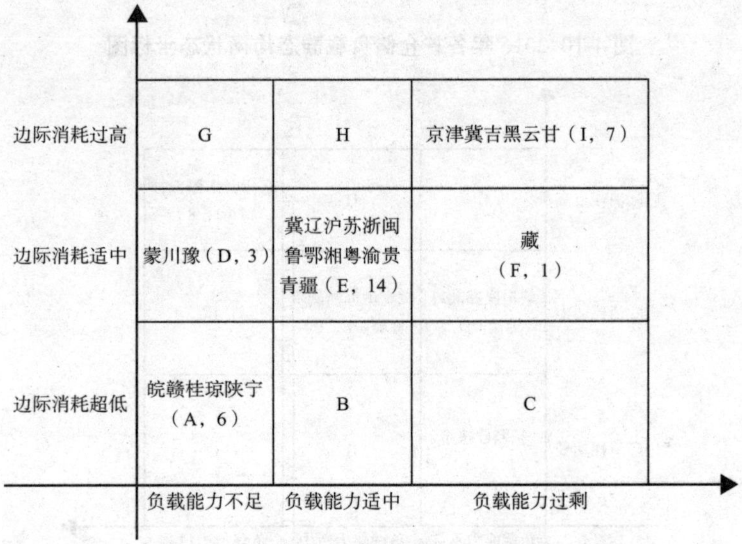


**图 4-8 2014 年各省仓储负载静态均衡状态坐标图**

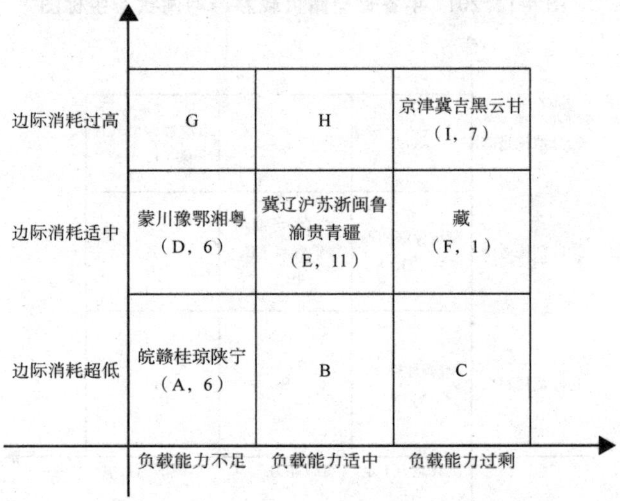


**图 4-9 2015 年各省仓储负载静态均衡状态坐标图**

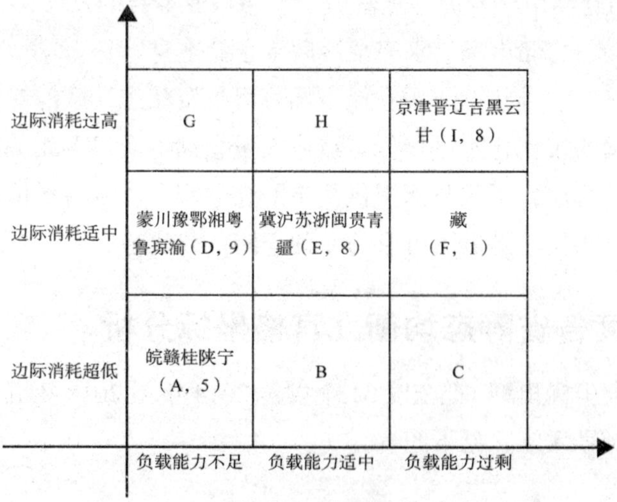


**图 4-10 2016 年各省仓储负载静态均衡状态坐标图**

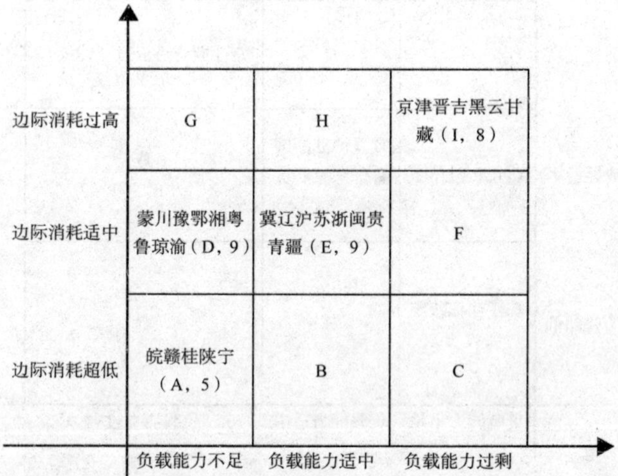


**图 4-11 2017 年各省仓储负载静态均衡状态坐标图**

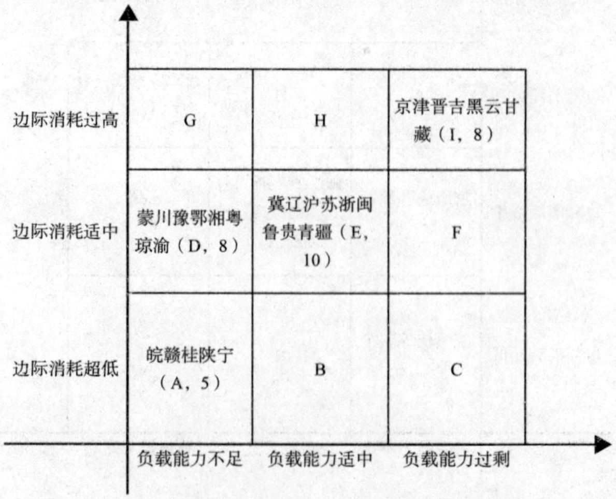


**图 4-12 2018 年各省仓储负载静态均衡状态坐标图**

从上面五年的仓储负载静态坐标中可以看出，负载能力不足的有 9-13 个省份，占全国总数的 29.03-41.94%，其他省份基本上都能满足当前仓储市场的需求。边际消耗过高的大多都集中在状态 I，边际消耗过高且负载能力过剩，基本上都是北京、天津、山西、黑龙江、云南、甘肃、西藏。从这几个省特点，可以分成两个部分来进行分析：

第一部分，北京和天津。一方面是因为北京和天津仓储资源边际消耗过高，主要是因为北京和天津的土地价格差距较大，商业用地和工业用地差别较大，建筑成本无法把工业建筑成本和商业楼盘建筑成本区分开来，取他们平均值导致了北京和天津的边际资源消耗过高；另一方面，负载能力过剩是因为近几年以来，北京和天津的地价过高，连带仓储成本居高不下，很多物流企业都逐步移居河北，导致了京津两地的物流量逐年减少，而河北的物流量剧增，最终计算的结果是京津两地负载能力过剩。

第二部分，晋吉黑云甘藏等边远省份。导致这些省份和地区处在状态 I 的主要原因有以下几点：第一，这些地区主要原因是地处偏远，物流现代化技术应用程度以及现代化管理手段很低，仓储资源利用率不高，基本处于仓储发展的初级阶段，导致了仓储资源边际消耗高；第二，另外这些省份土地成本低，仓储建设成本也很低，投资的风险比较小，即使没有政府的扶持，仓储投资的增加会带动资源会迅速增长，即使仓储的闲置率居高不下，也不会给投资方带来很大的损失；第三，这些地区的工业制造业以及贸易行业并不发达，公路货运量比较少，物流行业还没有发展起来，因此导致了仓储负载能力大大超过了仓储市场发展的需求。

## 三、未来五年各省仓储负载动态均衡九宫格坐标

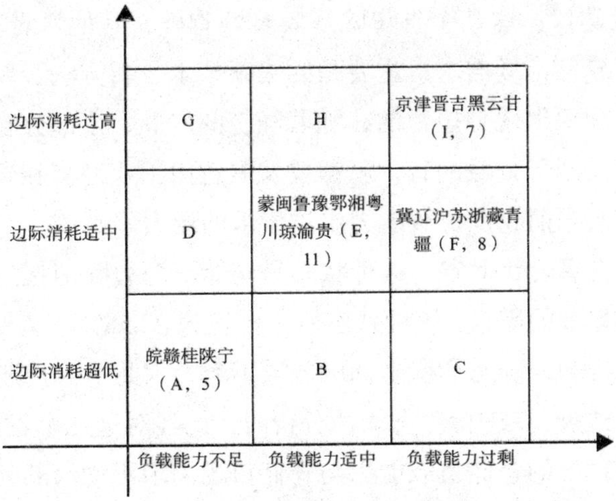


**图 4-13 未来五年各省仓储负载动态均衡状态坐标图**

从上图可以看出，动态均衡的坐标图较静态的坐标图整体还是发生了很大的变化，主要表现为负载能力不足的省份由 13 个省份变成只有 5 个省份，仅占 16.13%，绝大部分地

区仓储负载能力都能满足仓储市场发展的需要。下面针对集中状态逐一进行分析：

**状态 A：皖赣桂陕宁五省**。这五省不是因为仓储行业发展不快，也不是仓储行业技术应用水平和新的管理理念推广不够，是因为这五省仓储市场需求增长太快，12.13%，10.47%，13.78%，10.16%，15.67%，几乎是全国增长均值的两倍。

解决方案及优化建议：该五省有三个省份是工业大省，在仓储市场需求快速发展的同时，由于该五省的仓储资源边际消耗基本处于国内领先水平，因此，可以从两个方面来优化这种状态：第一，政府可以大力扶持仓储行业的发展，或者引进投资，鼓励投资来促进仓储行业的发展，来增加仓储负载能力；第二，可以与邻近仓储需求不足的省份来进行联合仓储，比如安徽和鄂豫、江西和浙闽、广西和云贵、陕西和晋甘、宁夏和青甘疆等，来缓解仓储市场需求给仓储负载带来的压力。

**状态 E：蒙闽鲁豫鄂湘粤川琼渝贵十一省**。这种状态是最优均衡状态，所占比重达到了 35.48%，超过了三分之一，这些地区的产业结构与仓储行业发展是协调的，同步的。

**状态 F：冀辽沪苏浙藏青疆八省**。这种状态所占比重为 25.81%，约为四分之一，基本上是从静态坐标中状态 E 转化过来的，我们把这个状态的省份分为两部分来分析。第一部分，冀辽沪苏浙疆这六个省份，这些省份的仓储市场市场需求的发展在全国来说是比较领先的，仓储行业的发展也是领先的，主要是因为 2009 年至 2013 年间，仓储技术应用以及管理理念都比较先进，仓储资源利用率越来越高，负载能力越来越强，导致仓储的负载能力发展超过了仓储市场的需求。第二个部分是青藏两省，这两省由于仓储资源建设成本比较低，导致仓储行业的发展速度较快，但是由于该两省都不是工业省份，经济也欠发达，工业经济与贸易经济比较滞后，仓储市场需求增长比较疲软，导致了仓储负载能力大大超过了仓储市场发展需求。

解决方案及优化建议：这几个省份除了青藏两省外，其他六省基本上都是工业大省，仓储负载能力超过了仓储市场需求，主要是因为新技术、新方法、新理念广泛推广与应用带来的附作用，这种现象出现是短暂的，随着经济的发展，该部分省份的仓储负载能力与仓储市场需求会持平。至于青藏两省，就需要发展省内工业经济和贸易经济来带动仓储市场需求的发展，以缓解当前仓储负载能力供过于求的压力。

**状态 I：京津晋吉黑云甘七省**。这种状态是仓储资源边际消耗过高，且仓储负载能力远远超过了仓储市场发展的需求，该种状态所占比重为 22.58%。这种状态的分析已经在静态分析中阐述过了，因为与静态均衡坐标中差异不大，因此不再赘述。

解决方案及优化建议：在进行静态均衡分析时，已经对这几个省份的状况进行了分析，根据以上分析，京津地区的仓储负载能力与仓储市场需求不均衡的问题，是因为土地价格超高，公路货运量不足造成的，因此无须提供解决和优化方案。而晋吉黑云甘五省，是由于本省工业制造经济以及贸易经济不发达所致。因此，就需要各省发展省内工业经济和贸易经济来带动仓储市场需求的发展，以缓解当前仓储负载能力供过于求的压力。

## 第七节　本章小结

本章主要分为六个部分：市场调研、仓储负载能力分析、仓储市场需求分析、仓储负载能力与市场需求均衡优化分析、仓储资源消耗均衡分析、仓储负载能力与资源消耗均衡分析。

市场调研部分，主要把从市场上调研回来的仓储相关数据进行统计分析整理，分类成后面分析需要的数据，主要集中在仓储投资调研数据统计与分析、仓储面积的调研统计与分析、仓储周转速度的调研统计与分析、以及仓储需求的调研统计与分析，并对这些数据之间的关联关系进行了分析，列出了他们之间的线性公式。

仓储负载能力分析部分，该部分主要分析并阐述了在 2004-2013 年，我国各省份的仓储资源能够负载多少的仓储需求量。该部分通过分析比较十一年的货运量以及仓储面积的变化，运用回归分析法，对各地区的仓储负载能力进行了分析，并构建了仓储负载能力标准模型：

$$TSC = 11.27 \times EWA \times ITR$$

TSC：总仓储负载能力（Total Storage capacity，简写为 TSC）；

EWA：仓储有效使用面积（EWA）；

ITR：仓储周转速度（Inventory Turnover Rate，简写为 ITR，也写为 ITO）；

11.27：就是仓储负载能力权数。

仓储市场需求分析部分。该部分主要分析并阐述了在 2004-2013 年，我国各省份的仓储市场需求量。该部分通过分析比较十年的货运量以及货运周转量的变化，对各地区的仓储市场需求进行了比较分析，运用回归分析法，并构建了 2014-2018 年各省各年的仓储需求量的回归方程，最后进行了预测，得出了各年的仓储市场需求预测值。

仓储负载能力与仓储市场需求均衡分析。该部分主要通过预测 2014-2018 年各省的仓储负载能力与各省的仓储市场需求进行比较，分析各年度各省的仓储负载能力是否满足市场发展的需求，根据他们之间的大小进行比较，把他们之间的比值分为三种状态：仓储负载能力过剩、仓储负载能力适中、仓储负载能力不足，也把这三种状态定义为静态均衡状态。又根据各省各年度的仓储负载能力以及仓储市场需求的变化，定义了三种动态均衡状态：仓储负载能力过剩、仓储负载能力适中、仓储负载能力不足。

仓储资源消耗均衡分析部分。该部分主要是阐述各省各年每单位仓储市场需求（一万吨吞吐量）需要消耗的有效的仓储资源。这个值主要是表达各省各实践段内有效仓储资源的利用率，是否充分发挥了有效仓储资源的价值，也就是它的市场利用价值。通过分析，也把仓储资源消耗的均衡状态分为三种状态：资源消耗过高、资源消耗适中、资源消耗超低等。

仓储负载能力与资源消耗均衡分析。该部分是该章节的重要结论部分，为了更好更直观地分析出各年度各省的均衡状态，本章节构建了九宫格均衡状态坐标模型：

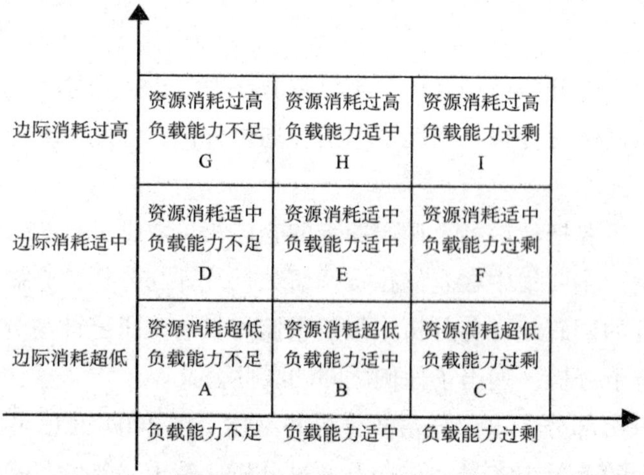


并把九宫格模型中各个状态出现的问题进行了分析，在每一类状态后面给出了优化方案。根据调查的数据，运用九宫格模型对各年各省的静态均衡状态进行了评析，也对未来五年各省仓储负载动态均衡进行九宫格坐标分析，并给出了优化意见。

# 第五章　物流配送均衡优化研究

随着经济全球化的不断发展，作为“第三利润源泉”的物流对经济活动的影响日益明显，引起了人们越来越多的重视，成为当前“最重要的竞争领域”。配送是现代物流的一个重要环节，随着物流的全球化、信息化及一体化，配送在整个物流系统中的作用变得越来越重要。物流配送路线的优化，又是物流配送中的一个关键环节。因此，在配送过程中，配送线路合理与否对配送速度、成本、效益影响很大。设计合理、高效的配送路线方案，不仅可以减少配送时间，降低作业成本，提高企业的效益，而且可以更好地为客户服务，提高客户的满意度，维护企业良好的形象。

配送合理化与否是配送决策系统的重要内容，配送线路的合理与否又是配送合理化的关键。选择合理配送路线，对企业和社会都具有很重要的意义。

对企业来说，优化配送路线

（1）可以减少配送时间和配送里程，提高配送效率，增加车辆利用率，降低配送成本。

（2）可以加快物流速度，能准时、快速地把货物送到客户的手中，提高客户满意度。

（3）使配送作业安排合理化，提高企业作业效率，有利于企业提高竞争力与效益。

对社会来说，它可以节省运输车辆，减少车辆空载率，降低了社会物流成本，对其他企业尤其是生产企业具有重要意义。与此同时，还能缓解交通紧张状况，减少噪声、尾气排放等运输污染，对民生和环境也有不容忽视的作用。

国内外研究概况：物流配送路径优化问题最早是由 Dnatzig 和 Rmaser 于 1959 年首次提出，自此，很快引起运筹学、应用数学、组合数学、图论与网络分析、物流科学、计算机应用等学科的专家与运输计划制定者和管理者的极大重视，成为运筹学与组合优化领域的前沿与研究热点问题。各学科专家对该问题进行了大量的理论研究及实验分析，取得了很大的进展。目前，对于解决配送路径优化问题主要有两类方法，一类是精确算法，主要有动态规划法、分支定界法、节约算法、邻接算法、扫除算法、禁忌搜索算法等；另一类是启发式算法，主要有人工神经网络算法、蚁群算法、人工免疫系统算法、粒子群算法、遗传算法等。

# 第一节　物流配送路径优化研究

## 一、物流配送模式

“配”主要是货物准备分拣等，“送”主要指货物的运送。电子商务的大量订单改变了传统的物流配送过程，电子商务物流的配送模式如图 5-1 所示：

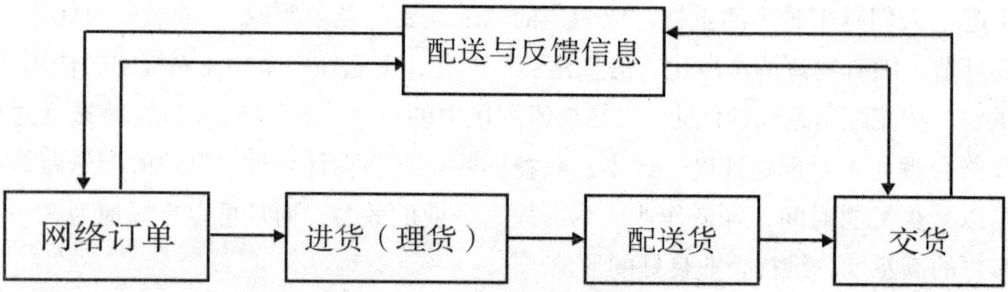


图 5-1　电子商务物流的配送模式

## 二、物流配送流程

1. 物流配送的一般业务流程

（1）备货

备货是配送的准备工作或基础环节，备货包括筹集货源、订货或购货、集货、进货及有关的质量检查、结算、交接货物等。配送的重要优势之一，就是可以集中用户的需求进行较大规模的进货，备货是决定配送成败的基础性工作，如果备货成本太高，会大大降低配送的效益。

（2）存储

配送中的存储有储备及暂存两种形态。所谓储备是按一定时期的配送业务要求形成对配送的资源保证。这种类型的储备数量较大，储备结构也较完善，视货源及到货情况，可以有计划地确定周转储备及保险储备的结构及数量，配送的储备保证有时需要在配送中心附近单独设库解决。所谓暂存是指具体执行每日配送时，按分拣配货要求，在理货场地所做的少量储存准备。由于总体储存效益取决于储存总量，所以，这部分暂存数量只会对工作方便与否造成影响，而不会影响储存的总效益，因而在数量控制方面不十分严格；另外还有一种形式的暂存，即在分拣、配货之后形成的发送货载的暂存，这种暂存主要是调节配货与送货的节奏，暂存时间不长。

（3）分拣和配货

分拣和配货是配送不同于其他物流形式的独特功能要素，也是决定配送成败的一个重要环节。分拣及配货是完善送货、支持送货的准备性工作，是送货向高级形式发展所必需的工作，有了高水平的分拣和配货才能大大提高送货服务水平，所以，分拣及配货是决定整个配送系统水平的关键要素，是配送企业提高市场竞争力和自身经济效益必须高度重视的环节。

（4）配装

在单个用户配送数量不能达到车辆的有效载荷时，就需要集中不同用户的配送货物搭配装载以充分利用运能、运力，这就是配装。通过配装送货可以大大提高送货水平及降低送货成本，所以，配装也是配送系统中有现代特点的功能要素，也是现代配送不同于以往送货的重要区别之处。

（5）配送运输

配送运输属于运输中的末端运输、支线运输，与一般运输形态的主要区别在于：配送运输往往是短距离、小规模的运输形式，一般使用汽车做运输工具；与干线运输的另一个区别是，配送运输的路线选择问题是干线运输所没有的，干线运输的干线是唯一的运输路线，而配送运输由于配送用户多，城市交通路线复杂，如何组合成最佳路线，如何使配装和路线有效搭配等，是配送运输的特点，也是反映配送管理水平的一项难度较大的工作。

（6）送达服务

配好的货运输到户还不算配送工作的完结，因为送达货和用户接货往往还会出现不协调，使配送前功尽弃。因此，必须圆满地实现货物的移交，如卸货地点、卸货方式等的衔接和协调，并有效地、方便地处理相关手续并完成结算。

（7）配送加工

在配送业务中，加工这一功能不具有普遍性，但在有些客户业务中有时是有重要作用的功能要素，其原因是通过一定的配送加工，往往可以大大提高用户满意程度。配送加工是流通加工的一种，但配送加工有不同于一般流程加工的特点，即配送加工只取决于用户要求，其加工目的较为单一。

配送的一般流程是比较规范的，但并不是所有的配送都按上述流程进行。有些产品的配送可能有独特之处，如燃料油配送就不存在配货、配装工序；木材和一些建筑材料配送可能在不同环节多出了流通加工的需要。

### 2. 降低物流配送成本的几种配送途径

配送是流通加工、整理、栋选、分类、配货、装配、运送等一系列活动的集合。配送活动在提高产品价值的同时，也需要付出成本。配送管理就是在满足客户需要与配送成本之间寻求平衡，在一定的配送成本下尽量提高客户服务水平或在一定的顾客服务水平下使配送成本最小。降低配送成本有以下途径：

（1）混合配送

混合配送物流是指一部分配送物流业务由企业自身完成，一部分配送业务委托其他配送中心完成。尽管全部配送活动由企业自身完成容易形成规模经济，但由于产品品种众多、规格不一、配送数量不等，全部采用自己配送方式有时不仅不能取得规模效益，反而会造成规模不经济。而采用混合配送方式，合理安排企业自身完成的配送和外包给第三方物流完成的配送，往往能使配送成本最低。

（2）差异化配送

差异化配送的出发点是：产品特征不同，顾客不同，需要的服务水平也不同。当企业拥有多种产品线时，不能对所有产品都按同一标准服务水平来配送，而应该按产品的特点、销售水平来设置不同的库存、不同的运输方式以及不同的储存地点，忽视产品的差异性会增加不必要的配送成本。对于企业用户或个人用户、工业用户或商业用户也应有所区别，采用不同的配送服务方式。

（3）合并配送

合并配送策略包含两个层次：一是配送方法上的合并；另一个则是共同配送。

（4）适当延迟

传统的配送计划安排中，大多数库存是按照对市场需求的预测设置的，存在着一定预测风险，当预测量与实际需求量不符时，就出现库存过多或过少的情况，从而增加配送成本。适当延迟策略的基本思想就是对产品规格、数量及其生产、组装、配送应尽可能推迟到接到顾客订单后再确定。一旦接到订单就要快速反应，因此采用延迟策略的一个基本前提是信息传递要非常快。一般说来，实施延迟策略的企业应具备以下几个基本条件：一是产品模块化程度高，有特定的外形，产品特征易于表述，定制后可改变产品的容积或重量；二是生产技术稳定，设备智能化程度高，定制工艺与基本工艺差别不大；三是产品生命周期短，销售波动性大，市场变化快。

实施延迟策略常采用两种方式：生产延迟和物流延迟。由于配送中存在加工活动，所以实施配送延迟即可采用形成延迟方式，也可采用时间延迟方式。具体操作时，常常发生在如贴标签、包装、装配和发送等领域。

## 三、配送路线优化的原理

在设计和优化配送路线之前，我们要先分析客户所在位置和所需的货量等。某百货商城主要向广州各区销售配送。由于各区情况的不同，顾客消费意向的不同，每个地方的每一个顾客的消费状况都不尽相同，都存在着一定的差异，每个地方的运输路线选择都有自己的特点，所以各路线的选择都有很大的差别。

### 1. 配送路线的确定原则

（1）以效益最高为目标的选择，就是指计算时以利润的数值最大为目标值；

（2）以成本最低为目标的选择，实际上也是选择了以效益为目标；

（3）以路程最短为目标；

（4）以吨公里最小为目标的选择；

（5）以准确性最高为目标的选择，它是配送中心重要的服务指标。

### 2. 配送路线的决策方法

配送路线的决策方法有：遗传算法、禁忌搜索算法、混合算法、表上作业法和节约里程法。在本设计中采用的是节约里程法。

采用节约里程法的原因是节约里程法可以优化配送路线，找出更为科学的运输配送路线，可以更合理的安排运输车辆，减少总路程，提高运输质量，提高服务质量，降低总运输成本。

利用节约法确定配送路线的主要出发点是：根据配送中心的配送能力（包括车辆的多少和载重量）和配送中心到各个用户以及各个用户之间的距离来制定使总的车辆运输的吨公里数最小的配送方案。利用节约法制定出的配送方案除了使配送总吨公里最小外，还满足以下条件：

（1）方案能满足所有用户的要求；

（2）不使任何一辆车超载；

（3）每辆车每天的总运行时间或行驶里程不超过规定的上限；

（4）能满足用户到货时间的要求。

### 3. 节约里程法

（1）基本原理是几何学中三角形一边之长必定小于另外两边之和。

（2）节约里程法核心思想是依次将运输问题中的两个回路合并为一个回路，每次使合并后的总运输距离减小的幅度最大，直到达到一辆车的装载限制时，再进行下一辆车的优化，优化过程分为并行方式和串行方式两种。

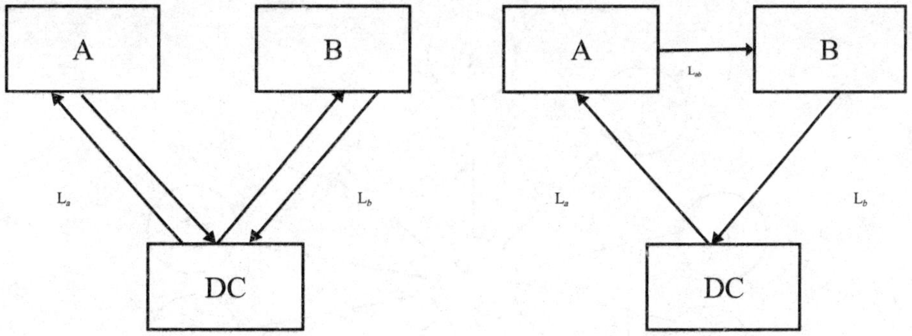


**图 5-2 并行与串行优化过程**

图 5-2 中配送中心 DC 分别向 AB 送货，那么需要两个车次，总路程为：

$$L_1=2(L_a+L_b)$$

若改用一辆车对两客户进行巡回送货，则只需一个车次，行走的总路程为：

$$L_2=L_a+L_b+L_{ab}$$

根据三角形的性质：

$$L_{ab}<(L_a+L_b)$$

所以第二次的配送方案明显优于第一种，且行走总路程节约：

$$\Delta L=(L_a+L_b)-L_{ab}$$

## 四、配送路线优化设计

### 1. 节约里程法的主要步骤：

第一步，计算网络结点之间的最短距离（采用最短路求解法）；

第二步，根据最短路结果，计算出各客户之间的节约里程；

第三步，对节约里程按大小顺序进行排列；

第四步，按节约行程排列顺序表，组合成配送路线图。

### 2. 利用节约里程法为某百货商城优化路线

某百货商城到各区的货运量与距离，如下

表 5-1 某百货商城到各区的货运量与距离

| 总部 | 从化 | 增城 | 萝岗 | 黄埔 | 南沙 | 番禺 | 海珠 | 越秀 | 白云 | 花都 |
|---|---|---|---|---|---|---|---|---|---|---|
| 货运量（t） | 1.5 | 1.4 | 1.4 | 1.7 | 1.2 | 1.5 | 2.5 | 2.1 | 1.8 | 1.5 |
| 距离（km） | 40 | 41 | 20 | 11 | 40 | 28 | 11 | 13 | 27 | 50 |

图 5-3 为某百货到各配送点的配送网络，图中 P 点为配送中心，周围的 10 个地方为某百货的配送点所在位置，也就是配送中心的配送对象，括号内为配送中心的吨数，线路上的数字为道路距离，单位为 km。

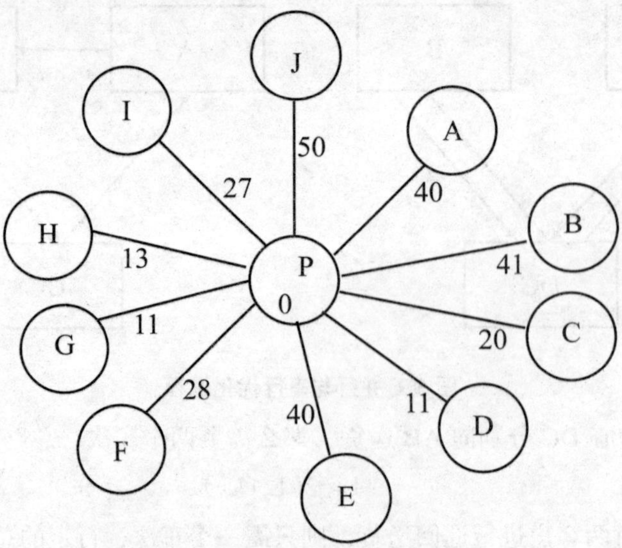


图 5-3 配送网络图

3. 各路段交通的加权系数

由于城市的交通路况和限行条件极为复杂，往往实际行走的距离跟理论上的距离有所出入，为了本设计更联系实际，定下以下的几个加权因素：

（1）交通的拥堵情况；

（2）路况的通顺情况；

（3）其他情况（如天气，技术，突发事件等）；

（4）加权系数。

优：0.8　　　　良：1.2

较好：1　　　　差：1.5

**表 5-2 各路线的加权系数**

| 加权系数 | P-A | P-B | P-C | P-D | P-E | P-F | P-G | P-H | P-I | P-J |
|---|---|---|---|---|---|---|---|---|---|---|
| 交通 | 0.8 | 0.8 | 1 | 1.2 | 1 | 1 | 1.2 | 1.2 | 1.2 | 1 |
| 路况 | 1 | 1 | 0.8 | 1.2 | 1 | 1.2 | 1.2 | 1.2 | 1.2 | 1 |
| 其他 | 1 | 1 | 1 | 1 | 1 | 1 | 1.2 | 1.2 | 1 | 1 |

| 加权系数 | A-B | B-C | C-D | D-E | E-F | F-G | G-H | H-I | I-J | J-A |
|---|---|---|---|---|---|---|---|---|---|---|
| 交通 | 1 | 1 | 1.2 | 1 | 1 | 1.2 | 1.2 | 1.2 | 1 | 1 |
| 路况 | 1 | 1 | 1 | 1.2 | 1 | 1 | 1.2 | 1 | 1 | 0.8 |
| 其他 | 1 | 1 | 1 | 1 | 1 | 1 | 1 | 1 | 1 | 1 |

$$P-A=\frac{\sum_{i=1}^{n}X_i}{n}=\frac{0.8+1+1}{3}=0.93 \quad P-B=\frac{\sum_{i=1}^{n}X_i}{n}=\frac{0.8+1+1}{3}=0.93$$

$$P-C=\frac{\sum_{i=1}^{n}X_i}{n}=\frac{1+0.8+1}{3}=0.93 \quad P-D=\frac{\sum_{i=1}^{n}X_i}{n}=\frac{1.2+1.2+1}{3}=1.13$$

$$P-E=\frac{\sum_{i=1}^{n}X_i}{n}=\frac{1+1+1}{3}=1 \quad P-F=\frac{\sum_{i=1}^{n}X_i}{n}=\frac{1+1.2+1}{3}=1.06$$

$$P-G=\frac{\sum_{i=1}^{n}X_i}{n}=\frac{1.2+1.2+1.2}{3}=1.2 \quad P-H=\frac{\sum_{i=1}^{n}X_i}{n}=\frac{1.2+1.2+1.2}{3}=1.2$$

依此类推得出表 5-3 各路线段的加权平均数：

表 5-3 各路段的加权平均数

| 加权系数 | P-A | P-B | P-C | P-D | P-E | P-F | P-G | P-H | P-I | P-J |
|---|---|---|---|---|---|---|---|---|---|---|
| 平均 | 0.93 | 0.93 | 0.93 | 1.13 | 1 | 1.06 | 1.2 | 1.2 | 1.13 | 1 |
| 加权系数 | A-B | B-C | C-D | D-E | E-F | F-G | G-H | H-I | I-J | J-A |
| 平均 | 1 | 1 | 1.06 | 1.06 | 1 | 1.06 | 1.13 | 1.06 | 1 | 0.93 |

配送路线各点的距离如图 5-4 所示

表 5-4 配送路线各点间距离

| 网点 | P-A | P-B | P-C | P-D | P-E | P-F | P-G | P-H | P-I | P-J |
|---|---|---|---|---|---|---|---|---|---|---|
| 距离 | 40 | 41 | 20 | 11 | 40 | 28 | 11 | 13 | 27 | 50 |
| 网点 | A-B | B-C | C-D | D-E | E-F | F-G | G-H | H-I | I-J | J-A |
| 距离 | 38 | 20 | 13 | 45 | 17 | 25 | 6 | 27 | 33 | 32 |

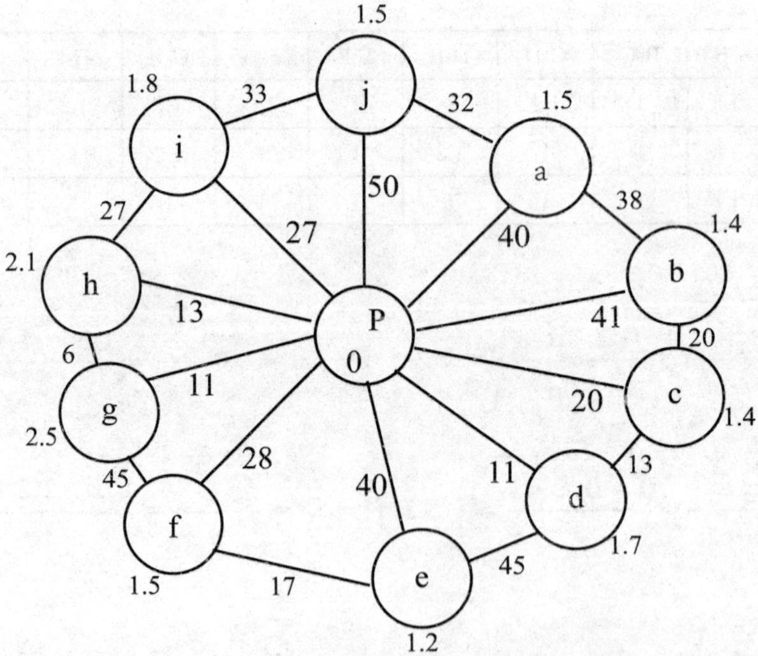


图 5-4 配送路线各点距离

加权后配送路线各点的距离：

P-A=40*0.93=37.2

P-B=41*0.93=38.1

P-C=20*0.93=18.6

P-D=11*1.13=12.4

P-E=40*1=40

P-F=28*1.06=29.7

P-G=11*1.2=13.2

P-H=13*1.2=15.6

依此类推得出下表 5-5：

表 5-5 加权后各配送路段的距离

| | P-A | P-B | P-C | P-D | P-E | P-F | P-G | P-H | P-I | P-J |
|---|---|---|---|---|---|---|---|---|---|---|
| 距离 | 37.2 | 38.1 | 18.6 | 12.4 | 40 | 29.7 | 13.2 | 15.6 | 30.5 | 56.5 |
| | A-B | B-C | C-D | D-E | E-F | F-G | G-H | H-I | I-J | J-A |
| 距离 | 33.1 | 20 | 13.8 | 47.7 | 17 | 26.5 | 6.8 | 28.6 | 35 | 29.8 |

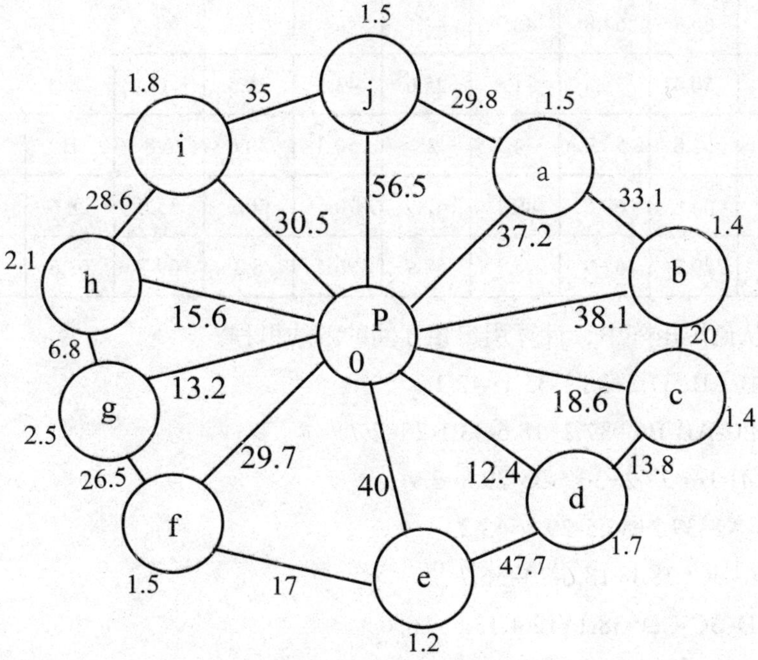


图 5-5 配送网络图

4. 路线优化步骤

第一步：做出最短距离矩阵，从配送网络图中列出配送中心至用户相互间的最短距离矩阵。

| | | |
|---|---|---|
| PA=37.2 | PB=38.1 | PC=18.6 |
| PD=12.4 | PE=40 | PF=29.7 |
| PG=13.2 | PH=15.6 | PI=30.5 |
| PJ=56.5 | AB=33.1 | AC=AB+BC=53.1 |
| AD=PA+PD=49.6 | AE=PA+PE=77.2 | AF=PA+PF=66.9 |
| AG=PA+PG=50.4 | AH=PA+PH=52.8 | AI=AJ+IJ=64.8 |
| AI=29.8 | | |

依此类推，得出下表 5-6 最短配送线路表：

| | P | | | | | | | | | | |
|---|---|---|---|---|---|---|---|---|---|---|---|
| A | 37.2 | A | | | | | | | | | |
| B | 38.1 | 33.1 | B | | | | | | | | |
| C | 186 | 53.1 | 20 | C | | | | | | | |
| D | 12.4 | 49.6 | 33.8 | 13.8 | D | | | | | | |
| E | 40 | 77.2 | 78.1 | 58.6 | 47.7 | E | | | | | |
| F | 29.71 | 66.9 | 67.8 | 48.3 | 42.1 | 17 | F | | | | |
| G | 13.2 | 50.4 | 51.3 | 31.8 | 25.6 | 43.5 | 26.5 | G | | | |
| H | 15.6 | 52.8 | 53.7 | 34.2 | 28 | 50.3 | 30.6 | 6.8 | H | | |
| I | 30.5 | 64.8 | 68.6 | 49.1 | 42.9 | 70.5 | 60.2 | 35.4 | 28.6 | I | |
| J | 56.5 | 29.8 | 62.9 | 75.1 | 68.9 | 96.5 | 8.2 | 69.7 | 63.6 | 35 | J |

第二步：从最短矩阵中，计算用户相互间的节约里程。

AB=PA+PB-AB=37.2+38.1-33.1=42.2

AC==PA+PC-AB-BC=37.2+18.6-33.1-20=2.7

AI=PA+PI-IJ-JA=37.2+30.5-35-29.8=2.9

AJ=PA+PJ-AJ=37.2+56.5-29.8=63.2

BC=PB+PC-BC=38.1+18.6-20=36.7

BD=PB+PD-BC-CD=38.1+12.4-13.8=16.7

BJ=BP+PJ-JA-AB=38.1+56.5-29.8-33.1=31.7

CD=PC+PD-CD=18.6+12.4-13.8=17.2

CJ=PC+PJ-JA-AB-BC=18.6+56.5-29.8-33.1-20=9.8

DE=PD+PE-DE=12.4+40-13.8=4.7

EF=PE+PF-EF=40+29.7-17=52.7

EG=PE+PG-EF-FG=40+13.2-17-26.5=9.7

EH=PE+PH-EF-FG-GH=40+15.6-17-26.5-6.8=5.3

FG=PF+PG-FG=29.5+13.2-26.5=16.3

FH=PF+PH-FG-GH=29.7+15.6-26.5-6.8=12

GH=PG+PH-GH=13.2+15.6-6.8=22

GI=PG+PI-GH-HI=13.2+30.5-6.8-28.6=8.3

HI=PH+PI-HI=15.6+30.5-28.6=17.5

HJ=PH+PJ-HI-IJ=15.6+56.5-28.6-35=8.5

IJ=PI+PJ-IJ=30.5+56.5-35=52

结果见表 5-7

**表 5-7 配送路线节约行程表**

| P | A | | | | | | | | | |
|---|---|---|---|---|---|---|---|---|---|---|
| B | 42.2 | B | | | | | | | | |
| C | 2.7 | 36.7 | C | | | | | | | |
| D | 0 | 16.7 | 17.2 | D | | | | | | |
| E | 0 | 0 | 0 | 4.7 | E | | | | | |
| F | 0 | 0 | 0 | 0 | 52.7 | F | | | | |
| G | 0 | 0 | 0 | 0 | 9.7 | 16.4 | G | | | |
| H | 0 | 0 | 0 | 0 | 5.3 | 12 | 22 | H | | |
| I | 2.9 | 0 | 0 | 0 | 0 | 1 | 8.3 | 17.5 | I | |
| J | 63.9 | 31.7 | 9.8 | 0 | 0 | 0 | 0 | 8.5 | 52 | J |

第三步：将节约行程按大小顺序排列分类，如表 5-8 所示

**表 5-8 节约行程排序表**

| 序号 | 连接点 | 节约里程 | 序号 | 连接点 | 节约里程 |
|---|---|---|---|---|---|
| 1 | A-J | 63.9 | 11 | F-G | 16.4 |
| 2 | E-F | 52.7 | 12 | F-H | 12 |
| 3 | I-J | 52 | 13 | C-J | 9.8 |
| 4 | A-B | 42.2 | 14 | E-G | 9.7 |
| 5 | B-C | 36.7 | 15 | H-J | 8.5 |
| 6 | B-J | 31.7 | 16 | G-I | 8.3 |
| 7 | G-H | 22 | 17 | E-H | 5.3 |
| 8 | H-I | 17.5 | 18 | D-E | 4.7 |
| 9 | C-D | 17.2 | 19 | A-I | 2.9 |
| 10 | B-D | 16.7 | 20 | A-C | 2.7 |

第四步：按节约行程排列顺序表，组合成配送路线图

（1）初始方案：如图 5-4 所示，从配送中心分别向各个客户进行配送，共有 10 条配送路线，总行程为 583.6km，需要 2t 货车 7 辆，3t 货车 3 辆。

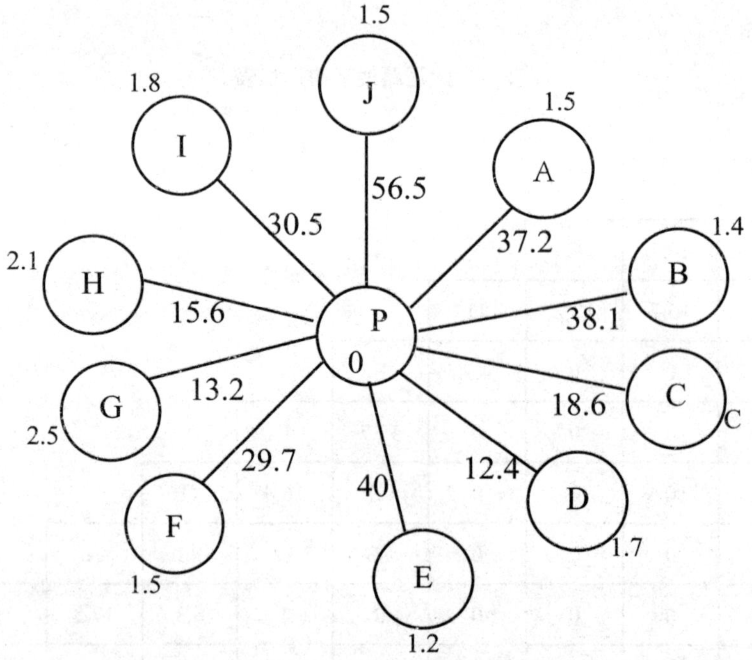


图 5-4 初始方案配送网络图

（2）二次解：按照节约行程的大小顺序连接 A-J、I-J，如图 5-5 所示，形成巡回路线，同时取消 P-I、P-J、P-A 路线，这时配送路线共有 8 条，总运行距离为 467.7km，需要 5t 货车一辆，3t 货车 2 辆，2t 货车 5 辆，由图中可知，规划的配线路线一，装载货物 4.8t，运行距离为 132.5km。

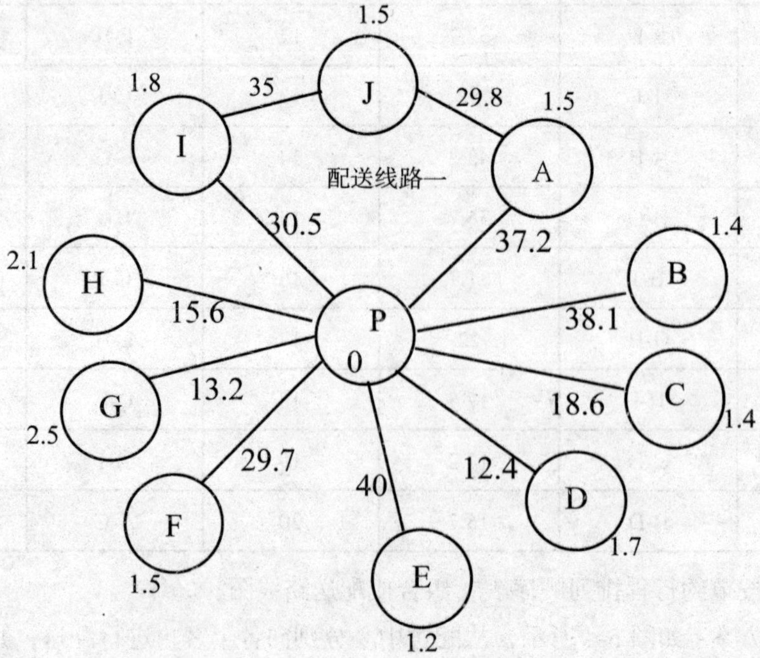


图 5-5 二次解配送网络图

（3）三次解：按节约里程大小顺序连接 E-F，如图 5-6 所示，组成配送路线二，形成巡回路线，其装载重量为 2.7t，运行距离 86.7km，同时取消路线 P-E、P-F，此时，共有配送路线 7 条，总行程 415km，需 5t 货车 1 辆，3t 货车 3 辆，2t 货车 3 辆。

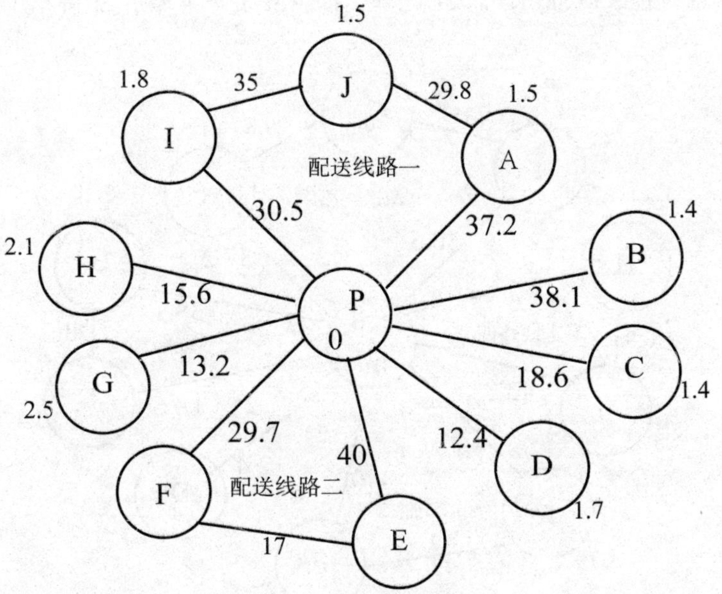


图 5-6 三次解配送网络图

（4）四次解：接下来节约里程顺序是 A-B、B-C，由于配送点 A 已组合到配送线路一中，且该路线不在扩充配送点，故不连接 A-B，连接 B-C，如图 4.7 所示，组成配送路线三，形成巡回路线，其装载重量为 2.8t，运行距离 76.7km，同时取消路线 P-B、P-C，此时，共有配送路线 6 条，总行程 378.3km，需 5t 货车 1 辆，3t 货车 4 辆，2t 货车 1 辆。

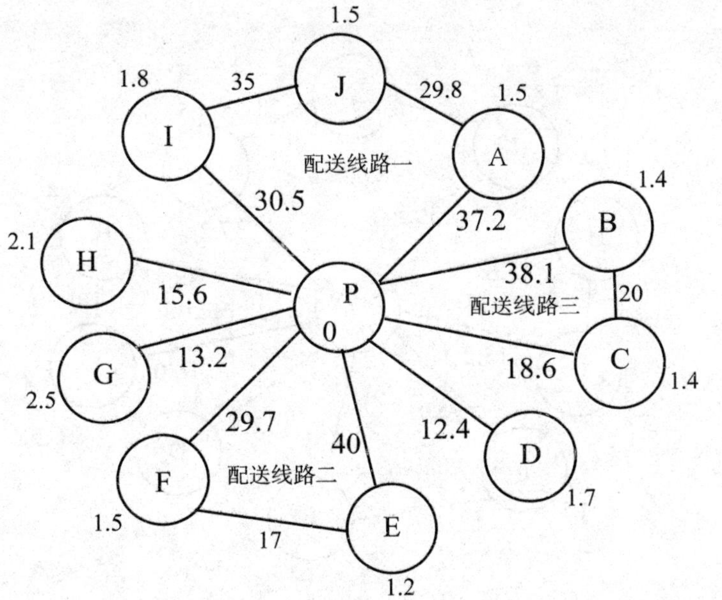


图 5-7 四次解配送网络图

（5）五次解：按节约里程顺序接下来应该是B-J、G-H、H-I，由于配送路线一不再扩充配送点，故不连接B-J，H-I。接着是连接G-H，如图5-8所示，组成配送路线四，形成巡回路线，其装载重量为4.6t，运行距离35.6km，同时取消路线P-H、P-G，此时，共有配送路线5条，总行程356.3km，需5t货车2辆，3t货车4辆，2t货车1辆。

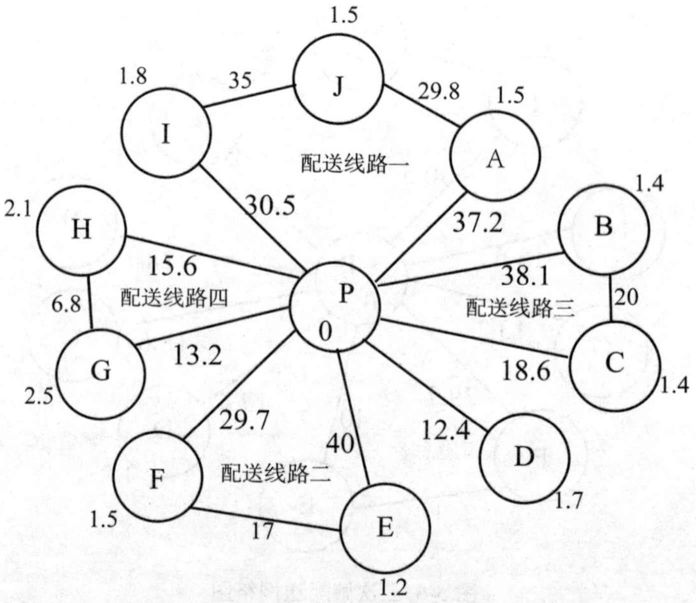


图5-8 五次解配送网络图

（6）最终解：接下来节约里程顺序为C-D，可组合在配送路线三中，如图5-9，其装载重量为4.5t，运行距离84.3km，同时取消路线P-D，此时，共有配送路线4条，总行程339.1km，需5t货车3辆，3t货车1辆。

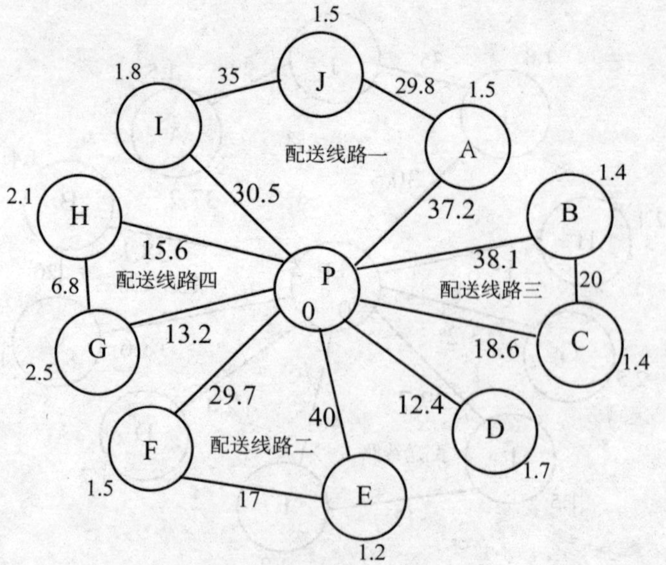


图5-9 最终方案配送网络图

得出最终的配送线路为：

线路一：P-I-J-A　装载重量为 4.8t，运行距离 132.5km，需 1 辆 5t 货车

线路二：P-F-E-P　装载重量为 2.7t，运行距离 86.7km，需 1 辆 3t 货车

线路三：P-D-C-B-P 装载重量为 4.5t，运行距离 84.3km，需 1 辆 5t 货车

线路四：P-G-H-P　装载重量为 4.6t，运行距离 35.6km，需 1 辆 5t 货车

最终的总线路距离为：

$$132.5+86.7+84.3+35.6=339.1\text{km}$$

通过对比初始方案与最终方案可知，通过优化可节约里程：

$$583.6-339.1=244.5\text{km}$$

## 第二节　物流配送车辆调度优化研究

物流作为“第三利润源泉”对经济活动的影响日益明显，越来越受到人们的重视，成为当前最重要的竞争领域。近年来，现代物流业呈稳步增长态势，欧洲、美国、日本成为当前全球范围内的重要物流基地。中国物流行业起步较晚，随着国民经济的飞速发展，物流业的市场需求持续扩大。特别是进入 21 世纪以来，在国家宏观调控政策的影响下，中国物流行业保持较快的增长速度，物流体系不断完善，正在实现传统物流业向现代物流业的转变。现代物流业的发展对促进产业结构调整、转变经济增长方式和增强国民经济竞争力等方面都具有重要意义。

配送作为物流系统的核心功能，直接与消费者相关联，配送功能完成质量的好坏及其达到的服务水平直接影响企业物流成本及客户对整个物流服务的满意程度。配送的核心部分是配送车辆的集货、货物分拣及送货过程，其中，车辆配送线路的合理优化对整个物流运输速度、成本、效益影响至关重要。

### 一、物流配送的车辆调度发展现状

VRP（车辆调度问题）是指对一系列装货点和卸货点，组织适当的行车线路，使车辆有序的通过，在满足一定的约束条件（如货物需求量、发送量、交发货时间、车辆容量等限制）下，达到一定的目标（如路程最短、费用最少、时间最少、使用车辆数最少等）。一般认为，不涉及时间的是路径问题，涉及时间的是调度问题。图 5-10 VRP 示意图如下：

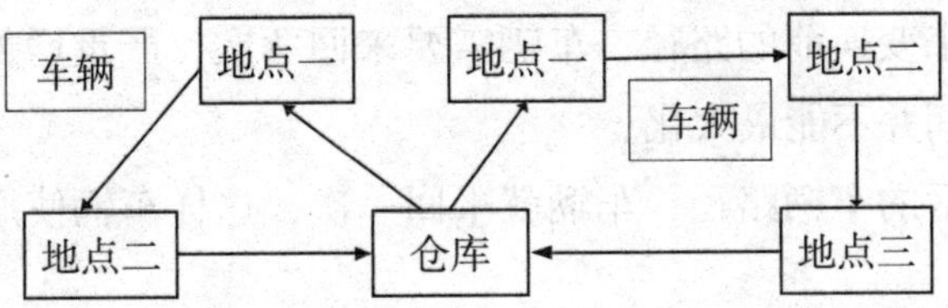

当然，VRP 并不只是这样的一个小范围，而是有更多的客户点与一个仓库链接，从而达到整个物流集群。

根据路径规划前调度员对相关信息是否已知，VRP 可分为静态 VRP 和动态 VRP，动态 VRP 是相对于静态 VRP 而言的。静态 VRP 指的是：假设在优化调度指令执行之前，调度中心已经知道所有与优化调度相关的信息，这些信息与时间变化无关。一旦调度开始，便认为这些信息不再改变。

而 VRP 发展到现在的问题也是非常突出的，例如，只有一票货物，配送成本远高于一票的客户所给的运费，在这种情况下，该如何调度车辆，甚至还有回程运输的空载问题，在这些问题之中，或多或少都涉及了 VRP 的身影，那么在这样的配送中怎么有效的解决车辆的路径优化问题就是降低运输和物流成本的关键所在。

## 二、配送车辆调度优化的几种方法

现如今对于 VRP 研究现状主要有三种：静态 VRP 的研究、动态 VRP 的研究以及随机 VRP 的研究。本文对于 VRP 的观点主要集中在以下几点：

有效解决 VRP 或者优化车辆调度路径优化问题，那么将非常有效地降低物流环节对于成本的比重，有效的增大利润。而我想到的方法，就是归类总结法。

建立完善的信息系统机制，将订单归类总结出来，可以按地区划分出来，一个地区一个地方的进行统一配送，这样也有效地降低了物流配送的车辆再使用问题，降低了成本。如图 5-11 所示变换前后的差异：

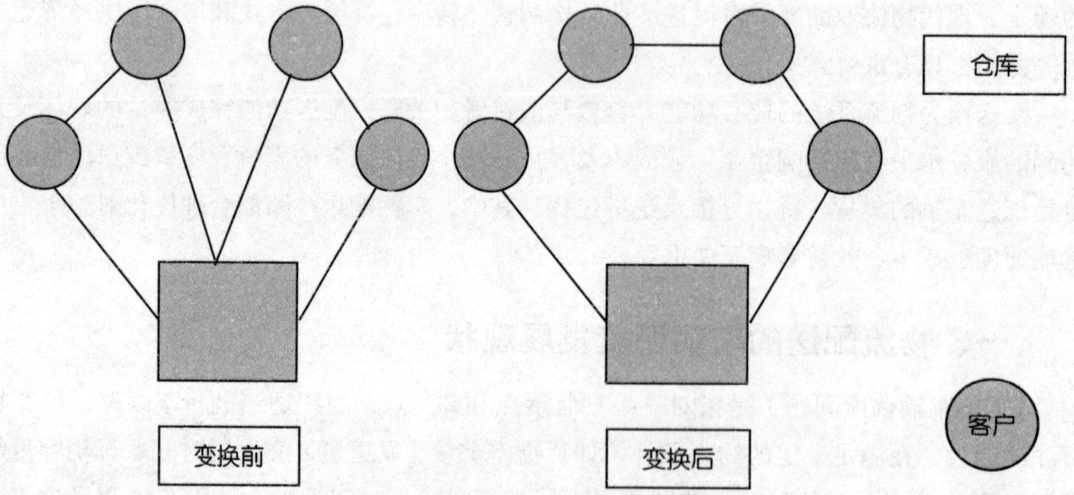


图 5-11 变换前后仓储与客户的关联图

由上图可以看出来变换前的路径，车辆需要来回两次，严重增加了配送成本，也增加了运输成本，使得利润并不能最大化。

由此可见，变换后的车辆路径，车辆就来回一次，这样车辆使用的成本较之优化前低了很多。

以上方法可以作为优化路径的简易方法，但是那是取决于货物属性相近的前提下，因为货物属性相近的话，就不会出现化学反应等影响货物质量的问题，就不会造成因为货损带来的损失，从而降低成本，增大利润收入。

其次还有蚁群算法。刘志硕等在分析 VRP 和 TSP 问题区别的基础上，将蚁群算法应用于 VRP 的求解，通过引入解均匀度、选择窗口及吸引力等概念对算法的转移策略和更新策略进行改进，构造了具有自适应功能的蚁群算法，实验仿真结果表明，所设计的算法具有很强的搜索能力。随后，他们应用 VRP 提出了一种基于可行解两阶段构造策略的自适应混合蚁群算法。第一阶段，用蚂蚁的局部遍历代替传统的全局遍历，每个蚂蚁采用蚁群算法进行局部遍历，构造一个回路，蚂蚁转移采用回路两阶段构造路径策略；第二阶段，由前一阶段所构成的回路通过采用近似解可行化策略来组合形成可行解。

人工神经网络方法。与上面优化方法不同，通过 BP 神经网络学习有经验调度员的调度过程，逐渐调整连接权系数使顾客的实时需求得到较快响应，不仅可以减轻调度员的工作量，还可以得到较优的车辆路径。

## 第三节　物流配送方案优化研究

企业合理的物流配送结构设计，应首先在生产企业附近建立物流中心，在中心内合理地保管和处理生产企业的各种产品，再选择合适的运输方式实施干线运输至配送中心。对于某些合适的销售点，可由配送中心的直达运输满足其要求。这样既发挥了物流的规模经济效益，使物流企业的运输成本得以降低，而且可以有效地抑制社会成本的上升；其次，在销售点集聚地附近建立配送中心，干线运输的产品运送至配送中心后统一管理，再安排合适的车辆进行配送，实施门到门运输，这样可以大大提高物流的效率。

### 一、物流配送现状

供应链管理是近年来兴起的一种围绕核心企业，通过资金流、物流及信息流，将零售商、分销商、制造商、供应商直到最终消费者连成一个功能网链结构的集成管理模式。在供应链管理中，主要包含与物流管理相关的库存决策、运输决策和选址决策，以及与管理相关的业务流程整合决策、物流决策和关系决策等基本决策，物流配送网络优化决策在供应链管理中占据着重要地位。基于供应链管理下的物流配送网络的变化表现在：一方面是实际的配送网络，另一方面是和信息直接相关的配送网络。

1. 实体配送网络的变化

供应链管理下物流配送网络是由节点和线路两部分组成，其相互交织联结，就成了配送网络。配送结点设施的设置是确定进行存货、交付及运输能力的主要因素。实体配送网络的变化主要表现在以下三方面：一是仓库数目减少，库存集中化。配送与JIT的运用已使某些企业实现了零库存生产，将来由于物流业会成为制造业的仓库与用户的实物供应者，工厂、商场等都会实现零库存，自然也不会再设仓库了。配送中心的库存将取代社会上千家万户的零散库存。二是配送中心是配送结点的主要形式。仓库的专业分工可分为两种类型，一类是以货物的流转为主要功能的流通仓库，另一类是以长期贮藏为主要功能的保管仓库。在未来的电子商务环境下，物流管理以时间为基础，货物流转更快，制造业都实现零库存，仓库又为第三方物流企业所经营，这些都决定了保管仓库进一步减少，而流通仓库将发展为配送中心。配送中心已成为城市功能的有机组成部分，一般来说，其选址应处于市区边缘和交通枢纽结点。三是综合物流中心将与大型配送中心合而为一。配送中心和物流中心都是从事物流活动的场所或组织，功能相似都具有完善的物流配送功能以及信息网络。配送中心是从事配送业务的物流场所或组织，应符合下列要求：主要为特定的用户服务；配送功能健全；完善的信息网络；辐射范围小；多品种、小批量；以配送为主，储存为辅。而物流中心是从事物流活动的场所或组织，应基本符合以下要求：主要面向社会服务；物流功能健全；完善的信息网络；辐射范围大；少品种、大批量；储存/吞吐能力强；物流业务统一经营、管理。

2. 配送网络信息化

物流配送网络信息化主要指以下两种情况：一是局域网，即Intranet；二是物流配送系统的计算机通信网络，包括供应商或制造商与物流配送中心的联系要通过计算机网络，另外其与下游顾客之间的联系也要通过计算机网络通信。物流的网络信息化是物流信息化的必然，是电子商务下物流活动的主要特征之一。当今世界因特网等全球网络技术的普及和网络资源的可用性为物流的网络信息化提供了良好的外部环境。

配送网络的设计需要确定承担物流工作所需的各类设施的地点和数量。它还必须确定每一种设施储备多少存货和怎样进行存货作业，以及安排在哪里对顾客订货进行交付。物流设施的网络形成了进行物流作业的一种结构，其中融合进了运输能力和信息，还包括了与材料搬运、维持存货以及订货处理等有关的具体工作。

## 二、物流配送方案优化

1. 配送线路优化

通过对需要的配送需求点、位置及接收服务时间范围的确定，把配送中的每辆车的时间、容量和行车的线路进行具体规划，安排车辆数量及车辆的流程，让每个需求点都能得到规定的服务，即使每辆车在规定的时间范围内对需求点作一次访问后回到配送中心，满足时间约束的前提下，让物流配送总费用最少。对复杂路线的配送也需要留有一定的余量。让车辆的闲置时间、行驶距离、总配送车辆数都达到最优值。

2. 配送中心的选址

近年来计算机的应用，则进一步促进了物流系统选址理论的发展，并为不同方案的可行性分析提供了强有力的工具。选址方法大体上可以分为以下几类：一是专家选择法，以专家为信息索取的对象，运用专家的知识和经验，考虑选址对象的社会环境和客观背景，直观地对选址对象进行综合分析研究，寻求其特性和发展规律，并进行选择的一种方法。二是解析法，是通过建立数学模型并进行计算以求得最优选址方案的方法，一般可分为基于成本的模型和基于效益的模型两类，基于成本的模型，主要考虑总成本最小化，而基于效益的模型则主要是考虑总收益最大。三是模拟法，是将实际问题用数学方法和逻辑关系表示出来，然后通过模拟计算机逻辑推理确定最佳布局方案。四是启发式法，针对模型的求解而言，是一种逐次逼近法，对这种方法反复判断，实践修正，直到满意为止。

3. 配送网络结构优化

配送网络结构是指物品从生产区域到消费区域的空间转移过程中移动和静止的控制策略与组织方式。配送结构决定了不同层次的节点在整个配送网络中承担的任务是不同的。功能不同，其设施条件也必然存在一定区别。反映在对选址的要求：层次越高的节点，所承担的中转任务越多，承担运距越远；集货、分货、配货单位越大，不同层次间的衔接常常通过不同运输方式的转换完成，从而，高层次的节点在选址上更加靠近交通运输枢纽；反之，最低层节点主要承担周期库存，进出库运输设备基本上都是卡车，适应范围广，选址时主要考虑地价等固定成本。

4. 运输优化

运输优化主要包括运输方式和商品搭载的优化，按类别、品种分门别类地存放到指定的位置。进行配送时为了充分利用载货车辆的容量和提高运输效率，配送中心常把一条送货线路上不同用户的货物组合，配装在同一辆载货车上，这样不但能降低送货成本，而且可以减少交通流量、改变交通拥挤状况。因此，有必要对配送的产品合理分拣、配载。

物流配送效率直接受限和依赖于其配送网络结构，因此需要对配送网络构造优化，对配送中心的功能与定位，本文首先介绍了供应链管理下物流配送的现状，从实体配送网络和配送网络信息化两方面进行了综述，然后分析了供应链管理下物流配送的优化方法，从配送线路优化、配送中心选址、配送网络结构优化和运输优化四个方面研究了配送优化方案，对建立快速、高效的配送方案有实际意义。

# 第四节 物流配送体系优化研究

区域物流配送体系是一个区域内原材料采购、运输、制造、零售等一系列增值活动构成的网链结构。区域物流配送体系优化是通过物流、资金流和信息流将网络的各环节紧密连接，从而实现整个区域内各环节运营的整体最优。物流配送体系优化涉及生产、库存、运输和分配各个环节，目标包括利润、成本、时间和路程等，是一类多目标、多过程的优化问题。库存控制与设施选址和车辆路线安排密切相关，分别研究容易导致局部最优。本文根据战略需要和地理环境提供若干个备选配送中心，对设施选址、路径选择及库存控制进行联合优化，确定生产工厂与配送中心的供应关系，以及配送中心和零售点间的供应关系，同时确定最优订货频率和订货批量，使得一定供应满意度下的总物流成本最低。

## 一、物流配送体系存在的问题

本章节旨在构建并优化一个完备的区域物流配送体系，设计一个三级物流配送网络，包含若干个生产工厂、配送中心和零售点。配送中心向生产工厂申请物资以供应所辖零售点。每个零售点只向唯一的配送中心订货。配送中心设置安全库存，零售点只设置循环库存。

给定生产工厂和配送中心的备选地址集合，从备选地址集中选出一定数目的地址建立配送中心，并确定配送中心与生产工厂的订货关系，以及配送中心对零售点的配送关系，使该区域物流配送体系的总物流成本最低。如图 5-12、图 5-13、图 5-14 所示配送体系原始结构图，优化过程结构图，和优化后的结构图。

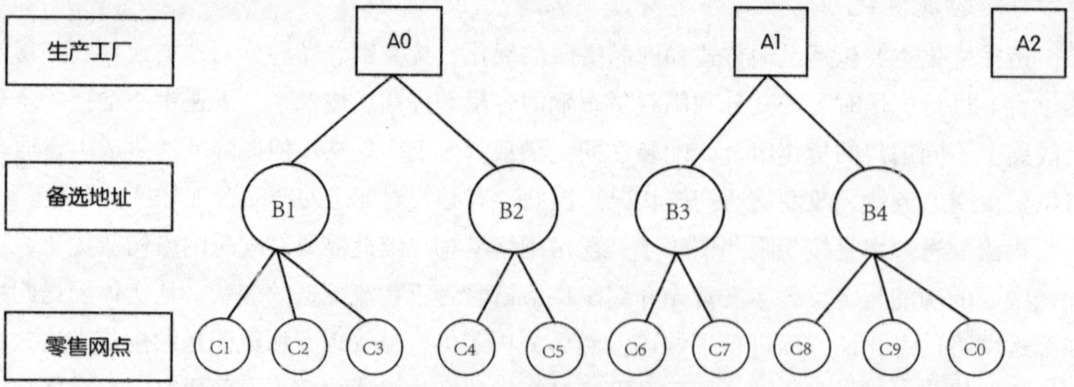


图 5-12 配送体系原始结构图

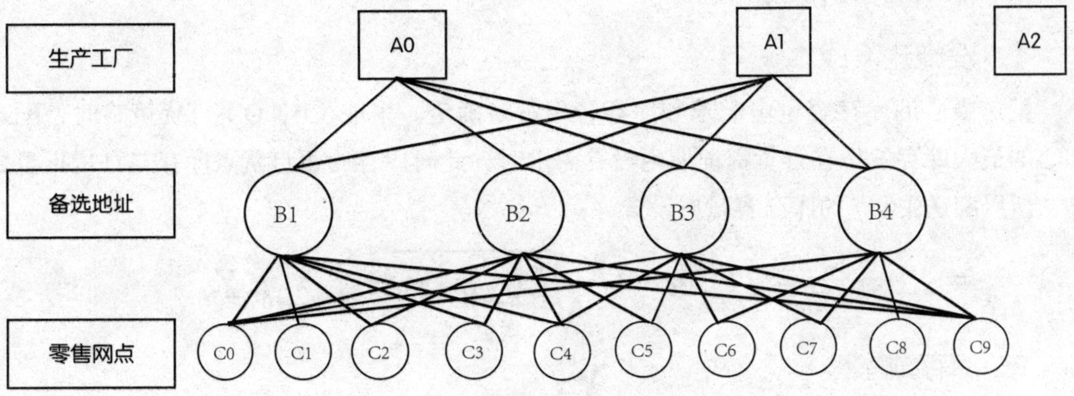


图 -5-13 配送体系优化过程图

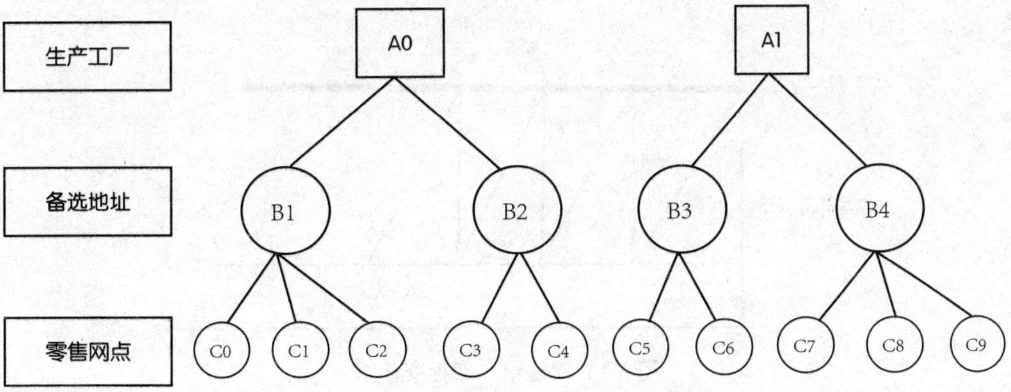


图 5-14 配送体系优化结果图

为简化模型，设各配送中心的订货提前期均为 L，订货手续费为 F，订货装卸费为 g，单位物资的年库存保管费为 h，生产成本 p，银行存款年利息为 $\eta$，且（$0<\eta<1$）。用运输权重系数 $\beta$ 和库存权重系数 $\theta$ 来调节运输和库存费用的比重（其中 $0<\beta,\theta<1$）。其他参变量设置如下：J 为供选配送中心的集合，且 $j\in J$；I 为零售点集合，且 $i\in I$；零售点需求满足正态分布，$\mu$ 为第 $i$ 个零售点每天的需求均值；$\sigma^2$ 为第 $i$ 个零售点每天需求的方差；$D_j$ 为配送中心 $j$ 每年的总需求；$\lambda$ 为一年中零售点有物资需求的天数；$A_j$ 为配送中心 $j$ 的设施建设成本，$B_i$ 为零售点 $i$ 的设施建设成本；$p_j$ 为配送中心 $j$ 的库存容量；$a_j$ 为配送中心 j 订购单位物资的运输费；$b_{ji}$ 为配送中心 $j$ 到零售点 $i$ 的单位物资运输费；n 为各配送中心每年的订货次数；$Q_j$ 为配送中心 $j$ 订货批量；$X_j$ 在配送中心 $j$ 被选中时为 1，否则为 0；$Y_{ji}$ 在配送中心 $j$ 向零售点 $i$ 供应时为 1，否则为 0。

## 二、配送中心成本分析

配送中心的物流成本包括订货成本、库存成本和设施建设成本。由于配送中心只进行物资转运，故不考虑物资的采购成本。下面分析物流配送体系各环节的成本构成，并构建该体系一年的物流成本函数。

1．设施建设成本

配送中心的库存容量由需求和库存管理策略确定。采取（R，Q）订货策略时，配送中心的最大库存发生在订货提前期内没有需求时，此时库存为再订货点库存与订货批量之和，所以配送中心 $j$ 的库存容量应设置为：

$$p_j = R_j + Q_j = D_j / n + U_\partial \sqrt{L\sum_{i\in I}\sigma_i^2 Y_{ji}} + L\sum_{i\in I}\mu_i Y_{ji} \qquad (1)$$

2．库存成本

配送中心库存包括安全库存和循环库存，经济批量订货模型中，库存数量变化如图5-15所示。

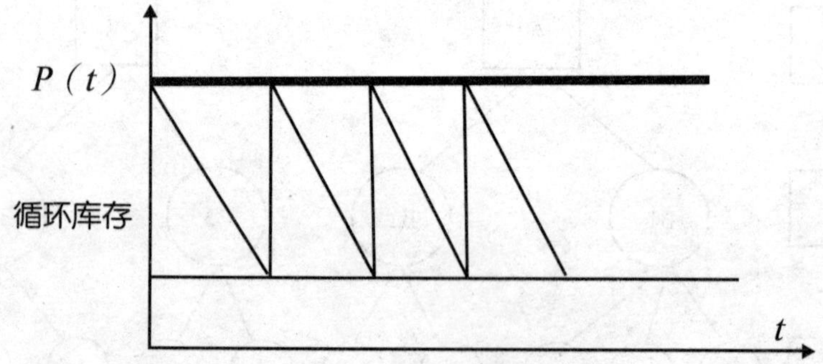


**图 5-15 配送中心库存变化图**

经济批量模型中，配送中心 j 年需求量 $D_j$，每次订货量为 $D_j/n$，在需求均匀经济批量模型中，平均循环库存为 $D_j/2n$。允许缺货率 α 下，为了使物资在订货提前期 L 内不脱销，安全库存数量应设置为 $U_\partial \sqrt{L\sum_{i\in I}\sigma_i^2 Y_{ji}}$。单位物资库存费用包括库存保管费用和库存持有费用。库存持有是物资生产与运输占用资金的贷款年利率，是积压物资费用的机会成本，所以单位物资在配送中心年库存持有费为 η（ $a_j$ + p）。由上可得，库存成本 =( 安全库存 + 循环库存 )( 库存持有 + 库存保管 )，配送中心 j 的年库存成本为：

$$(D_j / 2n + U_\partial \sqrt{L\sum_{i\in I}(\sigma_i^2 Y_{ji})})(a_j\eta + P\eta + \theta h) \text{（2）} \qquad (2)$$

3．订货成本

由经济批量模型可知，最佳订货时机是循环库存恰能满足订货提前期内需求之时，所以配送中心 j 的再订货点库存为：

订货成本包括订货手续费和订货运输费，各零售点每次订货手续费为常数 F，订货运输费包括装卸费和运输费，可得配送中心 $j$ 每年订货总成本为：

$$Fn+\beta(g+a_jD_j/n)n \tag{3}$$

根据库存容量和地理环境进行估计，得到配送中心 j 设施建设成本 A j，综上可得，配送中心 j 的年物流成本为：

$$C_I=A_jX_j+Fn+\beta(gn+a_jD_j)+(D_j/2n+U_\partial\sqrt{L\sum_{i\in I}(\sigma_i^2Y_{ji})})(a_j\eta+p\eta+\theta h) \tag{4}$$

## 三、零售点成本分析

零售点的物流成本包括设施建设成本、订货成本和库存成本。

### 1．设施建设成本

由库存容量和地理环境估计，得到零售点 $i$ 的设施建设成本为已知常数 Bi，这样配送中心 $j$ 下辖零售点的设施建设成本为 $\sum_{i\in I}Y_{ji}B_i$。

设零售点年订货次数是配送中心的 Λ 倍，即零售点年订货 Λn 次。零售点 i 每年的需求为 λ μ i，因零售点实行（ 0，Q）订货策略，订货需求可以及时得到满足，且零售点只有循环库存，故最大库存发生在物资交付的时候，库存容量为 $\frac{\lambda\mu_i}{\Lambda n}$。

### 2．订货成本

零售点的订货成本由订货手续费和运输成本组成。零售点 i 年订货总成本为 $F\Lambda n+\beta(g+b_{ji}\lambda\mu_i/\Lambda n)\Lambda n$，中心 j 下属的零售点年订货总成本为：

$$\sum_{i\in I}[Y_{ji}(F\Lambda n+\beta g\Lambda n+\beta b_{ji}\lambda\mu_i)] \tag{5}$$

### 3．库存成本

零售点只有循环库存，其需求能够瞬时补充。库存费用包括库存保管费和库存持有费。零售点 $i$ 订货批量为 $\frac{\lambda\mu_i}{\Lambda n}$，经过两级运输，单位物资的年库存持有费为 η（ $a_j$+ $b_{ji}$+ p），配送中心 $j$ 下辖的零售点的年库存成本为：

$$\sum_{i\in I}[Y_{ji}(\eta a_i+\eta b_{ji}+\eta p+\theta h)\frac{\lambda\mu_i}{2\Lambda n}] \tag{6}$$

由上可得，配送中心 $j$ 下辖零售点的物流成本为

$$C_2=\sum_{i\in I}[Y_{ji}B_i+Y_{ji}(F\Lambda n+\beta g\Lambda n+\beta b_{ji}\lambda\mu_i)+Y_{ji}\frac{\lambda\mu_i}{2\Lambda n}(\eta a_i+\eta b_{ji}+\eta p+\theta h)] \tag{7}$$

## 四、配送体系和运营策略

配送中心 $j$ 的总成本包括配送中心本身物流成本和其下辖零售点的物流成本。由式（2）

和式（7）可得，配送中心 j 总成本为：

$$min \quad C_j = C_1 + C_2 \qquad (8)$$

约束条件为：

$$\begin{aligned} &\sum_{j\in J} Y_{ji} = 1; \quad Y_{ji} \le X_j \\ &\sum_{i\in I} \lambda\mu_i Y_{ji} \le P_j; \quad Y_{ji}, X_j \in \{0,1\}, \forall i \in I, \forall_j \in J \end{aligned} \qquad (9)$$

式（9）中，第一项表示每一个零售点只由一个配送中心供应，第二项表示只有某个配送中心被选中，它才能为零售点供应物资，第三项表示配送中心供应量不能超过库存，第四项表示决策变量均为 0-1 变量。若每个零售点的需求变化率相同，即$\sigma_i^2 / \mu_i = \gamma$（ $\gamma$ 为已知常数），代人 $D_j = \sum \lambda\mu_i Y_{ji}$，同时令 $E_{ij}$ = $E_{ij} = \frac{2\lambda\mu_i}{4}[(a_j\eta + p\eta + \theta h)(\Lambda + 1) + \eta b_{ji}], K = (F + \beta g)\Lambda$

整个物流配送体系的总物流成本为：

$$min \sum_{j=J}[\sum_{i=I} M_{ji}Y_{ji} + \sqrt{N_{ji}Y_{ji}} + \sqrt{\sum_{i\in I} E_{ji}Y_{ji}(J + K\sum_{i\in I} Y_{ji})} + A_j X_j] \qquad (10)$$

由 $\frac{\partial^2 C_j(n)}{\partial n^2} = \frac{D_j}{\Lambda n^3}[(\Lambda + 1)(a_j\eta + p\eta + \theta h) + \eta b_{ji}] > 0$，可知目标函数是订货次数 n 的凸函数（向下凸），令 $\frac{\partial_{Fun}}{\partial_n} = 0$，此时可以得到该区域配送体系的年最优订货次数和订货批量为：

$$n_j = \sqrt{\frac{\sum_{i\in I}(EY_{ji})}{J + 2F\Lambda\sum_{i\in I} Y_{ji}}} \qquad (11)$$

$$Q_j = 2\sqrt{(J + K\sum_{i\in I} Y_{ji})\sum_{i\in I}\frac{\lambda^2\mu^2 Y_{ji}}{E_{ji}}} \qquad (12)$$

## 五、案例分析求解

某产品改造区域物流配送体系，计划从 5 个备选地址中选出 3 个建立配送中心，为 6 个零售点供应该产品。假设工厂的生产能力能够满足需求，考虑各配送中心、零售点的设施建设成本、运输和库存成本等因素，根据各零售点需求来确立物流配送体系的结构和运作方式（ 订货频率和批量），使得物流总成本最低。各参变量取值为：L = 10，F = g =25，p = 20，h = 10，$\eta$ = 0.1，$\lambda$ = 250，U = 0.95，Aj =（600，495，580，510，550），aj =（4，7，6，3，8），bij = rand（2，3），Bi =（200，190，270，230，160，180），$\mu$ i =（6，4，7，7，8，9），$\sigma$ 2i =（0.6，0.4，0.7，0.7，0.8，0.9），（其中 $1 \le j \le 5$，$1 \le i \le 6$），$\Lambda$ = 2，$\beta$ = 0.2，$\theta$ = 0.4。

因为选址 - 配送和车辆 - 路线问题都是 NP hard 问题，而本文对设施选址、路径选择及库存控制进行联合优化，精确求解更加困难，通常采用启发式算法。文中设遗传算法适应度函数为 h(x)= MA-A1，（其中 MA 为预计最大费用，A1 为目标函数）。终止条件为最大遗传代数，根据适应度函数得到个体的适应度并按大小排序，采用适应度比例法随机选择 100 次，将复制出的个体放到匹配池中。设置初始种群的规模为 100，交叉概率为 0.6，进化 500 代，表 5-9 列出部分代表数据。因第二组数据总成本最低，为满意解。计算中对订货次数采用向后取整法，并在此基础上计算订货批量成本，这样更加符合实际。

表 5-9 实例仿真数据

| 配送中心 $X_j$ | 供应关系 $Y_{ji}$ | 订货次数 $n_j$ | 订货批量 $Q_j$ | $C_1$ | $C_2$ | C |
|---|---|---|---|---|---|---|
| （1，2，5） | 11，12，23，24，55，56 | （9，11，13） | 282，318，327 | 15844 | 13595 | 29437 |
| （1，3，4） | 11，12，33，44，45，46 | （8，8，9） | 417，250，750 | 16045 | 12724 | 28768 |
| （2，3，4） | 21，32，33，34，45，46 | （9，11，12） | 278，318，354 | 16539 | 12636 | 29175 |
| （2，3，5） | 21，22，33，34，55，56 | （10，11，12） | 250，319，355 | 17263 | 11927 | 29190 |
| （3，4，5） | 31，42，43，44，55，56 | （10，11，13） | 150，409，354 | 18659 | 10928 | 29587 |

研究了动态需求下的物流配送问题，建立了经济订货批量下的物流成本函数，确定了物流配送的体系结构和运营策略。可以看出，物流体系的运营成本对整个物流成本的影响很大，订货手续费限制了订货次数，采用电子交易可以增大订货次数以减小库存成本。模型对于物流配送体系在理论上并非最优，但符合现实区域物资供应的划区供应、用旧存新等实际情况，确保了一定供应满意度下的总成本最低。

## 第五节　本章小结

本章节围绕物流配送的均衡与优化问题展开研究和论述，究其内容，分为以下四个方面：

### 一、物流配送路径优化研究

物流配送路径优化问题，包括物流配送模式优化问题、物流配送流程优化问题、配送路线优化问题以及配送路线设计优化问题等。针对他们中的均衡问题进行了深入分析，然后提出了优化方案，并将五级优化步骤进行了详细的阐述。

## 二、物流配送车辆调度优化研究

该部分主要针对物流配送的车辆调度发展现状以及配送车辆调度优化的几种方法展开论述。包括对物流配送中车辆调度中存在的均衡和非均衡问题进行了深入分析和详细的阐述，配送车辆调度的优化方法主要运用遗传算法和蚁群算法进行了例证，都得到了比较好的效果。

## 三、物流配送方案优化研究

该部分是针对物流配送的各种方案的问题进行论述并提出了优化方案。包括目前物流配送方案的现状，以及存在的均衡性问题都一一做了阐述，并结合具体的物流配送方案，给出了优化措施和例证。

## 四、物流配送体系优化研究

物流配送体系的优化是物流配送中最重要的内容之一。由于配送体系的多样性和不确定性，导致物流配送体系面对的问题也是各有迥异，难以给出统一的答案。

该部分首先对物流配送体系存在的问题进行了深入分析，并通过配送中心成本分析和零售网点成本分析来统一配送体系的评价口径，运用大量的函数推导，论述了配送体系和运营策略的优化方案，最后运用真实的案例进行求解，优化理论也得到了有力的证明。

# 第六章　总结与展望

本章节是对本书作最后的总结和对物流产业的展望。

总结包括研究内容、研究方法、研究过程，以及各章节各个内容的安排及论述的主要内容等都做了一个概括性的说明。

对物流产业的展望，主要是对中国物流行业的发展环境、物流行业的运行情况、物流子行业运营情况、物流行业的运作模式、物流细分市场的发展情况、重点区域物流行业发展情况、各类物流行业领先企业经营情况以及物流行业发展趋势及前景预测等进行分析，全面、准确地对整个物流行业的市场走向和发展趋势进行展望。

## 第一节　研究总结

### 一、概述

概述部分对文章所有内容进行了全面的概括：主要包括了阐述了产业集群和物流产业集群含义、特点以及形成的原因、运作模式等等；论述了国内外物流产业集群的发展，包括美国、欧洲的德国、荷兰、日本等等，阐述了这些国家的物流及物流产业集群的发展历程、特点等；深入分析并论述了物流产业集群存在的问题，主要针对市场约束方面、专业化程度方面、物流基础设施、制度约束等四个方面存在的问题；最后针对国内外物流产业集群的理论学术研究的情况进行了梳理和总结，包括国外的学术理论研究以及国内的学术理论研究等，并对本书的创新点进行了简要概述。

### 二、概念、理论的梳理和界定

本书的第二部分针对本书中涉猎到的一些基本概念以及理论进行了详细阐述和具体的界定。主要包括以下几个方面：对美国、欧洲、日本、中国等几个比较有代表性的国家和地区关于物流基础理论进行了梳理和阐述；论述了运输需求理论以及综合运输理论，包括运输需求的形成原因，运输需求与支出之间的函数关系，以及综合运输理论的产生、形成、发展和应用等；阐述了仓储管理的含义、内容、特点，并对近20年来关于仓储管理理论的相关研究进行了阐述；最后，对后面章节涉及的一些理论进行了阐述，包括系统均衡理论，如一般均衡理论以及九宫格均衡理论，及他们的应用等；车公里理论，如车公里的含义、产生的由来、作用，以及车公里产量的计算方法等都进行了阐述。

## 三、公路运输负载均衡与优化

该部分研究内容是本书中三大主体研究内容之一。

该部分首先用“车公里”作为衡量公路运输负载指标，把中国大陆所有省份的货运、客运、小汽车等运输工具对公路运输负载需求统一计量，并把各省的公路运输综合负载能力计算出来与综合负载需求进行比较分析，得出他们运输负载能力的强弱层级；其次，对现有状态下各省公路资源的利用水平进行了分析，得出各省公路资源边际消耗水平高低关系；最后，构建公路运输负载—资源消耗均衡模型 - “TL-RC 六宫格均衡模型”，把各个省的均衡状态用六宫格模型进行评价，通过模型分析，针对各省状态提出相应的建议。

该部分通过理论推导分析，构建了纵向物流产业集群公路运输负载能力的六宫格模型，并通过对31个省份近五年来的数据分析以及未来五年的数据预测，与2010年的数据进行对比分析，将中国31个省份分别纳入到六宫格模型中。该部分在研究过程中还存在以下几个方面值得讨论：一是本文运用“车公里”特征指标，虽然把货运、客运及私家车都纳入分析范围，但是并没有把各等级的公路进行分别计算，其结果可能存在一些偏差；二是在进行数据预测过程中，运用简单平均法，并没有运用动态思维来进行预测分析，预测的结果也可能存在偏差。

## 四、仓储负载均衡与优化

该部分研究内容是本书中三大主体研究内容之一。

该部分是主要分为六个部分：市场调研、仓储负载能力分析、仓储市场需求分析、仓储负载能力与市场需求均衡优化分析、仓储资源消耗均衡分析、仓储负载能力与资源消耗均衡分析。

市场调研部分，主要把从市场上调研回来的仓储相关数据进行统计分析整理，分类成后面分析需要的数据，主要集中在仓储投资调研数据统计与分析、仓储面积的调研统计与分析、仓储周转速度的调研统计与分析以及仓储需求的调研统计与分析，并对这些数据之间的关联关系进行了分析，列出了他们之间的线性公式。

仓储负载能力分析部分，分析并阐述了2004-2013年，中国各省份的仓储资源能够负载多少的仓储需求量。该部分通过分析比较十年的货运量以及仓储面积的变化，运用回归分析法，对各地区的仓储负载能力进行了分析，并构建了仓储负载能力标准模型。

仓储市场需求分析部分，分析并阐述了在2004-2013年，我国各省份的仓储市场需求量。

该部分通过分析比较十年的货运量以及货运周转量的变化，对各地区的仓储市场需求进行了比较分析，运用回归分析法，并构建了 2014-2018 年各省各年的仓储需求量的回归方程，最后进行了预测，得出了各年的仓储市场需求预测值。

仓储负载能力与仓储市场需求均衡分析部分，主要通过预测 2014-2018 年各省的仓储负载能力与各省的仓储市场需求进行比较，分析各年度各省的仓储负载能力是否满足市场发展的需求，根据他们之间的大小进行比较，把他们之间的比值分为三种状态：仓储负载能力过剩、仓储负载能力适中、仓储负载能力不足，也把这三种状态定义为静态均衡状态。又根据各省各年度的仓储负载能力以及仓储市场需求的变化，定义了三种动态均衡状态：仓储负载能力过剩、仓储负载能力适中、仓储负载能力不足。

仓储资源消耗均衡分析部分。该部分主要是阐述各省各年每单位仓储市场需求（一万吨吞吐量）需要消耗的有效的仓储资源。这个值主要是表达各省各实践段内有效仓储资源的利用率，是否充分发挥了有效仓储资源的价值，也就是它的市场利用价值。通过分析，也把仓储资源消耗的均衡状态分为三种状态：资源消耗过高、资源消耗适中、资源消耗超低等。

仓储负载能力与资源消耗均衡分析。该部分是该章节的重要结论部分，为了更好更直观地分析出各年度各省的均衡状态，本章节构建了九宫格均衡状态坐标模型，并把九宫格模型中各个状态出现的问题进行了分析，在每一类状态后面给出了优化方案。根据调查的数据，运用九宫格模型对各年各省的静态均衡状态进行了评析，也对未来五年各省仓储负载动态均衡进行九宫格坐标分析，并给出了优化意见。

## 五、物流配送均衡与优化研究

本章节对物流配送均衡优化问题方法进行了研究，包括物流配送路径优化问题、物流配送车辆调度优化问题、物流配送方案优化问题、物流配送体系优化问题等四个方面进行了研究。

物流配送路径优化问题方面的研究主要包括物流配送路径的物流配送模式问题、配送流程问题、配送线路优化的原理、配送路线的优化设计等路径优化问题进行了研究。

物流配送车辆调度优化问题方面的研究主要包括物流配送的车辆调度发展现状以及配送车辆调度优化的几种方法等两个方面进行了研究。

物流配送方案优化方面的问题研究主要对物流配送方案现状以及物流配送方案如何优化进行了研究。

物流配送体系优化问题研究主要包括现在存在的问题、配送中心成本分析、零售网点成本分析、配送体系和运营策略研究，并运用案例分析求解等方面进行了研究。

# 第二节　物流产业发展展望

从行业的整体高度来架构分析和展望物流产业。对中国物流行业的发展环境、物流行业的运行情况、物流子行业运营情况、物流行业的运作模式、物流细分市场的发展情况、重点区域物流行业发展情况、各类物流行业领先企业经营情况以及物流行业发展趋势及前景预测等进行分析，才能全面、准确地把握整个物流行业的市场走向和发展趋势。

## 一、中国物流行业的运行状况分析

1. 中国物流行业运行态势分析

（1）物流行业的产业阶段分析

中国物流产业目前正处在“物流硬件升级阶段”末期和“物流成本管理时代”初期的发展阶段。

具体来说，随着中国产业结构日益走向规模化和专业化的格局，伴随信息技术的大量应用、电子商务的兴起以及对成本控制要求的提升，物流行业进入整合阶段，从无序走向有序，各种新的业态也开始涌现，例如供应链管理、整车零担运输等等，也涌现出很多具有很强竞争力和成长能力的公司。

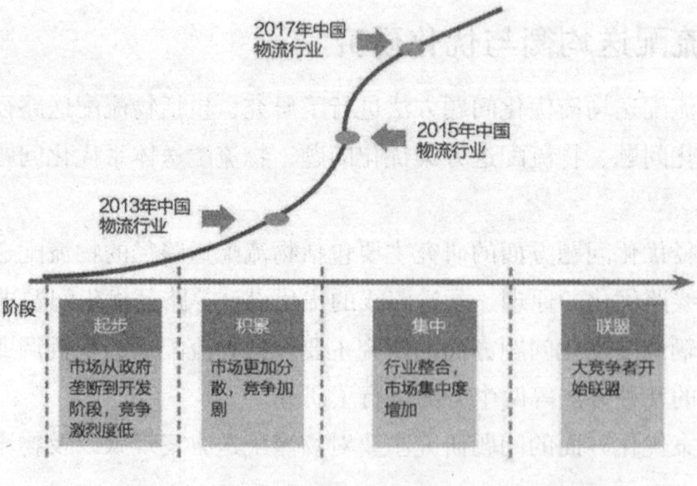


2013 年 -2017 年物流行业的产业阶段发展预测图

（2）物流行业具有网络化特性，不断向集约化发展

物流行业是极具网络化特点的产业，随着网络的逐步扩大，其网络的外部经济将逐步显现，从而带来企业规模、市场占有份额的不断扩大，而这又进一步促使企业运作中的范围经济、规模经济、密度经济的实现，从而极大地提升物流运作效率，正是网络化的特性

促使物流行业不断地走向集约。

（3）中国物流行业盈利水平偏低

由于中国物流行业处于发展初期的成长阶段，外资物流企业收购国内物流企业，获得完善的网络资源后，借助其现代管理、信息技术及国际资本运作的优势，采取各种手段（包括不正当竞争），不断打压竞争对手，抢占国内市场，核心目的就在于形成对高端物流市场的垄断，从而最大限度地发挥其集约和网络化的优势，并获取高额的垄断利润。

2. 物流行业运行指标分析

（1）物流总额增幅及其构成情况

2005-2014年全国社会物流总额逐年递增。其中2014年全国社会物流总额213.5万亿元，按可比价格计算，同比增长 7.9%，增幅比上年回落 1.6 个百分点。

2015 年 1-10 月，全国社会物流总额为 181.9 万亿元，按可比价格计算，同比增长 5.7%，增速较 1-9 月回落 0.1 个百分点，增速比去年同期回落 2.6 个百分点。

（2）物流总费用增幅及构成情况

2014 年社会物流总费用 10.6 万亿元，同比增长 6.9%。社会物流总费用与 GDP 的比率为 16.6%，比上年下降 0.3 个百分点。其中，运输费用 5.6 万亿元，同比增长 6.6%，占社会物流总费用的比重为 52.9%；保管费用 3.7 万亿元，同比增长 7.0%，占社会物流总费用的比重为 34.9%；管理费用 1.3 万亿元，同比增长 7.9%，占社会物流总费用的比重为 12.2%。

**2005-2015 年中国社会物流总额及增长情况**

2015 年 1 月 -10 月，社会物流总费用规模为 8.3 万亿元，同比增长 4.0%，增速比 1 月 -9 月回落 0.1 个百分点。从结构看，运输费用 4.2 万亿，同比增长 3.6%，占社会物流总费用的比重为 50.9%；保管费用 3.0 万亿，同比增长 4.1%，占社会物流总费用的比重为 35.5%；管理费用 1.1 万亿，同比增长 5.2%，占社会物流总费用的比重为 13.6%。

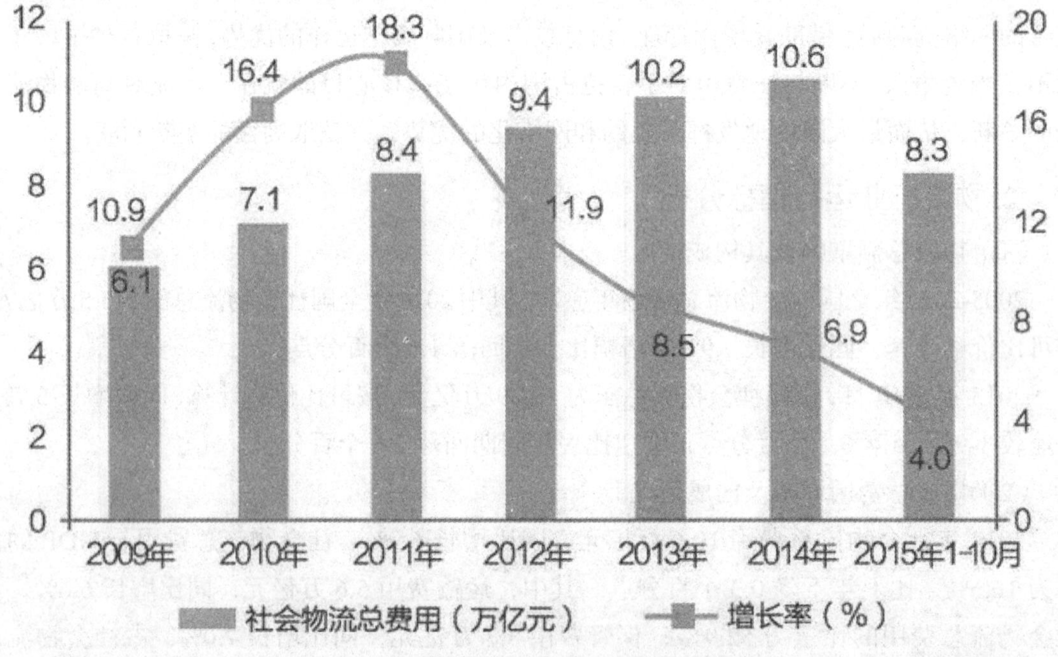


2009-2015 年中国社会物流总费用及增长情况

2015 年 1-10 月中国社会物流总费用构成情况　　（单位：万亿元，%）

| 指标 | 绝对额（万亿元） | 同比增长 | 占社会物流费用的比重（%） |
|---|---|---|---|
| 社会物流总费用 | 8.3 | 4.0 | 100 |
| 其中：运输费用 | 4.2 | 3.6 | 50.9 |
| 保管费用 | 3.0 | 4.1 | 35.5 |
| 管理费用 | 1.1 | 5.2 | 13.6 |

### 3. 中国物流园区发展状况分析

（1）中国物流园区数量

2012 年，入选《2012 年度中国物流园区（基地）名录》的各类物流园区共计 754 家。对比 2006 年的 207 家，增长 264%；与 2008 年的 475 家相比，增长 58.7%。

（2）中国物流园区地域分布

由于物流园区在经济开发、促进多种运输方式的整合、改善城市环境等方面的明显作用，中国政府及企业在近几年中不约而同地将其作为推动区域和城市物流发展的重点工程，给予大力的支持。目前，全国基本形成了从南到北、从东到西的物流园区建设发展局面。

（3）中国物流园区收入来源

中国物流园区的收入来源主要是土地的级差收入、办公楼、市场摊位租金、库房货场租金、设施设备租金、物业管理费、信息服务费、中介费、物流业务收入等。

从全国总体看，库房 / 货场租金、办公楼租金仍然是目前物流园区的主要收入来源，排在前两位；也有部分园区依靠土地增值、税收优惠、国家扶持资金等。可喜的是，各种增值服务收入已经开始成为园区重要的收入来源。

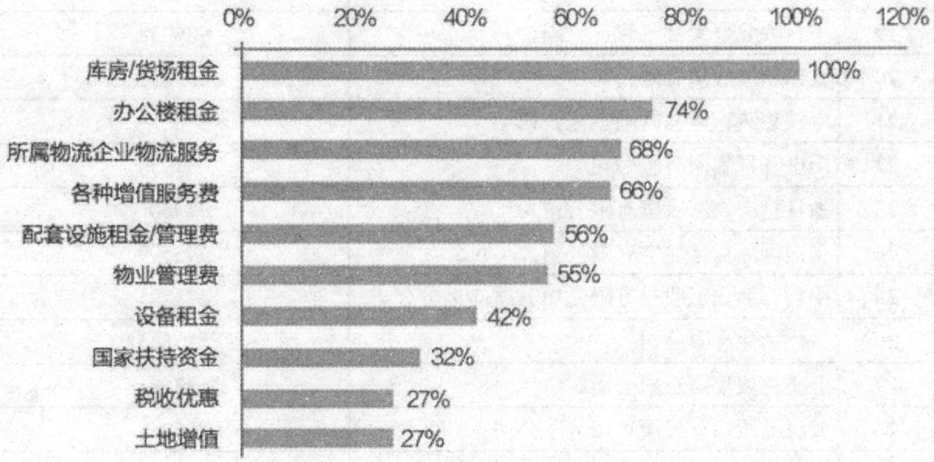


全国物流园区主要收入来源调查情况图

## 4. 中国物流行业竞争状况分析

### （1）物流市场整体竞争格局

014 年中国物流企业 50 强名单　　（单位：万元）

| 排名 | 企业名称 | 物流业务收入（万元） |
| --- | --- | --- |
| 1 | 中国远洋运输（集团）总公司 | 14414820 |
| 2 | 中铁物资集团有限公司 | 7632421 |
| 3 | 中国海运（集团）总公司 | 6764517 |
| 4 | 中国外运长航集团有限公司 | 5828320 |
| 5 | 河北省物流产业集团有限公司 | 5818003 |
| 6 | 开滦集团国际物流有限责任公司 | 4423713 |
| 7 | 厦门象屿股份有限公司 | 3537580 |
| 8 | 中国石油天然气运输公司 | 3040718 |
| 9 | 中国物资储运总公司 | 3000880 |
| 10 | 顺丰速运（集团）有限公司 | 2570000 |
| 11 | 河南能源化工集团国龙物流有限公司 | 2170563 |
| 12 | 福建省交通运输集团有限责任公司 | 1767495 |
| 13 | 安吉汽车物流有限公司 | 1476000 |
| 14 | 朔黄铁路发展有限责任公司 | 1430905 |
| 15 | 高港港口综合物流园区 | 1112000 |

续表

| 排名 | 企业名称 | 物流业务收入（万元） |
|---|---|---|
| 16 | 嘉里物流（中国）投资有限公司 | 982218 |
| 17 | 北京康捷空国际货运代理有限公司 | 959718 |
| 18 | 重庆港务物流集团有限公司 | 932931 |
| 19 | 中石油北京天然气管道有限公司 | 926038 |
| 20 | 德邦物流股份有限公司 | 863333 |
| 21 | 中铁集装箱运输有限责任公司 | 806659 |
| 22 | 国电物资集团有限公司 | 781930 |
| 23 | 浙江物产物流投资有限公司 | 779805 |
| 24 | 中国国际货运航空有限公司 | 775599 |
| 25 | 中国石油化工股份有限公司管道储运分公司 | 673795 |
| 26 | 一汽物流有限公司 | 615565 |
| 27 | 五矿物流集团有限公司 | 523681 |
| 28 | 武汉商贸国有控股集团有限公司 | 506250 |
| 29 | 中铁现代物流科技股份有限公司 | 494502 |
| 30 | 重庆长安民生物流股份有限公司 | 464966 |
| 31 | 中铁快运股份有限公司 | 441855 |
| 32 | 中外运敦豪国际航空快件有限公司 | 417295 |
| 33 | 江苏徐州港务集团有限公司 | 364651 |
| 34 | 中铁特货运输有限责任公司 | 357913 |
| 35 | 联邦快递（中国）有限公司 | 356838 |
| 36 | 湖南星沙物流投资有限公司 | 356764 |
| 37 | 郑州铁路经济开发集团有限公司 | 352000 |
| 38 | 山西太铁联合物流有限公司 | 334894 |
| 39 | 广东省航运集团有限公司 | 334864 |
| 40 | 青岛福兴祥物流股份有限公司 | 300651 |
| 41 | 中信信通国际物流有限公司 | 299079 |
| 42 | 中国储备棉管理总公司 | 296446 |
| 43 | 上海现代物流投资发展有限公司 | 283987 |
| 44 | 国药控股江苏有限公司 | 280000 |
| 45 | 北京长久物流股份有限公司 | 263546 |
| 46 | 天地国际运输代理（中国）有限公司 | 262885 |
| 47 | 南京空港油料有限公司 | 260866 |
| 48 | 湖南全洲医药消费品供应链有限公司 | 244765 |
| 49 | 浙江省八达物流有限公司 | 225129 |
| 50 | 新时代国际运输服务有限公司 | 224247 |

（2）中国物流企业结构

中国物流市场按照服务对象和物流供给特点的差异，可细分为高端、中端、低端三个层次，由低到高呈现出金字塔型的结构特征。

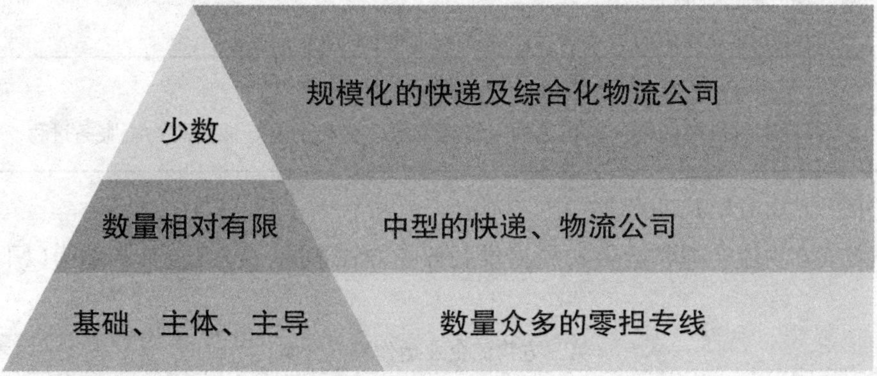


中国物流市场结构分析图

## 二、中国物流行业运作模式分析

目前，在物流行业主要有 4 种物流模式，即第一方物流、第二方物流、第三方物流和第四方物流。

四种物流模式介绍

| 模式 | 内容 |
|---|---|
| 第一方物流 | 是指生产企业或流通企业自身做仓储、货运，自己来进行物流的运作。 |
| 第二方物流 | 是指生产企业或流通企业聘请车队、仓库来做货运、仓储的模式，属于功能性服务。第二方是指那些为社会提供运输、仓储等单一的物流服务的企业。 |
| 第三方物流 | 是指专门进行物流的专业组织，是为生产与流通部门服务的，掌握了足够的物流信息，它能够帮助生产方优化物流配置，他们可以以最便宜的价格和最合适的时间，提供合适的租用设施、为需方节省大量的资本和时间。 |
| 第四方物流 | 是指一个供应链的物流集成商，它对公司内部和具有互补性的服务供应商所拥有的不同资源，能力和技术能进行整合和管理，并提供一整套供应链解决方案。 |

### 1. 第三方物流运作模式

（1）第三方物流模式的界定

由于第三方物流企业是专业的物流服务提供商，资源整合、服务内容以及服务范围是界定第三方物流企业模式的重要方面，也是第三方物流企业区别于竞争对手的关键所在。

第三方物流企业类型

| 类型 | 具体说明 |
|---|---|
| 非资产型 | ①仅拥有少量固定资产，基本上不进行大规模的固定资产投资，主要依靠组织协调外部资源进行运作。<br>②不需要大量的资金投入，运行风险较小。 |
| 资产性 | ①投资购买各种装备并建立自己的物流网点<br>②拥有雄厚的资产、自己的网络与装备，有利于更好地控制物流服务过程。 |

（2）第三方物流模式的分类

根据第三方物流企业整合资源和提供服务的方式不同，可以将其归纳为以下八种运作模式。

第三方物流企业运作模式分类

| 模 式 | 资源整合方式 | 提供服务的内容及方式范围 |
|---|---|---|
| 理论模式一 | 资产性 | 高集成、广范围 |
| 理论模式二 | 非资产型 | 高集成、广范围 |
| 综合物流模式 | 资产性 | 高集成、窄范围 |
| 综合代理模式 | 非资产型 | 高集成、窄范围 |
| 功能物流模式 | 资产性 | 低集成、广范围 |
| 功能代理模式 | 非资产型 | 低集成、广范围 |
| 集中物流模式 | 资产性 | 低集成、窄范围 |
| 缝隙物流模式 | 非资产型 | 低集成、窄范围 |

（3）第三方物流模式的分布

从上市公司物流模式来看，国企在纵向整合度和领域专注度相对较低，而私企在纵向整合度和领域专注度相对较高。

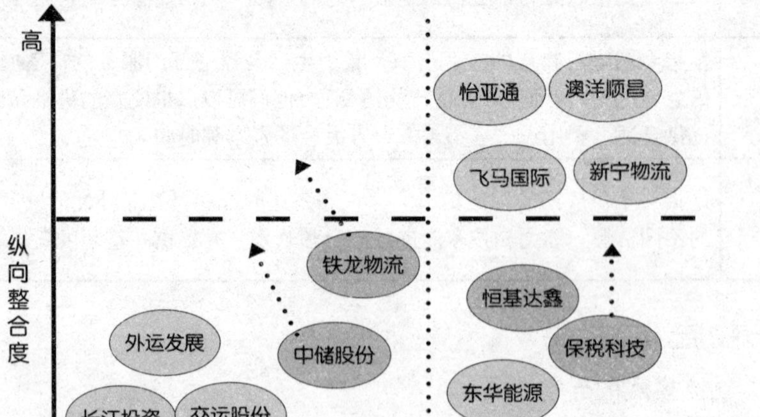


主要上市公司物流模式分布概况

2. 功能物流模式分析

（1）功能物流模式发展现状分析

功能物流模式的特点是，第三方物流企业使用自有资产为多个行业的客户提供低集成度的物流服务。这类第三方物流企业对客户提供的服务功能比较单一，大量的是提供运输、仓储服务，一般不涉及物流的整合与管理等较高端的服务。

（2）功能物流模式代表企业分析

功能物流模式代表性公司有中储发展股份有限公司（简称：中储股份）等，中储股份目前依托于公司仓储资源，属典型的功能物流企业，近年来公司强化在仓储领域的基础上，逐渐拓展物流延伸服务。

中储股份现有业务主要包括两大类：物流业务和贸易业务，具体情况如下：

2015 上半年中储发展股份有限公司营业收入分产品情况表（万元，%）

| 分产品 | 营业收入（万元） | 营业成本（万元） | 毛利率 % | 收入同比增长 % |
|---|---|---|---|---|
| 物流业务 | 134774.25 | 111956.51 | 16.93 | -4.30 |
| 贸易业务 | 697778.39 | 688531.50 | 1.33 | -32.99 |

（3）功能物流模式发展空间分析

从国内的物流市场来看，由于客户企业仍倾向于外包部分功能性的物流活动而不是全部物流，因此定位在低集成度上仍然有很大的空间，功能物流模式也具有较大的生产空间。在这几种物流模式中，功能物流模式是最普遍的运作模式，综合拓展空间最大。

## 三、中国物流行业重点区域分析

1. 长三角物流行业发展分析

（1）上海市经济运行状况分析

2015 年前三季度，上海市国民生产总值为 17866.3 亿元，较上年同期增长 6.8%。其中，第一产业增加值 63.74 亿元，较上年同期下降 10.4%；第二产业增加值 5713.23 亿元，较上年同期下降 0.2%；第三产业增加值 12089.27 亿元，较上年同期增长 11.1%，第三产业增加值占上海市生产总值的比重达到 67.6%。

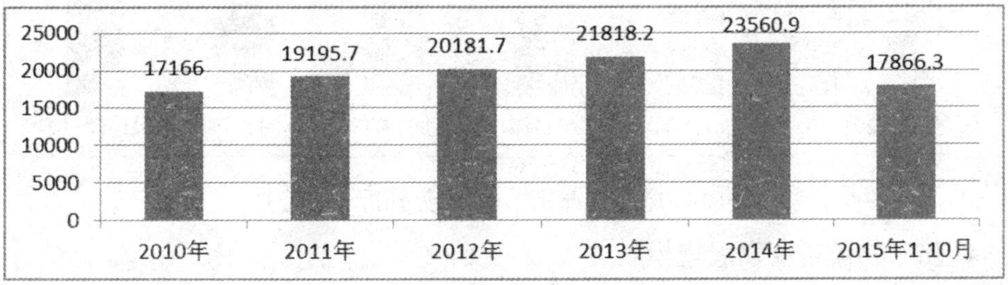


2010-2015 年上海 GDP 走势分析（亿元）

（2）上海市物流行业发展规模

2014 年，全年实现交通运输、仓储和邮政业增加值 1044.46 亿元，比上年增长 9.4%。各种运输方式完成货物运输量 90340.88 万吨，比上年下降 1.3%。全年上海港口货物吞吐量达到 75528.89 万吨，比上年下降 2.6%；集装箱吞吐量 3528.53 万国际标准箱，增长 5%。集装箱水运中转比例为 45.8%，比上年提高 0.4 个百分点；国际中转比例为 7.1%，提高 0.1 个百分点。

2015 年前三季度，上海市交通运输、仓储和邮政业增加值 845.03 亿元，较上年同期增长 6.7%；港口货物箱吞吐量达 2739.4 万标箱。

**2014 年上海市货运量及其增长速度（万吨，%）**

| 指标 | 数量 | 同比增长 |
|---|---|---|
| 货运量 | 90340.88 | -1.3 |
| 铁路 | 548.96 | -20.9 |
| 水运 | 46582.53 | -0.2 |
| 公路 | 42848.00 | -2.2 |

## 2. 珠三角物流行业发展分析

（1）广州市经济运行状况分析

2015 前三季度，广州市实现地区生产总值 12983 亿元，较上年同期增长 8.3%。增幅分别比一季度（7.5%）和上半年（8.1%）提高 0.8 个和 0.2 个百分点。前三季度，广州工业生产平稳。全市完成规模以上工业总产值 13816.86 亿元，较上年同期增长 6.3%；规模以上工业增加值 3564.25 亿元，较上年同期增长 7.2%。三大支柱产业总产值增长幅度达到 8.4%，比上半年提高 0.8 个百分点。投资方面，全市完成固定资产投资 3438.68 亿元，较上年同期增长 11.1%。

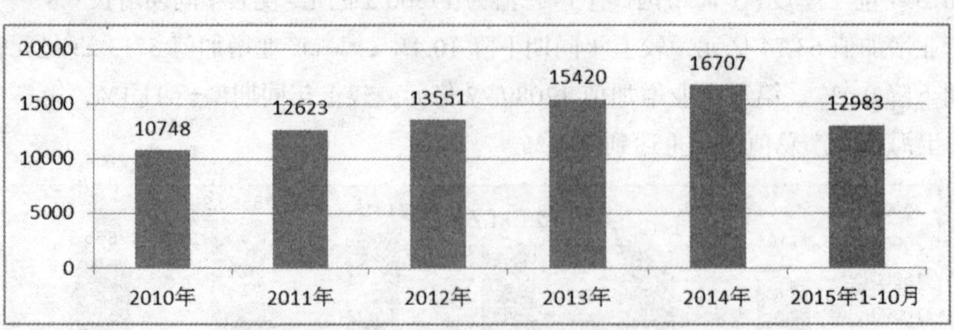


**2010-2015 年广州市 GDP 走势分析（亿元）**

（2）广州市物流行业发展规模

2014 年，广州市全年交通运输、仓储和邮政业实现增加值 1110.18 亿元，比上年增长 11.8%。全年港口货物吞吐量 50036.30 万吨，增长 5.9%，其中外贸货物吞吐量 12035.74 万吨，增长 5.0%。港口集装箱吞吐量 1661.17 万国际标准箱，增长 7.1%。全年完成邮电业务收入 505.32 亿元，增长 10.2%，其中邮政业务收入 181.26 亿元，增长 44.3%。

2015 前三季度，广州市交通运输稳步增长，港口集装箱吞吐量、港口货物吞吐量、货运量分别增长 6.1%、4.9%、3.6%。

### 3. 环渤海物流行业发展分析

（1）北京市经济运行状况分析

2015 前三季度北京市经济在调整疏解中实现了平稳运行，经济结构继续优化，发展质量总体向好。北京市实现地区生产总值 16002.4 亿元，较上年同期增长 6.7%。分产业看，第一产业增加值 98.8 亿元，较上年同期下降 8.2%；第二产业增加值 2985.4 亿元，较上年同期增长 2.4%；第三产业增加值 12918.2 亿元，较上年同期增长 8.1%。

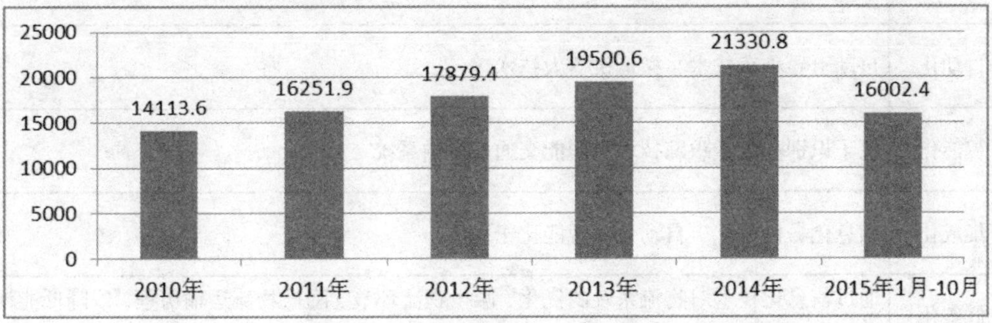


**2010-2015 年北京市 GDP 走势分析（亿元）**

（2）北京市物流行业发展规模

2015 年 1-11 月，北京市实现货物运输总量 23785.1 万吨，较上年同期下降 3.1%；实现货物周转量 4108974.6 万吨公里，较上年同期下降 11.1%。

**2015 年 1-11 月北京市货运量及其增长速度**

| 指标 | 单位 | 数量 | 同比增长（%） |
|---|---|---|---|
| 货运量 | 万吨 | 23785.1 | -3.1 |
| 铁路 | 万吨 | 929.3 | -10.9 |
| 公路 | 万吨 | 22712.0 | -2.9 |
| 航空 | 万吨 | 143.8 | 6.8 |
| 货运周转量 | 万吨公里 | 4108974.6 | -11.1 |
| 铁路 | 万吨公里 | 2038452.7 | -21.7 |
| 公路 | 万吨公里 | 1490291.0 | -1.8 |
| 航空 | 万吨公里 | 580230.9 | 16.1 |

## 四、中国物流行业发展趋势预测

### 1. 物流行业技术发展趋势分析

国外物流企业的技术装备已达到相当高的水平，已经形成以信息技术为核心，以运输技术、配送技术、装卸搬运技术、自动化仓储技术、库存控制技术、包装技术等专业技术为支撑的现代化物流装备技术格局。其发展趋势表现如下表所示。

**物流技术的发展趋势**

| 趋势 | 具体说明 |
|---|---|
| 信息化 | 广泛采用无线互联网技术，卫星定位技术、地理信息系统和射频标识技术、条形码技术等 |
| 自动化 | 自动引导小车技术、搬运机器人技术等 |
| 智能化 | 电子识别和电子跟踪技术、职能交通与运输系统 |
| 集成化 | 信息化、机械化、自动化和智能化于一体 |
| 低碳化 | 通过信息化技术对物流系统的优化，减少物流环节、降低物流运输历程，以降低能耗、减少环境污染 |

2. 物流行业发展机会前瞻

（1）物流行业处于发达国家 20 世纪 80 年代水平

目前，中国的工业结构仍以粗放式生产和简单加工为主，出于成本的压力和效率的考虑，物流活动已经从销售环节向生产环节和采购环节发展，第三方物流正在迎来全面增长期。从发展阶段来看，基本处于发达国家 80 年代同期的水平。

（2）中国物流行业的物流效率比较低

社会物流总费用占 GDP 比例是国际通行的用于衡量一国物流行业效率的指标。对比发达国家，中国社会物流总费用占 GDP 比例过高，约为美国、日本的两倍，反映出中国物流行业效率较低。

（3）生产成本增长倒比物流快速发展

中国的产业已经由第一阶段的产能为主、第二阶段的注重销售和产品差异化，进入了目前供给相对过剩、需求有所不足，亟须通过降低成本、提高经营效率得以继续发展的阶段。

（4）新技术突破和广泛应用促进物流业升级

未来物流技术创新将反映安全、快速、大型化、信息化、智能化、个性化、人性化、精细化、绿色化和节能化等时代性特点。

3. 物流行业发展前景展望

在经济全球化和电子商务的双重推动下，物流业正在从传统物流向现代物流迅速转型并成为当前物流业发展的必然趋势。在系统工程思想的指导下，以信息技术为核心，强化资源整合和物流全过程优化是现代物流的最本质特征。

# 参考文献

[1] 国土资源部．关于发布和实施《工业项目建设用地控制指标》的通知 [z]，国土资发 [2008]24 号，2008-01-31.

[2] 李小米．三大趋势引领物流园区发展——解读《第三次全国物流园区（基地）调查报告》[J]．中国储运，2013(2)：54-55.

[3] 建设部．GBJ137-90．北京市城市用地分类与规划建设用地标准 [S]．2008-07-30.

[4] 南宁市规划局．南宁市城市规划管理技术规定（修编稿）[Z]．2012-02-08.

[5] 韩翔．浅析物流产业集群的竞争优势 [J]．中国市场．2008 年（15）.

[6] 傅淞．我国物流产业集群形成机理研究 [J]．中国集体经济（下）．2007，(02).

[7] 彭永芳，张桂娟．物流产业集群的优势与可持续发展分析．产业与科技论坛．2008，7(12).

[8] 熊浩，鄢慧丽．物流产业集群的发展初探．物流技术．2007(02).

[9] 巫钢．刍议物流企业需求资源转化模式及其运作 [J]．现代财经，2008，(10).

[10] 中国物流与采购联合会．2005 中国物流年鉴下 [M]．中国物资出版社，2005：184-185.

[11] 郭晔，杨晓达．调整产业结构;保障粮农安全与粮食安全 [J]．中央财经大学学报，2006，(10).

[12] 王微，王青，漆云兰．借鉴欧洲经验发展新兴物流集群 [J]．环球财经，2016(5)：13.

[13] 章竟．日本物流业的发展特点及新趋势 [J]．日本学刊，2007(03).

[14] 余平．日本物流现状及发展前景 [N/OL]．现代物流报，2005-09-29.

[15] BurnsonP．19th Annual state of logistics report：under the weather [J]．2008.

[16] 中国仓储协会．中国物流市场供求分析报告 [C]．2000，P14.

[17] 邓志高：中国交通运输业发展现状分析 [R]．调查研究报告，1999，vol．144.

[18] Porter M．E：The Competitive Advantage of Nations，New York，The Free Press，1990.

[19] Porter，M．E：Clusters and New Economics of Competition，Harvard Business Review，1998，(11).

[20] 王燕．物流产业集群创新机制形成的影响因素分析 [J]《中国流通经济》2009(7)：

35-38.

[21] 李斌，陈长彬．区域物流产业集群形成和发展的动力机制分析 [J]．商业经济与管理，2010(7)：18-24.

[22] 杨自辉，邓恩，林安源．湖南物流产业集群系统发展研究 [J]．经济地理，2010(3)：426-430.

[23] 彭永芳．京津冀地区物流产业集群的影响因素与发展模式 [J]．统计与决策，2011(12)：65-68.

[24] 周文祥．全球产业链的物流业集群竞争力分析 [J]．经济纵横，2007(16)：2-5.

[25] 王刚，王克明物流产业集群与粤港区域竞争力的协同关系研究 [J]．国际经贸探索，2009(8)：32-36.

[26] 章建新．基于全球产业链的物流产业集群竞争力分析 [J]．经济问题，2006(5)：25-27.

[37] 南岚．港口物流产业集群共生模式发展博弈 [J]．中国物流与采购，2009(20)：72-73.

[28] 杨自辉，凌艳平，李明．物流产业集群依赖经济模型理论研究 [J]．吉首大学学报：社科版，2009(5)：83-87.

[29] 林昶，孙国岩，杨智懿．随机环境下第三方仓储能力分配策略分析 [J]．铁路运输与经济，2007(1)：66-67.

[30] 林昶，帅斌，卜祥智，黄庆．基于需求更新的第三方仓储能力分配优化 [J]．系统工程，2007(03)：66-67.

[31] 林昶，黄庆，卜祥智．第三方仓储能力配置与分配的收益优化 [J]．西南交通大学学报，2007(03)：320-325.

[32] 陈立阁．促进中国区域航空运输均衡的政策措施研究 [J]．空运商务，2007，9(18)：4-9.

[33] 罗端高，史峰．多用户多方式混合交通均衡变分模型及求解算法 [J]．交通运输系统工程与信息，2010，10(5)：110-116.

[34] 徐兵，朱道立．多用户多准则固定需求随机交通均衡变分模型 [J]．公路交通科技，2007，4(4)：129-133.

[35] 甲史峰．基于出行时间预算的多模式多类用户城市交通均衡分析 [J]．中南大学学报：(自然科学版)，2011，42(11)：3572-3577.

[36] 管小俊．煤炭物流运输网络风险评价及均衡保持关键问题研究 [D]．北京：北京交通大学．2010.

[37] 鲍静溪．物流产业均衡发展研究 [D]．云南财经大学，2009.

[38] 杨自辉，符卓，雷定猷，等．纵向物流产业集群的仓储能力均衡理论研究 [J]．经济地理，2012，32(5)：83-86.

[39] NCPDM and Supply Chain Visions. Supply Chain Management Process Standards: Enable Processes. Council of Supply Chain Management Professionals: Oak Brook, IL, 2004.

[40] Benjamin S, Logistics Engineering and Management（4th Edition）, PrenticeHall, 1992.

[41] 王佐．物流标准化：无限的思维和有限的体系 [J]．中国物流与采购，2005.

[42] 国家技术监督局．GB / T18354-2001．中华人民共和国国家标准 • 物流术语 [S]．北京：中国标准出版社，2001.

[43] 徐寿波．大物流论 [J]．中国流通经济，2005（5）：9

[44] 丁俊发．拥抱中国物流业的春天——2005 年 11 月 19 日在第四次中国物流学术年会上的讲话 [C]// 中国物流与采购联合会会员通讯总第 85-95 期．2005.

[45] 陈引社，宋金鹏．运输经济（公路）专业知识与实务．北京：中国劳动社会保障出版社；中国人事出版社，2008.

[46] 张成龙．物流成本管理 [M]．北京：中国铁道出版社，2008.

[47] 陈志红．运输组织技术 [M]．北京：人民交通出版社，2003.

[48] Chen J Z，Shi Z K，Yan-Mei H U．Numerical solutions of a multi-class traffic flow model on an inhomogeneous highway using a high-resolution relaxed scheme[J]. Journal of Zhejiang University，2012，13（1）：29-36.

[49] 杭文，黄臻，李旭宏，何杰，毛海军．基于运力均衡与价格弹性的公路货运平均成本分析 [J]．解放军理工大学学报（自然科学版）．2010，11（1）：84-88.

[50] 王爱虎，王娜玲．物流系统承载能力研究：文献综述和一体化计算方法初探 [J]．华南理工大学学报，2012，14（3）：1-9.

[51] MURRAY A T，Wu Xiaolan．Accessibility tradeoffs in public transit planning[J]. Journal of Geographical Systems，2003，（1）：93-107.

[52] 肖连超，胡立德．重庆市主城核心区短途运输研究 [J]．物流科技，2009，（7）：44-46.

[53] 王瑞军，武旭，胡思继．货物运输能源消耗影响因素 [J]．公路交通科技，2013，30（2）：153-158.

[54] 陈荫三，肖润谋，秦华容．2007 年中国高速公路网运输分析 [J]．交通运输工程学报，2009，9（2）：83-88.

[55] 马银波．公路货运价格与需求动态关系的实证分析 [J]．长安大学学报（社科），2008，10（3）：7-12.

[56] 何杰，李旭宏，杭文，毛海军．基于运力均衡与运量转移的公路货运运力结构预测 [J]．中国公路学报，2006，19（5）：108-113.

[57] 杨艳．运输需求的不均衡性与运输方式的适应性研究 [J]．价值工程，2012，31（21）23-24.

[58] 国家统计局．中国统计年鉴 -2011[R]．北京：中国统计出版社，2011，（9）.

[59] 杨自辉，符卓．纵向物流产业集群公路货运负载 - 资源消耗均衡研究 [J]．软科学，2012，26（12）：45-48.

[60] 刘志硕，申金升．基于解均匀度的车辆路劲问题的自适应蚁群算法 [J]．系统仿真学报，2005，17（5）：1079-1083.

[61] 刘志硕，柴跃廷，申金升．蚁群算法及其在有硬时间窗的车辆路径问题中的应用 [J]．计算机集成制造系统，2006，12（4）：596-602.

[62] Shen Y，Potvin J Y，Rousseau J M．A computer assistant for vehicle dispatching with learning capabilities[J]．Annals of Operations Research，1995，61（1）：189-211.

[63] 王卫华，欧国立．从公共物品供给看政府在综合物流体系发展中的作用 [J]．物流技术，2008，27（4）：12-14.

[64] 苗云飞．物流供应链管理时代的机遇与挑战 [J]．铁路采购与物流，2009，4（9）：55-56.

[65] 黄荔．现代物流供应链管理探讨 [J]．现代企业教育，2009（20）：82-83.

[66] 许胜礼，王世卿，毕战科．基于 GIS 技术的物流信息系统设计架构 [J]．计算机工程与设计，2010，31（6）：1259-1263.

[67] 王之泰．新编现代物流学 [M]．北京：首都经济贸易大学出版社，2012.

[68] Logistics in Service Industries．[J]. Journal of Clinical Engineering，1991，16（6）：527.

[69] Murray A T，Wu X．Accessibility tradeoffs in public transit planning[J]．Journal of Geographical Systems，2003，5（1）：93-107.

[70]Kaldager L，Kearney A T．Logistics excellence in Europe[C]// Vision EUREKA：efficient and environmentally friendly freight transport，1994，Lillehammer，Norway. 1994.

[71] 宋华．日本的现代物流管理 [M]．北京：经济管理出版社，2000.

[72] 徐勇谋．现代物流管理基础 [M]．北京：化学工业出版社，2003.

[73] 李学工．论物流产业对国民经济的贡献 [J]．北京工商大学学报社会科学版，2003（6）：1-4.

[74] 王大文．电子商务下的物流配送问题分析 [J]．中国市场，2007（15）.

[75] Balakrishnan A，Ward J E，Wong R T．Integrated Facility Location and Vehicle Routing Models：Recent Work and Future Prospects[J]．American Journal of Mathematical & Management Sciences，1987，7（1-2）：35-61.

[76] 李勇，张异，杨秀苔．供应链中制造商 - 供应商合作研发博弈模型 [J]．系统工程学报，2005，（1）：12-18.

[77] Daskin M S，Coullard C R，Shen Z J M．An Inventory-Location Model：

Formulation，Solution Algorithm and Computational Results[J]. Annals of Operations Research，2002，110(1-4)：83-106.

[78] Snyder L V，Daskin M S，Teo C P. The stochastic location model with risk pooling[J]. European Journal of Operational Research，2007，179(3)：1221-1238.

[79] Chan Y，Carter W B，Burnes M D. A multiple-depot，multiple-vehicle，location-routing problem with stochastically processed demands[J]. Computers & Operations Research，2001，28(8)：803-826.

[80] 周根贵，曹振宇．遗传算法在逆向物流网络选址问题中的应用研究．中国管理科学，2005；13(1)：25-28.

[81] 李瑞．集成化区域物流配送体系优化研究 [J]．科学技术与工程，2011，11(21)：5232-5236.

[82] Chen J Z，Shi Z K，Yan-Mei H U. Numerical solutions of a multi-class traffic flow model on an inhomogeneous highway using a high-resolution relaxed scheme[J]. Journal of Zhejiang University，2012，13(1)：29-36.